校企合作旅游与酒店管理专业精品教材

互联网+教育改革新理念教材

餐饮服务与管理实务

主编　李　艳　康桂敏　谭玉林

江苏大学出版社
JIANGSU UNIVERSITY PRESS
镇　江

内 容 提 要

本书以餐饮服务与管理的实践活动为主线，系统、全面地讲授了餐饮服务的基本知识和技能、餐饮管理的理论和方法。全书分为三篇，共 11 个项目，分别为餐饮基础篇（包括餐饮业和餐饮部、餐饮服务人员的基本职业素养、餐饮服务基本技能 3 个项目）、餐饮服务篇（包括餐前服务、餐中服务、餐后服务 3 个项目）、餐饮管理篇（包括菜单管理、厨房生产管理、餐饮服务管理、餐饮营销管理、餐饮成本管理 5 个项目）。

本书既可作为各类院校旅游与酒店管理专业及其相关专业的学习教材，又可作为餐饮业从业人员的培训用书和参考用书。

图书在版编目（CIP）数据

餐饮服务与管理实务 / 李艳，康桂敏，谭玉林主编
. -- 镇江 ：江苏大学出版社，2021.12（2023.9 重印）
ISBN 978-7-5684-1571-2

Ⅰ. ①餐… Ⅱ. ①李… ②康… ③谭… Ⅲ. ①饮食业－商业服务－教材②饮食业－商业管理－教材 Ⅳ. ①F719.3

中国版本图书馆 CIP 数据核字(2021)第 223164 号

餐饮服务与管理实务
Canyin Fuwu yu Guanli Shiwu

主　　编 / 李　艳　康桂敏　谭玉林
责任编辑 / 张　平
出版发行 / 江苏大学出版社
地　　址 / 江苏省镇江市京口区学府路 301 号（邮编：212013）
电　　话 / 0511-84446464（传真）
网　　址 / http://press.ujs.edu.cn
排　　版 / 北京市科星印刷有限责任公司
印　　刷 / 北京市科星印刷有限责任公司
开　　本 / 787 mm×1 092 mm　1/16
印　　张 / 16.75
字　　数 / 377 千字
版　　次 / 2021 年 12 月第 1 版
印　　次 / 2023 年 9 月第 3 次印刷
书　　号 / ISBN 978-7-5684-1571-2
定　　价 / 49.80 元

如有印装质量问题请与本社营销部联系（电话：0511-84440882）

Preface 前言

随着经济的快速发展和人们生活水平的不断提高，一方面，人们的消费观念和消费模式发生了巨大变化，对餐饮服务提出了更高的要求；另一方面，餐饮企业之间的竞争日趋激烈，餐饮企业对高素质技能型人才的需求与日俱增。为适应行业的快速发展，培养一批在餐饮服务和管理一线工作的高素质技能型人才，编者精心编写了本书。

本书具有以下鲜明特色：

1．立德树人，润物无声

党的二十大报告指出："育人的根本在于立德。"为落实立德树人根本任务，本书有机融入了素质元素。例如，在每个项目前设有"素质目标"，并在正文中穿插相应的模块，包括"精业笃行""俭以养德""匠心筑梦""健康中国""旗帜引领""华彩流光"等，在传授知识的同时，引导学生增强服务意识、诚信意识、团队意识、责任意识、敬业精神等，并有机融入中华优秀传统文化，使学生坚定文化自信，增强民族自豪感。

2．校企合作，职业引领

在编写本书的过程中，编者深入企业内部，全面了解餐饮服务与管理工作的实际情况，并就教材内容与行业专家、企业员工进行研讨，重在提升教材的职业属性。此外，本书部分案例由餐饮企业提供；书中有关餐饮服务人员的仪容仪表、服务姿态和餐饮技能的图片，均为餐饮服务人员精心示范的效果图。这些典型案例和精美图片，不仅有助于学生更好地理解相关知识，还能让学生初步了解餐饮服务与管理工作的内容。

3．全新理念，注重实践

本书坚持"以学生为中心"的理念，让学生在做中学、在学中做，做到理论联系实际。本书根据餐饮服务与管理的实际工作流程和具体工作技能设置项目和任务，注重培养学生的综合职业能力和综合素质，以增强学生的就业适应能力。同时，在每个任务中均设置了相应的"任务实施"活动，通过实际操作让学生体验餐饮服务与管理的整个过程，突出实用性、针对性和可操作性。

4．平台支撑，资源丰富

本书不仅在重要知识点处配备了微课，还配备了教学课件、课后习题答案等教学资源，读者可以登录文旌综合教育平台“文旌课堂”（www.wenjingketang.com）下载。读者在学习过程中有任何疑问，都可登录该平台寻求帮助。

5．数字赋能，与时俱进

互联网技术的进步，推动了餐饮业的数字化转型变革。本书结合时代发展的特点，将数字化技术的相关知识融入餐饮服务与管理活动中，突出创新性和科学性，从而帮助学生进一步了解行业发展趋势，紧跟行业发展潮流。例如，在预订服务、点菜服务、菜单设计、卫生管理、营销管理、成本管理中，都融入了大数据、物联网、云计算、人工智能等方面的内容。

6．巧设体例，易教易学

本书在讲解知识点的过程中穿插了“提示”“同步案例”“课堂讨论”“餐饮小知识”等模块，以活跃课堂气氛，提高学生学习的积极性。此外，在每个项目后面设置了“英语积累角”，介绍餐饮服务与管理过程中常见的英语单词、短语和句子，以拓宽学生的知识面。

本书由李艳、康桂敏、谭玉林担任主编，李灿园、周俞君、李淑芳、朱小双、陈胜娥担任副主编。在编写过程中，编者参阅了大量文献资料和网络资料，在此，向这些资料的作者表示诚挚的谢意。

由于编者水平有限，书中可能存在疏漏与不妥之处，恳请各位老师和广大读者批评指正。

本书编委会

主　编　李　艳　康桂敏　谭玉林

副主编　李灿园　周俞君　李淑芳

朱小双　陈胜娥

目录

餐饮基础篇

餐饮服务篇

餐饮管理篇

餐饮基础篇

项目一
餐饮业和餐饮部

项目引言

俗话说："民以食为天。"饮食是人类得以生存的物质基础。餐饮业作为我国国民经济的重要支柱和第三产业的重要组成部分，不仅满足了人们对饮食的需求，同时也促进着我国经济的发展。本项目将主要阐述餐饮业和餐饮部的相关知识，为学生今后的学习打下坚实的基础。

知识目标

- 熟悉餐饮业的概念和性质。
- 了解我国餐饮业的发展历程和发展趋势。
- 了解餐饮部在酒店的地位和主要任务。
- 熟悉餐饮部的组织结构和各主要岗位的工作职责。

素质目标

- 通过了解餐具中蕴含的文化，感受中华优秀传统文化的博大精深，体会我国开放包容的大国情怀、锐意进取的大国精神、合作共赢的大国担当。
- 强化节约餐饮、绿色餐饮意识，养成爱惜粮食、文明用餐的习惯。

任务一　认识餐饮业

任务导入

2020 年我国餐饮业的发展趋势

2020 年 9 月 2 日，中国饭店协会与新华网在北京联合发布《2020 中国餐饮业年度报告》。报告显示，2020 年我国餐饮业稳中向好的趋势不变。

报告显示，2020 年我国餐饮业的发展趋势主要表现为以下几个方面：

（1）头部效应增强，品牌化企业迎来新的机遇。有品牌、有温度、有品质的头部企业的影响力将进一步增强，老字号、文化特色餐饮将持续、快速发展，快餐、团餐、火锅、小吃等业态的头部企业效应将进一步体现。

（2）数字化赋能产业升级，新零售、新外卖、餐饮电商迎来最佳成长期。餐饮业在新的消费市场下的智能化转型，产业链一体化、跨界新产品融合、文化融合、渠道创新、直播带货等新模式，从根本上提高了餐饮业的劳动生产率。

（3）绿色餐饮、节约餐饮成为国家政策支持热点。合理安排宴席流程和餐台数量，通过数字化管理实现合理采购，通过合理利用中央厨房减少原料浪费等，已成为餐饮企业认真落实“节约”理念、控制成本的重要抓手。

思考：

（1）什么是餐饮业？

（2）我国餐饮业的发展趋势有哪些？

知识链接

《礼记·礼运》称：“饮食男女，人之大欲存焉。”孔子也说：“食不厌精，脍不厌细。”这充分证明了饮食在人类历史文化进程中占据着非常重要的地位。随着社会的不断发展、人们生活水平的不断提高和消费观念的不断更新，人们对餐饮及其服务的要求也越来越高。

一、餐饮业的概念和性质

（一）餐饮业的概念

餐饮业是指通过即时制作加工、商业销售和服务性劳动等，向顾客提供食品、消费场所及设施的服务行业。餐饮业应满足以下三个条件：① 能够提供食品；② 有固定场所，能够令人放松精神；③ 能满足顾客的差异化需求与期望，并能使经营者获得利润，或实现特定的经营目标。

（二）餐饮业的性质

1. 经济属性

一般来说，餐饮企业需要自主经营、自负盈亏、自我发展、自担风险，在发展过程中必须遵守市场经济法则，并以获取利润为根本目的。因此，经济属性是餐饮业的根本属性。

2. 社会属性

餐饮企业主要为社会公众提供餐饮服务，属于公共消费场所。其提供餐饮产品、用餐环境，都是为了满足社会公众的物质与精神需求。

3. 生产属性

餐饮企业需要利用食品原料，经过清洗、切配、烹饪等加工环节生成产品，供顾客就地消费。对于食品生产环节的控制，往往是餐饮企业经营成败的关键。

4. 文化属性

餐饮文化贯穿着餐饮企业经营活动的全过程。餐饮企业对消费环境的设计、装修，可体现其独特的风格和文化底蕴；餐饮服务人员的服装、服务态度、操作程序和质量标准，可展示餐饮品牌的特色；而菜名、原料、加工方式、餐具、用餐方式、酒水等，则共同组成了餐饮企业的烹饪文化。

华彩流光

美轮美奂的 G20 峰会国宴餐具

2016 年 9 月，G20 峰会在杭州举行。这次峰会国宴采用的餐具“西湖盛宴”（见图 1-1），创作灵感来源于自然景观，充分体现出这次国宴“西湖元素、杭州特色、江南韵味、中国气派、世界大国”的布置基调。

图 1-1　餐具“西湖盛宴”

国宴餐具的图案采用富有传统文化审美元素的“青绿山水”工笔，布局含蓄谨严，意境清新。所有图案设计灵感均取自西湖实景。例如，茶和咖啡瓷器用具的设计灵感来源于西湖的荷花、莲蓬造型。

冷菜拼盘半球形的尊顶盖是最引人注目的餐具之一。盖钮的设计灵感来自“西湖十景”之一的“三潭印月”。为了真实还原“三潭印月”的造型，工匠们需要在直径 1.5 cm 的盖钮上刻出 6 个直径为 3 mm 的“小窗户”。尊顶盖上半部分图案创意来源于“满陇桂雨”，以杭州市花——桂花与江南翠竹自然相互依偎展开，寓意美丽的杭州喜迎各国贵宾，同时也体现了 G20 成员同舟共济、携手合作的精神。尊顶盖下半部分则是以国画写意手法绘制的西湖美景。

国宴上每一件餐具都是精心设计、制作的。例如，汤盅为双层，可较好地保持热汤的温度。汤盅的外形设计灵感来源于海上丝绸之路的宝船，汤盅盖钮则采用简约的桥孔造型。此外，在餐具的造型上也融入了桥的元素，寓意中国的发展将为 G20 成员搭建合作共赢之桥。

二、我国餐饮业的发展历程

餐饮业起源于人类文明的初期，伴随着人类文明的进步和经济活动的发展而慢慢发展起来。餐饮业的发展受历史文化、经济发展水平、气候环境、传统习俗和宗教信仰等多种因素影响。

（一）原始社会时期——萌芽阶段

考古学家发现，大约距今 50 万年前，我们的祖先就已经开始用火加工食物（见图 1-2），这就是最初的烹饪活动。距今一万年前，陶器的发明和使用结束了用火直接烤制食物的时代，真正的烹煮出现了。大约在六七千年前，河姆渡人开始大面积种植水稻并饲养牲畜，大大改善了人们的物质生活，也为餐饮业的形成奠定了物质基础。

图 1-2　原始人用火加工食物

（二）商周时期——雏形阶段

商周时期，金属工具、原始瓷器、食盐和酿酒作坊的出现，为餐饮业的形成创造了条件。从周朝开始，我国就已经出现了烹调食谱，同时，宫廷里出现了音乐助餐和专职的饮食服务人员，这些在《周礼·天官冢宰》《吕氏春秋·本味》《礼记·内则》等书中都有记载。此外，周朝“八珍”的出现，开创了用多种烹饪方法制作菜肴的先例，并标志着烹饪已成为一门重要的艺术。

提　示

“八珍”原指古代的八种烹饪方法，即淳熬、淳母、炮豚、炮牂（zāng）、捣珍、渍、熬和肝膋（liáo），后指八种珍贵食物，其具体所指随时代和地域的不同而不同。

（三）秦汉时期——发展阶段

自秦汉以来，我国加强了对外饮食文化交流。张骞等人不仅从西域引进了胡萝卜、黄瓜、石榴等物产，也把中原的李、桃、梨、杏、茶叶等物产及饮食文化传到了西域。我国传统烧烤技术中有一种啖炙法，也通过“丝绸之路”传到了西亚和中亚。与此同时，西域的烹饪方法也传入中原。

（四）唐宋时期——定型阶段

唐宋时期，我国封建社会进入鼎盛时期，餐饮文化有了更大的发展，传统烹饪方法趋于定型。唐朝之后，餐饮宴席形式已经从席地而坐发展成坐椅就餐。北宋著名画家张择端的《清明上河图》详细地展示了当时汴梁人的市井生活，茶馆、酒楼随处可见，这表明宋

朝城市的餐饮业已较为发达。

（五）元明清时期——鼎盛阶段

元朝时，我国出现了民族大融合的盛况，城市的商业经济更加繁荣，促进了餐饮业的进一步发展。明清时期，我国烹饪技术更加精湛，餐饮产品更加丰富，菜品设计更加富有技巧，各种风味派系独具特色。这一时期的宴席样式多样、规模宏大，一般采用圆桌，讲究台面设计和布置，注重服务流程和服务质量，以满汉全席（见图 1-3）为代表。

图 1-3　满汉全席部分菜品

（六）清末至民国时期——中餐为主，西餐为辅

清朝末期，大批外国人侨居于各通商口岸地区，西方饮食文化随之传入我国，带来了我国饮食结构和饮食方式的缓慢变革。这一时期，人们对西餐较为陌生，西餐菜品也较为简单。

与此同时，我国的传统餐饮业在艰难中不断发展，菜系更加细化，烹饪方法更加讲究，但经营手段较为落后。

（七）中华人民共和国成立至今——中餐、西餐各具特色，竞争激烈

中华人民共和国成立以后，伴随着商品经济的发展，餐饮业已经成为我国第三产业的重要支柱。我国餐饮业已由网点少、规模小、设施简单、对国民经济贡献率低的小行业，发展成为规模不断扩大、增长势头持续强劲、对人民生活和社会经济具有较强影响力的行业，为国民经济的发展做出了突出贡献。同时，随着经济全球化的深入，西餐在我国迅速发展，并与中餐相互渗透、相得益彰，共同促进着我国餐饮业的发展。

三、我国餐饮业的发展趋势

进入 21 世纪以来，我国餐饮业高速发展。现在，我国餐饮业已经进入了投资主体多元化、经营业态多样化和行业发展产业化的新阶段，主要呈现出以下发展趋势。

（一）品牌力成制胜法宝

随着人们对用餐品质、环境、特色、体验等方面要求的提高，知名餐饮企业将越来越受到欢迎和喜爱。餐饮市场的竞争必将回归于品牌间的竞争，品牌力更强的企业必定拥有更广阔的市场。

（二）经营模式连锁化

连锁经营具有成本优势、价格优势、品牌优势，是餐饮业经营模式的主要发展方向。目前，从总体上来说，餐饮业的竞争已由单纯的价格竞争、产品质量竞争，发展到产品与企业品牌的竞争、文化的竞争；由单店竞争、单一业态竞争，发展到多业态、连锁化、集团化的竞争。

（三）大众化餐饮成为主流

随着经济的发展和消费结构的升级，满足大众需求、适应市场变化、着力提升质量与效率成为餐饮业发展的新常态。数据显示，大众化餐饮收入已占全国餐饮总收入的 80%左右，且由于属于刚性需求而增长比较稳定。大众化餐饮不仅是餐饮业持续发展的基础，也将成为推动整个行业发展的巨大动力。

（四）网络营销、口碑营销迅速发展

随着互联网的发展，网络营销、口碑营销等成为餐饮企业的重要营销方式。在微信、微博、抖音等平台上，各种“网红店”不断涌现，吸引了许多消费者前去“打卡”。同时，餐饮企业也越来越重视消费者在互联网上对其产品或服务的评价，并以此作为经营决策的重要依据。

（五）外卖业务呈井喷式增长

由于收入增加和生活节奏日益加快，人们在家烹饪的时间成本过高，越来越多的人倾向于点外卖。同时，为了满足没有配送能力的中小型商户的外卖业务需求，以饿了么、美团为代表的外卖 O2O 平台开发出“外卖+配送”的“双轮驱动”模式，迅速提高了我国外卖市场的线上化率，并使之实现爆发性增长。

（六）数字化、智能化加速升级

随着互联网技术的发展，餐饮业持续在业态、产品、服务上进行创新，逐渐形成了“多渠道并举、多资源并用”的新餐饮模式。智慧餐厅、未来餐厅、无人餐厅等纷纷兴起，极大地改变了餐饮企业的经营模式和人们的消费模式。例如，2018 年 10 月 29 日，京东旗下首家“X 未来餐厅”亮相天津，实现了点菜、做菜、传菜、上菜的全程无人化。

（七）节约餐饮、绿色餐饮受到推崇

越来越多的餐饮企业主动履行绿色发展社会责任，在用餐区域张贴“反对浪费、适量点餐”的提示语，并在顾客点餐时适时提醒。落实分餐制、光盘行动、垃圾分类、节能减排、反食品浪费和限制塑料制品等，已成为餐饮业发展的共识。

俭以养德

杜绝“舌尖上的浪费”

“先生，先吃凉菜、再吃热菜，能够更好地品味不同美食的风味，建议凉菜、热菜不要混取，可以吃完再来拿。”在广州白天鹅宾馆的自助餐厅，服务员提醒顾客少量多次取餐，以减少浪费。

“倡导餐饮节约能够减少食物浪费，也能让顾客养成更文明的饮食习惯，是利国利民的好事。我们会积极采取有效措施，制止餐饮浪费行为。”白天鹅宾馆的餐饮总监伍先生说。除了给顾客提建议，白天鹅宾馆自助餐厅还通过推出小份菜、将食材下脚料“变废为宝”制成新菜品、采用预约制用餐减少过量备菜等措施，有效减少餐饮浪费。

在热情好客的东北地区，大盘菜是很多餐厅的特色。如今，东北地区的许多餐厅正在巧妙转型，推出精致“小份菜”。午餐时间，在长春一家名为“砂唐居”的中式快餐店，一桌顾客点了酸菜五花肉、豆腐丸子等。不一会儿，服务员将几个精致的小盘端上餐桌。用餐结束后，菜盘里仅剩一点汤汁。

“通过创新改进，东北大锅炖也可以用精致的小盘装。小份菜不浪费，价格便宜，还能让顾客多品尝几道特色菜，因此很受欢迎。”快餐店老板说。

任务实施

探究餐饮业的发展现状和趋势

【实施目的】

了解我国餐饮业的发展现状和趋势。

【实施流程】

（1）学生自由分组，每组4～6人。

（2）以小组为单位，通过图书馆、资料室和互联网，查阅近两年关于“餐饮业的发展现状和趋势”的资料。

（3）小组成员对所查阅的资料进行汇总和整理，并制作成PPT。

（4）每个小组派出一名代表上台发言，其他同学发表看法，主讲教师进行点评。

任务二　认识餐饮部

任务导入

一个实习生眼中的餐饮部

小赵在一家酒店的餐饮部实习，从餐饮部经理的介绍中，他了解到餐饮部的收入仅次于客房部，占酒店总收入的35%。餐饮部主要向顾客提供食品和餐饮服务，美味的菜品和热情周到的服务能帮助酒店吸引更多的顾客。与酒店其他营业部门相比，餐饮部在竞争中更具有灵活性和可塑性。餐饮部可以根据自身的优势和需求，举办美食节等餐饮推广活动，还可以与酒店的客房、娱乐服务进行捆绑促销，以强化酒店的市场形象，提高酒店的综合营业收入。

小赵还了解到，餐饮部是酒店工种最多、用工量最大的部门，其业务环节多而复杂。从菜单设计、原料采购，到厨房的初步加工、切配、烹饪，再到餐厅的各项服务工作，都需要大量的工作人员。

小赵所在的餐饮部大致分为三个部门：中餐部、西餐部和酒水部。按照要求，小赵需要在各个部门轮岗实习，以全面了解餐饮部的运作情况。

思考：

（1）餐饮部在酒店的地位如何？

（2）餐饮部的主要任务是什么？

知识链接

餐饮部是酒店生产和销售食品、为顾客提供相应服务的职能部门。餐饮部是酒店的重要组成部分，它不仅要满足住店顾客对餐饮产品和服务的需求，还要满足大量店外顾客的餐饮消费需求。

一、餐饮部的地位

餐饮部在酒店中的地位主要体现在以下几个方面。

（一）其收入是酒店收入的重要来源

调查显示，餐饮收入约占酒店总收入的三分之一，有时甚至会超过客房收入。例如，2021 年 1 月—6 月，香格里拉酒店集团的餐饮收入占酒店总收入的 41%，而客房收入占酒店总收入的 36%。

（二）其经营活动是酒店经营活动的重要组成部分

在日趋激烈的酒店市场竞争中，餐饮部一直是酒店营销的前锋。相对于酒店其他部门来说，餐饮部在竞争上更具灵活性和可塑性。例如，同星级的酒店在客房设施标准方面比较接近，而餐饮服务和服务设施往往各具特色，成为顾客挑选酒店的重要影响因素。

（三）是影响酒店声誉的核心部门

餐饮部的服务场所是顾客在酒店内进行社交活动的主要场所。餐饮服务人员与顾客直接接触，其只言片语和一举一动均会给顾客留下深刻的印象。一般而言，顾客通常会根据餐饮部所提供食品的分量和质量、餐饮服务人员的服务态度和服务方式等，来判断一家酒店的服务质量和管理水平。所以，餐饮部的经营管理水平和服务质量，往往关系到酒店的声誉和形象。

（四）是弘扬餐饮文化的重要场所

我国的餐饮文化源远流长、内涵丰富，为全世界人民所尊崇。继承、发扬这一传统文化，既是现代酒店餐饮部的一大职责，也是现代酒店吸引客源的重要手段之一。

餐饮小知识

餐饮部与酒店其他各部门的关系

1. 与前厅部的关系

餐饮部与前厅部之间的关系主要体现在内部信息沟通和工作协调等方面。例如，餐饮部要依据前厅部提供的住宿率来预测日常销售量，并进行相应的餐饮安排；还要从前厅部获取顾客信用信息，以确定是否可以签单。此外，有大型餐饮活动时，餐饮部应把有关信息告知前厅部，以便前厅部解答顾客疑问。

2. 与销售部的关系

销售部接触的顾客多，信息渠道广，可以为餐饮部带来许多业务。因此，餐饮部要与销售部互通信息，及时了解顾客对其服务的评价。此外，在进行餐饮销售预测时，餐饮部也有赖于销售部所提供的信息。

3. 与采购部的关系

在采购物品之前，餐饮部应参考采购部提供的原料、设备的行情信息，列出采购产品规格书。在制订采购计划时，餐饮部也应积极与采购部沟通，避免计划外采购。

4. 与财务部的关系

餐饮部要协助财务部及时、准确地做好营业日报，并及时将餐饮成本的波动情况告知财务部，以便财务部做好成本控制工作和业务分析工作。

5. 与工程部的关系

餐饮部要根据工程部制定的设备保养和维护工作标准，对本部门的员工进行培训，使他们掌握正确使用、保养设备的方法。在设备使用过程中，餐饮部要经常检查设备的运转情况，发现问题立即汇报工程部，由工程部派专业人员进行维修。

6. 与客房部的关系

餐厅的地毯洗涤、地面打蜡等清洁保养工作一般由客房部完成，因此餐饮部应配合客房部制订详细的保养计划，并在实施过程中派专人协助。此外，餐饮部每天需要及时将用过的台布、餐巾等棉织品送至客房部洗衣房进行洗涤、更换。在送洗和换领棉织品的过程中，餐饮部必须派专人清点送洗数量，并检查洗涤质量。

7. 与人力资源部的关系

餐饮部应根据餐饮服务的特点，确定对本部门员工的基本要求，供人力资源部招聘人员时参考，并积极配合人力资源部做好人员招聘、考核、评选工作。餐饮部还需根据酒店总体培训计划，制订并实施本部门的培训计划，同时接受人力资源部的培训指导和检查。

二、餐饮部的主要任务

（一）为顾客提供以菜肴为主的有形产品

为顾客提供以菜肴为主的有形产品是餐饮部的基本任务，也是其首要任务。不同档次、不同风格的酒店应根据其自身的市场定位和经营策略，组织餐饮部提供优质的餐饮产品，以满足顾客需求。

（二）为顾客提供其所需的、恰到好处的服务

餐饮部为顾客提供有形产品，这些产品最终的价值实现程度不仅取决于产品质量，还取决于餐饮服务人员的服务水平，即餐饮服务人员能否为顾客提供令其满意的服务。在就餐过程中，顾客不仅关注有形产品，还会关注烹饪技艺、服务态度与技巧、就餐环境与氛围等无形产品，希望得到舒适、愉悦的精神享受。

（三）增收节支，做好餐饮经营管理

餐饮部的主要目标是增加餐饮收入和餐饮利润，所以餐饮部在设定经营范围、服务项目和产品品种时，要充分考虑酒店所在地的市场情况和酒店自身的需要。例如，餐饮部可以通过举办美食节、推出新颖的餐饮产品和用餐方式等，来提高餐饮产品的知名度；可以通过扩大用餐场所、优化餐厅布局等方式，来提高餐饮接待能力；还可以通过开通外卖业务或上门服务业务，来增加餐饮收入。

（四）树立酒店的良好形象

餐饮服务人员与顾客接触频繁，接触时间长，其服务质量会直接影响顾客对整个酒店的评价。因此，餐饮服务人员应加强自身的形象建设，提高服务水平，以便树立酒店良好的社会形象。

三、餐饮部的组织结构

组织结构是组织全体成员为实现组织目标，在管理工作中进行分工协作，在职务范围、责任、权利方面所形成的结构体系。

（一）餐饮部组织结构的设置原则

餐饮部组织结构根据各酒店的具体情况不尽相同，但在设置时一般需要遵循以下几个原则。

1. 精简与效率相统一

在满足餐饮经营业务需要的前提下，餐饮部组织结构要尽量简单，不应设置任何不必要或可有可无的岗位，不应因人设事，以免出现结构臃肿、人浮于事的情况。

2. 专业性与灵活性相结合

餐饮部的产品生产是一个专业化程度比较高的过程，因此，餐饮部组织结构的设置也应专业化，其构成人员必须接受过专业知识和技能的培训，具有一定的专业管理和操作水平，能在职权范围内独立开展工作。

此外，还应使餐饮部组织结构保持相应的灵活性，确保该组织结构的规模与其所在酒店的等级、规模相适应，内部专业分工程度与其生产接待能力相适应，从业人员的专业水平和业务能力与市场需求相适应。

3. 授权明确、权责对等

餐饮部管理人员在授权时，应将部门经营目标分解委派给不同职位的人员，明确规定这些人员的职责范围和权限，并在岗位说明书中明确列出。

此外，设置餐饮部组织结构时还要遵循权责对等的原则，即做到有权必有责，有责必有权。责任是权力的基础，权力是责任的保障。如果权责不对等，管理人员就不能正常开展管理活动。

课堂讨论

有人说："在管理中，每个员工只能有一个直属上级。上级不能越级指挥，只能越级指导；下级不能越级汇报，只能越级申诉。"结合餐饮部组织结构的设置原则，谈谈你对这句话的理解。

（二）常见的餐饮部组织结构

酒店的规模与等级不同，其餐饮部的组织结构往往也不同。例如，小型酒店的餐饮部一般规模较小，人员分工简单；中型酒店的餐饮部规模适中，分工较为细致；大型酒店的餐饮部规模较大，内部分工细致且专业化程度较高。

小型酒店、中型酒店和大型酒店的餐饮部组织结构分别如图 1-4 至图 1-6 所示。

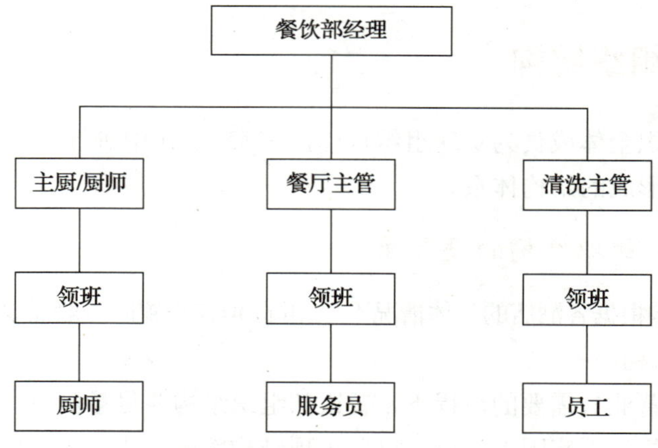

图 1-4　小型酒店餐饮部组织结构

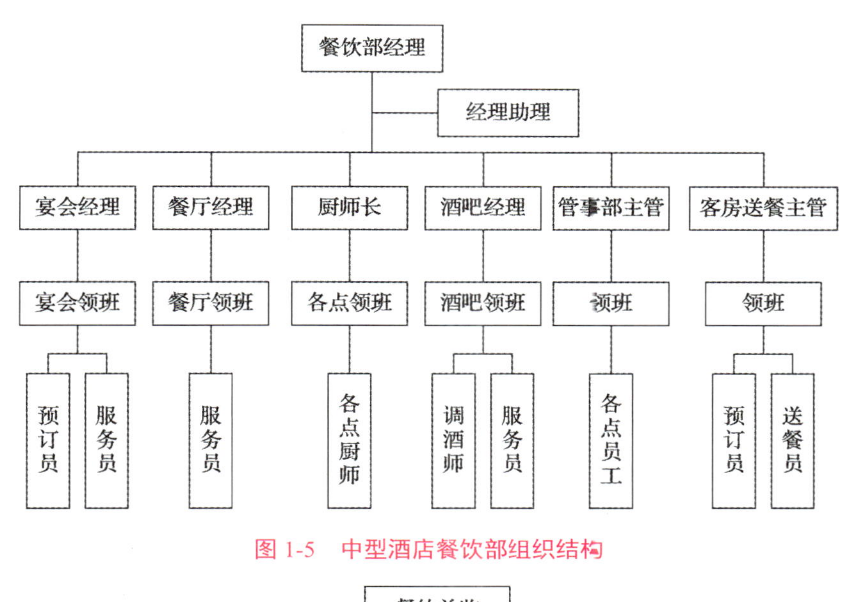

图 1-5　中型酒店餐饮部组织结构

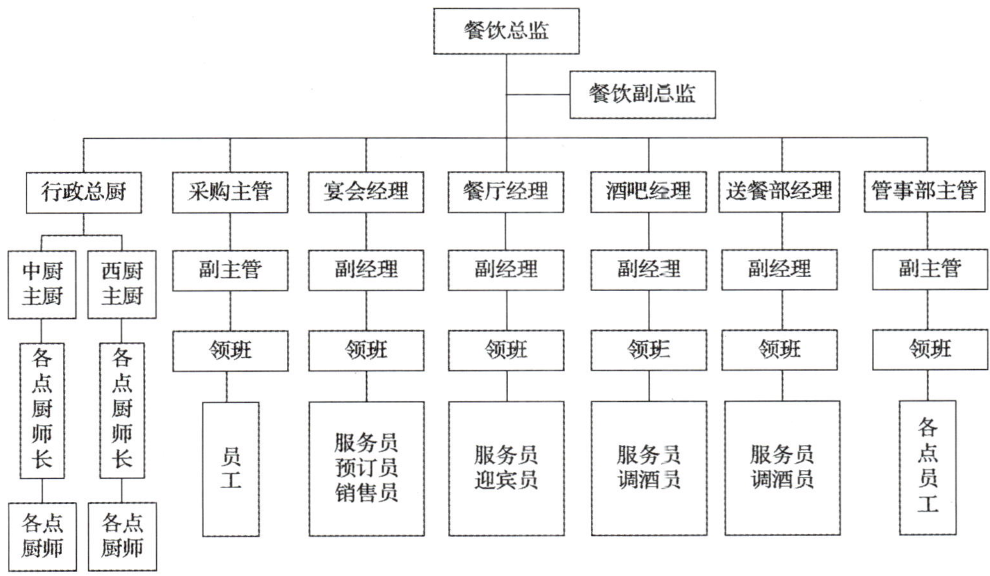

图 1-6　大型酒店餐饮部组织结构

四、餐饮部主要岗位的工作职责

（一）餐饮总监的工作职责

餐饮总监是餐饮部的最高管理者，负责制订餐饮部的工作计划和经营预算，督导餐饮部的日常管理工作，并进行成本控制。其具体工作职责如下：

（1）制订餐饮部营销计划、长短期经营预算，带领全体员工积极完成或超额完成经

餐饮总监的一天

营指标。

（2）主持制定和完善餐饮部的各项规章制度、服务程序与标准，并督导实施。

（3）定期深入各部门听取汇报并检查工作情况，确定餐饮产品价格，监督采购和盘点工作，进行有效的成本控制。

（4）检查餐厅服务规范及各项规章制度的执行情况，发现问题及时采取解决措施。

（5）定期同餐厅经理、行政总厨研究新菜品，推出新菜单，并有针对性地进行各项促销活动。

（6）负责下属部门负责人的任用及其管理工作的日常督导，定期对下属进行绩效评估。

（7）重视安全和饮食卫生工作，认真贯彻实施《中华人民共和国食品安全法》，经常性地开展安全保卫和防火教育工作，确保顾客安全和餐厅、厨房、库房的安全。

（8）制订培训方案，监督各餐厅、厨房定期做好员工培训工作，负责领班、主管以上级别员工的培训工作，不断提高员工素质。

（二）餐饮副总监的工作职责

餐饮副总监协助餐饮总监进行餐饮部的日常管理工作，负责提高各营业点的服务水平，确保向顾客提供优质的服务和产品。其具体工作职责如下：

（1）协助餐饮总监督导各餐厅、酒吧、厨房的日常工作，保证各部门的工作质量和服务水平。

（2）编制餐饮部的服务规范和工作程序，参与制订各餐厅、酒吧和其他部门的工作计划、经营预算，并督促、检查员工认真贯彻执行。

（3）协助制订并监督实施餐饮部的培训计划，定期对下属部门进行绩效评估，提出奖惩建议。

（4）协助餐饮总监制订和实施各项餐饮营销计划。

（三）餐厅主管的工作职责

餐厅主管负责餐厅的日常管理工作，确保餐厅的服务质量，直接对餐饮部经理负责。其具体工作职责如下：

（1）出席每周的业务会，汇报本餐厅工作，向员工传达会议精神。

（2）每日检查设备、餐具等的摆设及完好情况，检查服务用品的清洁卫生情况，检查库存物资，检查员工的仪容仪表。

（3）主持每日餐前会，安排当天的服务工作。

（4）对重点顾客给予特殊关注或亲自为其提供服务。

（5）与其他部门进行沟通、协调、合作。

（6）从厨房了解当天出菜的情况，确定重点推销菜品。

（7）妥善处理顾客的投诉和疑问。

（8）做好员工的考勤工作、评估工作和培训工作。

（四）迎宾员的工作职责

迎宾员（见图 1-7）又称引位员、引座员，其工作职责如下：

图 1-7　迎宾员

（1）迎送、接待前来用餐的顾客。

（2）掌握每天的预订信息和餐桌安排情况，了解当日菜品的供求情况，准确、周到地为顾客提供服务。

（3）协助餐厅服务员做好餐前准备工作和餐后整理工作。

（五）餐厅服务员的工作职责

餐厅服务员（见图 1-8）的工作职责如下：

图 1-8　餐厅服务员

（1）在顾客入座前，为顾客拉椅，方便其入座。在顾客入座后，严格按餐厅服务程序、操作规范为前来就餐的顾客提供桌面服务。

（2）掌握当日菜单和菜品的供求情况，为顾客提供点菜与上菜服务，用最快的速度、最好的态度满足顾客的各种需求。

（3）及时清理桌面、撤换餐具和烟灰缸等，始终保持服务区域卫生。

（4）认真听取顾客对服务质量和菜品质量的意见，做好信息反馈工作。

（5）保持餐厅环境整洁，确保餐具、布草清洁完好，调料用品完备。

（6）做好餐厅设备的操作和清洁保养工作。

精业笃行

小小咸菜

某天晚上，在一家酒店的餐厅包间内，服务员小杨看到顾客中有一位老先生正在不停地用小勺翻搅着碗中的稀饭，并不时对着餐桌上丰盛的菜肴摇头。这是怎么回事呢？是我们的饭菜不合口味？不对呀，其他顾客正吃得津津有味呢！小杨仔细观察顾客的用餐情况，看到桌上原有的一小碟咸菜已经吃完，她立即灵机一动，到后厨为老先生端上一小碟咸菜。

当小杨把咸菜端上餐桌后，老先生眼前一亮，对着小杨不停地称赞："小姑娘，你可真细心，能够看出我对咸菜感兴趣，不简单！"老先生的老伴也说："这儿的服务跟其他地方的就是不一样，我们没说到的，小姑娘都能想到、做到，今后有时间我们会经常到这里来吃饭！"

（六）传菜员的工作职责

扫一扫

传菜员

传菜员应按照餐厅的服务规程和质量要求做好送单、传菜工作，其具体工作职责如下：

（1）掌握当日菜单和菜品的供求情况，熟悉餐厅台位布置，熟记台号。

（2）配合服务员做好餐厅开餐前的准备工作，清扫餐厅和厨房之间的通道，准备好传菜用具和各种调料用品。

（3）在开餐期间传递点菜单、菜肴和酒水，配合服务员做好菜肴、酒水的推销工作。

（4）按点菜的先后顺序准确无误地传菜。

（5）协助服务员及时清理和更换餐具，做好餐后整理工作。

（6）妥善保管点菜单，以便事后核查。

任务实施

了解某酒店餐饮部组织结构

【实施目的】

熟悉餐饮部的组织结构和各主要岗位的工作职责。

【实施流程】

（1）学生自由分组，每组 4～6 人。

（2）每个小组选择一家五星级酒店，了解其餐饮部组织结构，画出组织结构图，并拟定相应的岗位职责说明书。

（3）每个小组派出一名代表在课堂上进行展示，其他同学发表看法，主讲教师进行点评。

英语积累角

餐饮业　catering industy

餐厅　restaurant

餐饮部　food & beverage department

餐饮总监　director of food & beverage

餐饮副总监　asistant director of food & beverage

领班　head waiter / captain

迎宾员　lobby greeter

男服务员　waiter

女服务员　waitress

项目考核

1. 选择题

（1）餐饮业的根本属性是（　　）。

A．经济属性　　B．社会属性

C．文化属性　　D．生产属性

（2）（　　）是餐饮部的最高管理者，负责制订餐饮部的工作计划和经营预算，督导餐饮部的日常管理工作，并进行成本控制。

A．餐厅经理　　B．餐厅领班

C．餐饮总监　　D．餐饮副总监

（3）迎送、接待前来用餐的顾客是（　　）的工作职责。

A. 传菜员　　B. 迎宾员

C. 餐厅经理　　D. 餐厅服务员

（4）认真听取顾客对服务质量和菜品质量的意见，做好信息反馈工作是（　　）的主要职责之一。

A. 餐饮部经理　　B. 餐饮总监

C. 餐厅领班　　D. 餐厅服务员

2. 判断题

（1）餐饮业的生产属性是指餐饮企业需要利用食品原料，经过清洗、切配、烹饪等加工环节生成产品，供顾客就地消费。（　　）

（2）唐宋时期，我国餐饮业发展进入了鼎盛时期。（　　）

（3）连锁经营具有成本优势、价格优势、品牌优势，是餐饮业经营模式的主要发展方向。（　　）

（4）虽然酒店规模大小不一，经营思路不同，但每个酒店的餐饮部组织结构基本相同。（　　）

3. 简答题

（1）简述我国餐饮业的发展趋势。

（2）餐饮部组织结构的设置原则有哪些？

4. 案例分析题

小林刚入职一家新开业的酒店，工作还不到半个月就发现这家酒店的餐饮部存在许多问题。例如，小林每次吃饭前被安排在A桌服务，吃完饭回来接岗时，却被另一个主管安排到B桌服务。而且所有员工休假都是休半天，有的员工已经休假很多次了，有的却一个月内一次也没有休，最无奈的是餐厅经理总是临时通知休假半天。员工每天的工作时间都在10个小时以上，如果遇到大型宴会，其他部门的员工都要无条件地去宴会厅加班。餐厅经理处理顾客投诉问题时，都找不到真正的责任人，只能将责任推脱给实习生。

问题：

这家酒店的餐饮部存在哪些问题？为什么会出现这些问题？应该如何解决？

项目二
餐饮服务人员的基本职业素养

项目引言

餐饮服务人员在服务过程中的一举一动都非常重要，会直接影响顾客对餐饮企业的印象。塑造良好的职业形象、使用规范有礼的服务语言、具备丰富的餐饮知识，是餐饮服务人员为顾客提供优质服务的基础。本项目将主要阐述职业形象、餐饮服务语言的相关知识和中西餐基础知识，让学生深入了解餐饮服务人员应该具备的基本职业素养。

知识目标

- 熟悉餐饮服务人员的仪容仪表和服务姿态。
- 了解餐饮服务语言的概念、表现形式、基本要求和使用原则。
- 掌握基本餐饮服务语言。
- 熟悉中餐和西餐的基础知识。

素质目标

- 培养良好的职业行为习惯和职业精神，树立正确的职业理想，提高职业认同感。
- 理解礼仪对于餐饮服务人员的重要性，从而不断提高自我修养，知行合一，倡导文明，践行中华民族传统美德。

任务一　职业形象塑造

任务导入

失去的顾客

一天，吴先生与几位好友来到 M 酒店的餐厅聚餐。接待他们的是一位五官清秀的服务员，这位服务员接待服务工作做得很好，可是她面无血色，显得无精打采。吴先生一看到她就觉得心情欠佳，仔细留意才发现，这位服务员没有化工作妆，因此在餐厅昏黄的灯光下显得病态十足。

用餐结束后，吴先生示意服务员结账，发现她一直对着反光玻璃墙面梳理自己的头发，丝毫没有注意到顾客的需求，这让吴先生很不高兴。自此以后，吴先生再也没有去过 M 酒店。

思考：

（1）服务员为什么会给吴先生留下不好的印象？

（2）服务员在仪容仪表上有什么不当之处？

知识链接

餐饮服务人员直接面对顾客，其职业形象不仅体现服务人员个人的基本素质，也折射出酒店的整体形象。良好的职业形象能够帮助服务人员增强自信心，给顾客留下良好的第一印象。

一、餐饮服务人员的仪容仪表

服务人员的仪容仪表

仪容是指一个人的外观容貌，包括五官的搭配和适当的发型衬托。仪表是指一个人的外表，它是一个人总体形象的统称，除容貌、发型之外，还包括人的服饰、身材、风度等，是人的精神面貌的外在表现。

（一）发式

男服务人员的头发不能过长，且必须符合以下要求：前发不扫眉，侧发不盖耳，后发不过领，如图 2-1（a）所示。此外，男服务人员禁止剃光头或理奇特的发型。

女服务人员在发式上应注意：两侧露出耳朵，正面露出前额和眉毛；若留长发，应统一佩戴餐饮企业发放的发夹，且无碎发散落，无头屑，如图 2-1（b）所示。

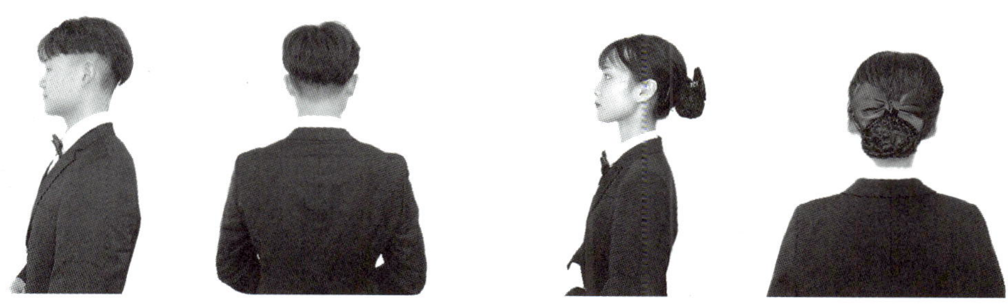

（a）男服务人员的发式　　（b）女服务人员的发式

图 2-1　餐饮服务人员的发式

（二）面容

男服务人员应保持脸部清洁、不油腻，且不留胡须；女服务人员应化淡妆，忌浓妆艳抹，在工作时间保持妆容整洁，如图 2-2 所示。

图 2-2　餐饮服务人员的面容

提　示

女服务人员化妆的原则：① 应根据自己的肤色和肤质选择粉底，颜色以接近肤色为宜；② 眉笔的颜色应与头发颜色相近；③ 眼影、腮红和口红的选择应符合妆容的要求，若是日常妆，其颜色应以暖色调为主，并尽量与上妆部位的肤色接近，以打造自然的妆容；④ 应避人化妆，不得在顾客面前或对客服务区域内照镜子、描眉、画唇、施粉等。

（三）个人卫生

餐饮服务人员应时刻保持个人的清洁卫生，勤洗澡、勤换衣。

（1）手指。保持手指干净，勤修剪指甲，指甲长度不得超过指尖 3 mm，不得涂有色指甲油。

（2）口腔。上班前和上班时不饮酒，不食用含刺激性气味的食物，保证口中无异味。

（3）身体的气味。不能有特殊体味，如狐臭、汗臭等，不用香味浓烈的香水。

（四）衣着

（1）餐饮服务人员应按规定统一着制服，并穿戴整齐。

（2）制服应得体、挺括，不应有褶皱、破损、污渍，领子、袖口、裤脚要保持清洁，不应挽袖子或裤腿。

（3）男服务人员着两粒扣西装时，扣上面的一粒；着三粒扣西装时，扣上面的两粒。女服务人员着西装时，扣子应全扣上。

（4）工号牌要佩戴在左胸正上方，注意横平竖直，便于顾客看清。

（5）男服务人员着深色袜子，女服务人员着肉色或黑色丝袜，袜子不能有破洞或抽丝，应每天换洗。

（6）鞋子应保持干净、不变形、无破损；皮鞋要每天擦拭，保持光泽度；鞋带要系好，不可拖拉于地面。

（五）饰品

餐饮服务人员上班期间不得佩戴鼻环、手镯、手链、脚链、别针、胸针等饰品。女服务人员可戴一对简单的耳钉，直径不宜超过 2 mm，如图 2-3 所示；已婚服务人员可佩戴一枚结婚戒指。服务人员上班期间可佩戴项链、手表，但注意项链不得外露，手表的设计要简单、传统，表带宜为银色、金色的金属或皮制表带（见图 2-4），不宜佩戴手镯表、塑料表、卡通表等。

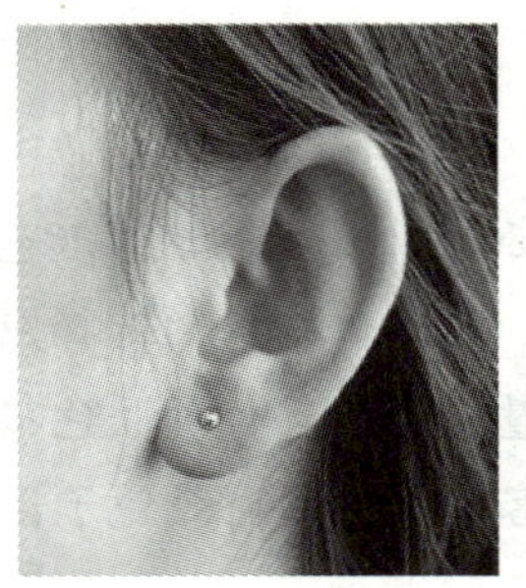

图 2-3　耳钉示范

图 2-4　手表示范

二、餐饮服务人员的服务姿态

服务人员的服务姿态

规范的服务姿态，得体的站姿、坐姿、蹲姿、走姿和各种服务手势，不仅能反映出餐饮服务人员的职业素养，还能体现其良好的精神面貌和文化修养。

（一）站姿

站姿是餐饮服务人员在服务过程中最常见的服务姿态，是人静态的造型动作。优美、典雅的站姿是发展人的动态美的基础和起点，能展示个人的自信、气质和风度，从而给他人留下良好的印象。

1. 基本要求

标准站姿（见图 2-5）的基本要求为：头正直、立颈、下颌微收、面带微笑、两眼平视前方；两肩平齐，两臂自然下垂，两脚跟并拢，两脚尖张开 45°～60°，身体重心落于两腿正中；手指并拢，掌心向内贴近大腿，或双手在腹前交叠，以保持随时可以提供服务的姿势。

图 2-5　标准站姿

2. 站姿的类型

实际服务工作中，按照脚的摆放，服务人员常采用以下三种站姿：

（1）分腿站姿。两腿开立，与肩同宽，脚尖向前，双手交叠于腹前，也可交叠于背后。分腿站姿适合男服务人员采用。

（2）八字脚站姿。两腿并拢站立，双脚脚跟靠拢，脚尖张开 45°～60°，两臂自然下垂。女服务人员可双手交叠于腹前。

（3）丁字步站姿。两腿并拢站立，脚尖略向外张开，一脚跟靠于另一脚内侧中部，双手交叠于腹前。丁字步站姿适合女服务人员采用。

3. 站姿注意事项

在工作中，餐饮服务人员应避免以下不良站姿：

（1）身体歪斜，半坐半立，弯腰驼背。

（2）双手插入衣袋或裤袋，双手或单手叉腰，双手抱在脑后。

（3）双腿交叉，双臂交叉抱于胸前。

（4）随意依墙而立，伏在前台或柜台上左顾右盼、自由散漫。

（5）双脚呈蹬踩式，即一只脚踩在地上，另一只脚踩在鞋帮或其他物体上。

餐饮小知识

站姿练习方法

1. 背靠背站立法

两人为一组，背靠背站立，脚后跟、小腿、双肩、脑后枕部相互紧贴。

2. 九点靠墙练习法

两个脚后跟、两个小腿肚、两个臀尖、两个肩和后脑勺九点都贴着墙站立练习。

3. 顶书练习法

男士按照标准站姿站好，头顶一本书保持平衡。女士除了要头顶一本书，还要在膝盖部位夹一张纸进行练习。

（二）坐姿

坐姿是指人们在就座后身体所呈现的姿势。餐饮服务人员大方得体、端庄文雅的坐姿，不仅能够展现人体的静态美，而且能够表现出对顾客的尊敬。

1. 基本要求

坐姿的基本要求如下：

（1）平缓入座：步至座前，转身缓坐，切忌沉重落座。

（2）椅面不满：入座时，宜坐椅面的1/2～2/3，不宜将椅面坐满。

（3）头部端正：双目平视，下颚向内微收，颈部挺直，保持端正。

（4）躯干平直：双肩放平、下沉，腰背挺直，胸部上挺，腹部微收，臀部略向后翘，上身略向前倾。

（5）四肢摆好：双臂自然弯曲，双手放于腿上。女服务人员应双膝并拢；男服务人员可双膝微开，双腿自然弯曲，双脚平落地面。

（6）平稳离座：右脚后收半步以寻找支撑点，然后平稳起立，离开座位，切忌猛起、

哈腰或左右摇摆。

2. 坐姿的类型

（1）正襟危坐式。这是最基本的坐姿，适用于正规场合。上身与大腿、大腿与小腿、小腿与地面都呈直角，双膝、双脚完全并拢，如图 2-6 所示。

（2）双腿叠放式。它适合穿裙装的女服务人员采用，造型极为优雅。双腿一上一下交叠在一起，交叠后的两腿之间没有任何缝隙，犹如一条直线。双腿斜放于一侧，斜放后的腿部与地面成 45°，叠放在上方的脚尖垂向地面，如图 2-7 所示。

（3）双腿斜放式。它适合穿裙装的女服务人员在较低处就座时使用。双膝先并拢，然后双脚向左或向右斜放，斜放后的腿部与地面成 45°，如图 2-8 所示。

图 2-6　正襟危坐式

图 2-7　双腿叠放式

图 2-8　双腿斜放式

（4）双脚交叉式。双膝先并拢，然后双脚在踝部交叉，交叉后的双脚可以内收，也可以斜放，但不宜向前方直伸出去，如图 2-9 所示。

（5）前伸后屈式。大腿并紧之后向前伸出一条腿，并将另一条腿后移，两脚脚掌着地，如图 2-10 所示。

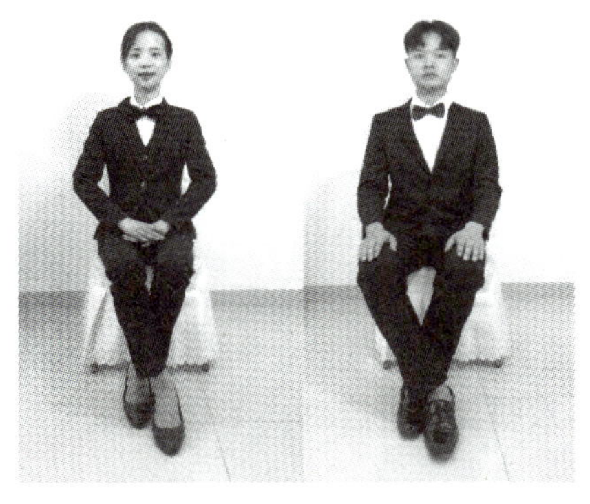

图 2-9　双脚交叉式

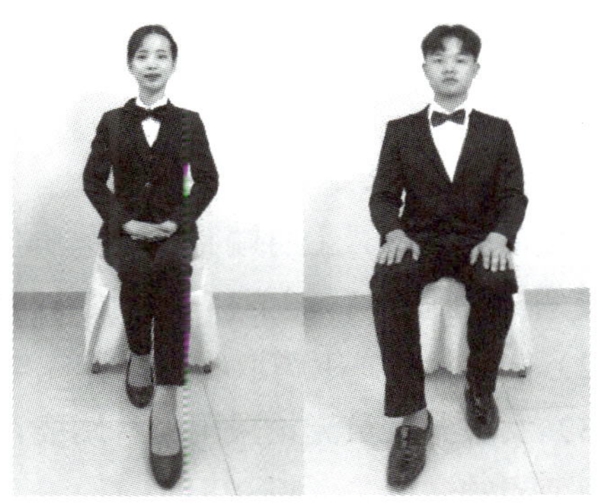

图 2-10　前伸后屈式

（6）大腿叠放式。两腿的大腿部位叠放在一起，叠放之后位于下方的腿垂直于地面，脚掌着地，另一条腿的小腿则向内收，同时脚尖向下，如图 2-11 所示。

（7）分腿开膝式。它适合男服务人员在一般场合采用。两腿左右分开，但距离不超过肩宽，小腿与地面垂直，两脚脚尖向前，双手自然放于大腿之上，如图 2-12 所示。

图 2-11　大腿叠放式

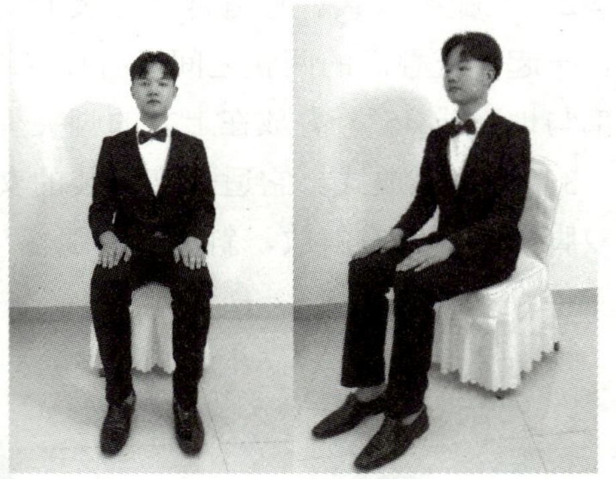

图 2-12　分腿开膝式

3．坐姿注意事项

在工作中，餐饮服务人员应避免以下不良坐姿：

（1）上身不挺直，含胸驼背，给人无精打采的感觉。

（2）双臂交叉抱胸，或者双手抱于腿上或夹在腿间。

（3）双腿叉开过大，或者大腿并拢而小腿分开。

（4）跷二郎腿，或者小腿搁在大腿上，甚至不停地抖动。

（5）一腿弯曲、一腿伸直，或者双腿伸直。

（三）蹲姿

在一般情况下，蹲姿不像站姿、坐姿那样使用频繁，是服务人员在低处取物、拾物时常用的姿态。

1．基本要求

蹲姿的基本要求如下：

（1）直腰下蹲。上身端正，一只脚后撤半步，身体重心落在位于后侧的腿上，平缓屈腿，臀部下移，双膝一高一低。

（2）直腰起立。下蹲取物或工作完毕后，挺直腰部，平稳起立、收步。

（3）女服务人员无论采用哪种蹲姿，都要将双腿靠紧，臀部向下。

扫一扫

蹲姿动作要领

2．蹲姿的类型

（1）交叉式蹲姿。下蹲时，右脚在前，脚掌完全着地；左脚在后，脚掌着地、脚跟提起。屈腿下蹲后，左腿从右腿下方伸向右侧，两腿交叉重叠，合理支撑身体，腰背挺直、

略向前倾，如图 2-13 所示。

（2）高低式蹲姿。下蹲时，左脚在前，右脚稍后，两腿靠紧向下蹲。左脚完全着地，左小腿基本垂直于地面，右脚则脚掌着地、脚跟提起；右膝低于左膝，且其内侧靠于左小腿内侧，形成左膝高右膝低的姿态，如图 2-14 所示。

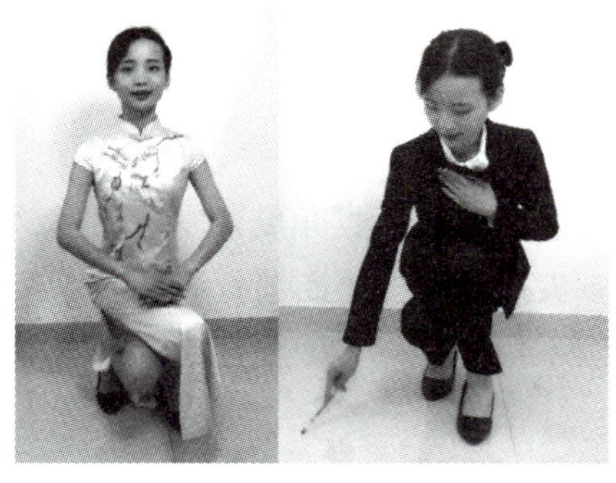

图 2-13　交叉式蹲姿

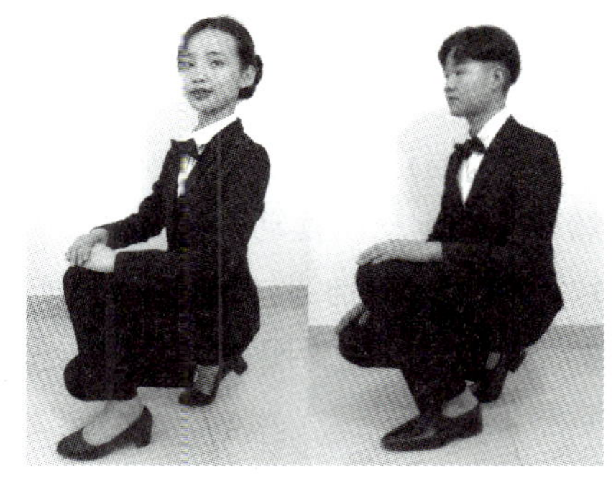

图 2-14　高低式蹲姿

提　示

采用以上两种蹲姿时，也可左、右腿互换。

3．蹲姿注意事项

在工作中，餐饮服务人员应避免以下不良蹲姿：

（1）行走中突然下蹲、面对他人下蹲或下蹲时离人过近。

（2）在公共场合蹲着休息。

（3）下蹲时弯腰撅臀。

（4）女服务人员穿裙装时下蹲毫无掩饰。

同步案例

小细节　大文明

甜甜是某五星级酒店刚入职的餐厅服务员，她非常喜欢这份工作，尤其是酒店干练的西装短裙制服一直是她的向往。这天，甜甜像往常一样热情饱满地为顾客提供服务时，一位小朋友手中的球不小心滚落到她脚边，她赶紧弯腰蹲下、撅起臀部帮小朋友捡起了球。餐厅主管目睹了这一幕，随即把甜甜喊到一旁，委婉地提醒了她。甜甜这才意识到：身为服务人员，采用弯腰蹲下的姿势拾物是不合适的。

（四）走姿

走姿是人体所呈现出的一种动态，是站姿的延续，也是展现自己气质与修养的重要形式。在餐饮服务中，服务人员行走时应做到稳健、轻盈、柔和、流畅，能够展现出人体的动态美。

1. 基本要求

走姿的基本要求如下：

（1）步态端正：昂首挺胸，收腹提臀，双肩放平、下沉，双目平视，重心稍向前倾，双臂自然地前后摆动（摆动角度为30°～40°），前摆角度大于后摆角度。掌心朝内，手指自然弯曲，脚尖伸向正前方，脚跟先于脚掌着地，脚尖推动身体不断前行。

（2）步位平直：男服务人员的步位路线应为两条平行线，女士的步位路线应尽可能为一条直线。

（3）步幅适中：男服务人员的步幅一般约为40 cm，女服务人员的步幅一般约为30 cm。

（4）风格有别：男服务人员应步伐矫健、稳重，展现阳刚之美；女服务人员应步伐轻盈、娴雅，展现阴柔之美。

（5）步速均匀：行走的速度应保持均匀，不要忽快忽慢。正常情况下，每分钟走80～100步。

2. 走姿注意事项

在工作中，餐饮服务人员要避免以下不良走姿：

（1）走路“内八字”或“外八字”。

（2）弯腰驼背行走，或行走时晃肩、扭臀。

（3）行走过快或过慢。

（4）多人行走时勾肩搭背。

（5）蹬踏、拖蹭地面，或踮脚走路。

餐饮小知识

走姿练习方法

男士练习时，找到画有直线的地面，双脚分别置于直线的左右方，挺胸抬头，目视前方，上身保持直立，双脚与直线平行而走，步幅均匀。

女士练习时，找到画有直线的地面，行走时尽量保持双脚都踩在这条线上，挺胸抬头，上身保持直立，注意走路时的节奏、步幅和表情。

（五）手势

手势是姿态的重要组成部分，是通过手部的活动来传递信息的体态语言。它不仅能对

口头语言起到加强、说明、解释等辅助作用，而且能表达有些口头语言所无法表达的内容和情绪。规范、恰当、适度的手势，有助于增强人们表情达意的效果，会给人一种优雅、含蓄、礼貌、有教养的感觉。餐饮服务人员在工作中常用到以下几种手势。

1. 指引手势

餐饮服务人员为他人指引方向、请他人进门、请他人坐下时，都需要用到指引手势。指引顾客时，首先轻声对顾客说“您请”“这边请”“请坐”等，然后采用指引手势，如图 2-15 所示。

指引手势的具体要求是：将左手或右手提至齐胸高度，手指并拢，掌心向上；以肘关节为轴，上臂带动前臂，手臂自上而下从身前抬起，朝指示的方向伸出前臂；手和前臂呈一条直线，整个手臂略弯曲，肘关节基本伸直；在指示方向时，上体微前倾，面带微笑，身体侧向顾客，眼睛看着所指目标方向。

（a）

（b）

图 2-15　指引手势

2．介绍手势

介绍手势主要有以下两种：

（1）介绍他人的手势，其要求为：掌心向上，手背向下，四指伸直并拢，拇指张开，手腕与前臂呈一条直线；以肘关节为轴，整个手臂略弯曲，手掌基本上抬至肩的高度，并指向被介绍的一方；面带微笑，目视被介绍的一方，同时兼顾顾客，如图 2-16 所示。

（2）介绍自己的手势，其要求为：右手五指伸直并拢，用手掌轻按自己的左胸；目视对方或大家，表情要亲切坦然，如图 2-17 所示。

图 2-16　介绍他人的手势

图 2-17　介绍自己的手势

3．握手手势

握手可表示友好、欢迎、愿意交往、祝贺、感谢、慰问、鼓励、告别等语意。握手有单手握和双手握之分。通常情况下，应以右手与人相握。握手时，先走近对方，右手从侧下方伸出，双方互相握住对方的手掌。相握的部位应大体上包括手指至虎口处。双方手部相握时，应目视对方双眼，如图 2-18 所示。

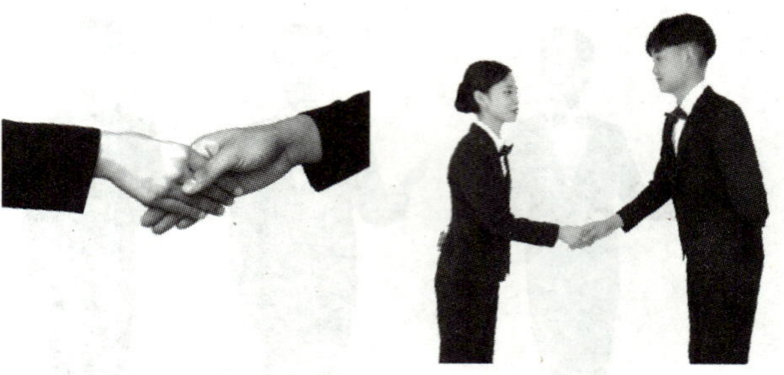

图 2-18　握手手势

4．递接手势

餐饮服务人员将物品递给他人时，宜用双手；不方便双手并用时，应尽量使用右手。另外，在递物时，要考虑对方是否方便接拿。递物过程中要面带微笑，目视对方，如图 2-19 所示。

在接拿他人递送的物品时，要目视对方，不能只看物品。双手接过物品，并诚恳道谢。

图 2-19　递物的手势

餐饮小知识

微笑服务

1．微笑服务的基本要求

（1）面对顾客目光友善，微笑真诚、亲切，表情自然。

（2）露出 6～8 颗牙齿，嘴角微微上翘。

（3）与顾客目光接触时，要送上甜美、真诚的微笑。

2．微笑在餐饮服务中的作用

（1）微笑是良好服务态度的重要外在表现形式。

（2）微笑会使顾客感到宽慰，能迅速缩短彼此间的心理距离，营造和谐、融洽、互尊、互爱的良好氛围。

（3）微笑在餐饮服务中是一种特殊的“情绪语言”，可以在一定程度上代替有声语言，起到“无声胜有声”的作用。只有真诚的微笑才能打动人、感染人，令顾客感到满意和愉快。

任务实施

服务姿态训练

【实施目的】

熟悉站姿、坐姿、蹲姿、走姿和手势的基本要求。

【实施流程】

（1）学生两两分组。

（2）每组成员根据站姿、坐姿、蹲姿、走姿和手势的基本要求进行练习，并相互指出对方的不足之处。

任务二　餐饮服务语言认知

任务导入

您还要饭吗

正值午餐时间，某旅游团正在酒店中餐厅用餐，服务员发现一位老先生的饭碗已经空了，就轻步上前，柔声问道："请问老先生，您还要饭吗？"那位老先生摇了摇头。服务员继续问："那么老先生，您完了吗？"老先生冷笑一声，不满意地说："小姐，我今年已经七十多岁了，这辈子自食其力，还没落到要饭的地步，怎么今天反倒要向你要饭了呢？而且，我的身体还硬朗着呢，一时半会儿不会完的。"

服务员听了老先生的话感到莫名其妙，觉得这位老先生怎么这么不友好，好心帮他添饭反而引来这样的话。她不知道老先生为何无缘由地生气，也不知道应该如何应对这样的局面。

思考：

（1）服务员的话为什么会让老先生生气？

（2）如果遇到这种情形，应该如何应对？

知识链接

餐饮服务语言是餐饮服务人员在对客交往中表达思想情感的工具，关系到餐饮企业的服务质量，影响着餐饮企业的发展。

一、餐饮服务语言的概念和表现形式

餐饮服务语言是指餐饮服务人员在接待顾客的过程中，用来与顾客交流、沟通，从而达到为顾客服务的目的的语言。餐饮服务语言通常有三种表现形式：口头语言、副语言和形体语言。

（1）口头语言是以听和说为传播方式的有声语言，具有有声性、直接性、瞬间性、

情境性、多变性等特点。

（2）副语言是指伴随有声语言出现的一种特殊的语音现象，包括语调、语速、重音、停顿、笑声等。

（3）形体语言又称态势语言，是伴随有声语言出现或单独使用的一种无声语言，包括眼神、表情、手势、姿态等，在交流中起着强调、修饰、渲染等辅助作用。

提　示

在三种形式的服务语言中，口头语言是最主要的服务语言，副语言和形体语言是起辅助作用的语言。服务过程中，服务人员既要重视口头语言的运用，同时也不能忽视副语言和形体语言，要将三者结合起来，以便更好地与顾客进行交流。

二、餐饮服务语言的基本要求

餐饮服务工作离不开语言的运用，得体、恰当的服务语言可以提升服务质量，获得顾客的青睐。餐饮服务人员在运用服务语言时，应达到以下几个基本要求。

（一）语言标准，口齿清晰

语言标准、口齿清晰是进行语言交际的基本前提。餐饮服务人员在与顾客沟通的过程中，只有做到语言标准、口齿清晰，才能使顾客听清楚、听明白，真正实现双向沟通。具体来说，主要有以下几个要求：

（1）说普通话。普通话是我国法定的国家通用语言。在服务过程中，服务人员必须说普通话，以免顾客因听不懂而产生一些误会，从而影响服务质量。

（2）发音准确。服务人员在说普通话时，要注意阴平、阳平、上声、去声四种基本声调的区别，做到咬字清晰、发音准确。同时，要注意不能说错字、别字，否则会给顾客留下业务素质低下、工作能力不强的印象。

（3）表述完整。服务人员在与顾客交谈时，要注意将所要表达的意思表述完整，将信息准确地传达给顾客，切忌不恰当的省略，以免顾客在理解时产生歧义。

（二）语调柔和，语速适中

语调是指人们说话时的腔调，即说话时声调的高低、抑扬、轻重。语速是指人们说话时的快慢。餐饮服务人员在与顾客交谈时，既要避免声音过大或过小，又要避免语速过快或过慢，做到语调柔和、语速适中。具体来说，主要有以下几个要求：

（1）音量适中。服务人员在与顾客交谈时，应做到音量适中，即使对方既可以听清楚，又感到舒适、悦耳为宜。如果服务人员说话的声音过大，会显得态度生硬、粗鲁，引起顾客不适；相反，如果服务人员说话的声音过小，会显得有气无力，使顾客听得费劲，感觉被怠慢。

（2）快慢适中。服务人员在与顾客交谈时，应注意保持适当而自然的语速，通常以每分钟 120 字左右为宜。在服务过程中，如果服务人员的语速过快，则会给顾客敷衍了事、催促应付之感；相反，如果服务人员的语速过慢，又会让顾客觉得其工作能力不强，浪费了自己的时间。

提　示

在实际服务工作中，音量的大小、语速的快慢应因人而异、因时而异。例如，与耳背之人交谈，或在嘈杂之处与人交谈时，应适当提高音量；与老年人交谈时，应适当放慢语速。

（3）节奏鲜明。服务人员说话要节奏鲜明，做到该快则快、该慢则慢、有轻有重。只有这样，在与顾客交流时，才会让对方感到顺畅、舒心。

（三）语气谦恭，用词文雅

语气是指人们说话时流露出来的感情色彩。餐饮服务人员与顾客交谈时，一定要使自己的语气表现出热情、亲切、耐心等感情色彩，切忌语气急躁、生硬或轻慢。例如，在服务过程中，不得使用“抓紧时间，快下班了”“等着”“别乱动”“我不知道”等话语。

此外，服务人员还应做到用词文雅，切忌用粗话、脏话等不礼貌的语言。如果与顾客发生矛盾或冲突，要冷静处置，不得指责顾客。

三、餐饮服务语言的使用原则

服务语言应根据服务性质、服务对象、服务内容和服务环境等进行调整，一味单调、刻板地复制，就会因语境缺失而使服务语言缺乏情感。具体来说，服务语言的使用应遵循以下原则。

（一）对象性原则

餐饮服务存在着特定的对象，语言的实际效果不仅取决于如何运用，还取决于语言能否被对方所理解和接受。由于不同服务对象在兴趣爱好、家庭背景、个性特征、个人经历、身份地位等方面都存在差异，对于交谈内容有着各不相同的敏感点和兴奋点，对于语言的理解和接受能力也存在差异，因此餐饮服务人员在使用服务语言时，务必区分对象、有的放矢。

（二）规范性原则

服务语言的规范性原则要求服务人员做到以下两点：① 使用礼貌用语，杜绝使用“四

语”，即蔑视语、烦躁语、否定语和斗气语；② 遵从语言规范，忌失言、信口开河。

课堂讨论

有一次，某服务员在为顾客服务时，按照顾客下的点菜单为其送上了一份鱼，顾客动了筷子后却说：“这鱼是其他桌退掉的吧？冷冰冰的。”

以下是服务员的几种回答：① 不可能的，这鱼是刚刚端上桌的；② 开玩笑，我们餐厅不会做这样的事情；③ 不对，这鱼是刚从海鲜池里打捞的；④ 冷了吗？那我给您加热一下吧。

请问：这几种回答各有何不妥？如果你是这名服务员，你会如何向顾客解释？

（三）诚实性原则

餐饮服务人员在使用服务语言时，首先要讲真话、讲实话，尤其是涉及顾客切身利益的事情，千万不可欺骗或愚弄顾客；其次，在语言的表达方式上，要力求表里如一，做到语言内容与表达形式的高度统一。

（四）适应性原则

餐饮服务人员在运用服务语言时要语随境迁，兼顾和适应当时的语言环境、具体场景和顾客的情绪变化等。

四、基本餐饮服务语言

（一）问候语

问候又称问好或打招呼，是人们在见面之初最先向对方传递的信息，一般用于表达敬意和关切之情。如果服务人员在与顾客相见时能够热情主动、真心诚意地向顾客表示一声问候，就可以在最初接触时给顾客留下一个好印象。常用的问候语有：“先生（女士）您好！欢迎光临！”“欢迎您来这里用餐！”“早上好，欢迎光临，请问您有预订吗？”

使用问候语的注意要点如下：

（1）如果是熟客，最好在“欢迎光临”前加上对方的称呼，但切忌叫错。例如：“李总，早上好，欢迎光临！”在节日期间，向顾客说一声“节日快乐”，可以强化节日气氛，使顾客感到温暖。

（2）当问候人数较多时，一般先问候身份高者，再问候身份低者；先问候与本人距离近者，再依次问候其他人。

（3）对顾客进行问候时，不能仅有问候语，还应配以点头或鞠躬等体态姿势，以示对顾客的尊重。

（二）征询语

征询语是指征求意见的询问语。例如：“先生，您看可以开始上菜了吗？”“先生，这个盘子可以撤了吗？”“您好，请问有什么吩咐吗？”“如果您不介意，我把您的座位调整一下可以吗？”在服务过程中，服务人员往往需要主动征求顾客的意见，最大限度地满足顾客的要求，避免因服务不到位而引起顾客不满。

使用征询语的注意要点如下：

（1）注意顾客的肢体语言。当顾客东张西望或从座位上站起来的时候，往往是在用肢体语言表达自己的想法和要求。这时候服务人员应该走过去说：“先生/女士，请问有什么可以帮您？”

（2）多用协商的口吻。服务人员在询问顾客时，可将“这样可不可以？”“您还满意吗？”之类的话加在句尾，以显示对顾客的恭敬，使服务工作更顺利地进行。

（3）遵循适度原则。征询顾客意见可体现服务人员对顾客需求的尊重，但过犹不及，过多地征询意见会打扰到顾客。因此，征询顾客意见时要适度。

（4）征询顾客意见时可适当采用封闭式提问。例如，询问顾客是否需要饮料时，一般不直接说“请问您需要什么饮料？”应当说“请问您需要什么饮料？我们有鲜榨的西瓜汁、橙汁、玉米汁等。”这样可以避免由于无法提供顾客所点的饮料而给顾客造成服务不周的印象。

（三）应答语

应答语是指服务人员在为顾客提供服务时用以回应顾客的召唤，或是答复顾客询问所使用的语言。例如：“好的，我马上就去。”“好的，我马上安排。”“是的，我是餐厅服务员，非常乐意为您服务。”“谢谢您的好意，这是我应该做的。”

使用应答语的注意要点如下：

（1）回答顾客询问时，要认真倾听，并站立答复。

（2）有多位顾客同时问话时，应从容不迫地依次回答问题，不能厚此薄彼，冷落任何一位顾客。

（3）答应顾客的事情一定要信守诺言，尽快给顾客满意的答复；对于顾客过分或无理的要求，要冷静应对，表现得有涵养、有风度；对于个别顾客提出的带有挑衅意味的、尖锐敏感的、不宜正面回答的问题，应灵活应变，避实就虚。

（四）指示语

指示语是指服务人员在为顾客提供服务时，对顾客的某些行动给予的方向性建议，在餐饮服务中常用于为顾客指路。例如：“先生，请一直往前走，海龙阁宴会厅就在前面转角处。”“女士，您好，请随我来！”

使用指示语的注意要点如下：

（1）避免命令式语气。当顾客去厨房催菜时，如果使用“先生请你出去，厨房是不能进去的！”这种命令式的语言，就会使顾客感到尴尬，不受尊重，甚至还有可能会引发争吵。而如果说“先生，您有什么事情让我来帮您，您在座位上稍坐，您的菜马上就来”，效果会好很多。

（2）语气缓和，目光柔和。服务人员不仅要注意措辞，还要注意语气缓和，目光柔和，这样才能给顾客留下良好印象。

（3）适当配合手势。顾客询问餐厅包间或宴会厅位置时，仅仅用简单的语言指示是很不礼貌的，正确的做法是运用明确的指示语，并配合手势动作，最好是主动走在顾客前面为其带路。

（五）致谢语

致谢语是指服务人员在感受到顾客善意、获得顾客帮助或顾客提出建议时，用来表达感激之情的语言。例如：“谢谢您的鼓励，我们还会努力。”“谢谢您的帮助。”“谢谢您的光临。”“感谢您的建议，我们一定改正。”

使用致谢语的注意要点如下：

（1）当顾客提出表扬、赞美或者建议时都应该使用感谢语，不要在顾客表扬自己后而无动于衷，也不要与顾客去争辩其提出的建议是否合理。

（2）致谢的时候要清楚、明确，不要含糊不清。

（六）致歉语

致歉语是指服务人员在服务过程中，因各种原因给顾客带来了不便或服务不当时对顾客表达歉意的用语。例如：“对不起，让您久等了，这是手撕羊排。”“真是抱歉，这道菜工序较多，请您再多等一会儿好吗？”“实在对不起，您的菜上错了。”

服务人员在表达歉意时，一定要态度诚恳，主动承认错误，而不是想尽办法逃避责任。

同步案例

美极基围虾

一天，赵先生在某酒店的餐厅请客户吃饭。点菜时，客户刘先生点了一道“白灼基围虾”，但记菜名的服务员没注意听，把它误写为“美极基围虾”。

当菜端上来以后，赵先生感到很奇怪，立即把服务员叫来，清楚地表示：“我们要的是‘白灼基围虾’，这道菜你上错了，请你赶快给我们换一下。”服务员辩解说：“刚才这位先生点的就是‘美极基围虾’，肯定没错。不信把点菜单拿来核对一下。”于是，

服务员拿来点菜单，赵先生等人一看，上面果然写的是“美极基围虾”。

这下，大家都感到奇怪了。刚才刘先生明明说的是“白灼基围虾”，现在怎么就成了“美极基围虾”呢？其实服务员心里知道，一定是自己当时没听清楚记错了，可是她害怕赔偿，怎么也不肯主动承认错误。这时，刘先生坐不住了，他有些气愤地说：“把你们经理叫来。”

服务员极不情愿地去叫来了经理，经理走过来便说：“不好意思，你们刚才点的就是这道菜。我们店的服务员都是经过培训和严格考核的，记忆力都很好，在顾客点菜时会如实地记下每一道菜名。”

大家没想到经理居然会说出这种话，刘先生愤怒地说：“算了，请你赶快给我们结账吧！”赵先生见此情景，也觉得很尴尬，赶忙对刘先生赔不是说：“真对不起，请原谅！以后再也不到这种餐厅来吃饭了！”

（七）告别语

告别语一般是指顾客用完餐离开时服务人员所使用的语言。例如：“先生慢走，欢迎下次光临。”“先生/女士再见。”“请慢走！”

使用告别语的注意要点如下：

（1）声音要响亮而有余韵，同时配合点头或鞠躬。

（2）不管顾客有没有消费或消费多少，在顾客离开时都要使用告别语。

餐饮小知识

餐饮服务语言的“五不要”

（1）不要使用不规范的服务用语。有些服务人员缺乏语言技巧方面的学习和自身素质的培养，在服务过程中有意无意地伤害了顾客，从而引起顾客不满，如“你要饭吗”这类有歧义、不规范的语言，就使人听起来很不舒服、不愉快。

（2）不要厌烦。如果个别顾客用“喂”“嘿”“哎”等不礼貌的语言招呼服务人员，服务人员不能因此就对其表现出嫌弃或不耐烦。相反，服务人员更应通过热情的服务使顾客意识到自己的失礼。如果正忙着，可以说：“请您稍等片刻，我马上来。”

（3）不要窃笑。在服务过程中，服务人员应注意不随意窃笑、不交头接耳，以免引起误会。

（4）不要旁听。旁听是餐饮服务人员的大忌，保护顾客隐私是服务人员应具备的职业道德。服务人员即使有急事与顾客相商，也不能贸然打断顾客的谈话，最好先采

取暂待一旁、以目示意的方法，等顾客意识到后，再上前说“对不起，打扰你们谈话了”，然后说出原本要说的话。

（5）不要目不转睛地注视顾客。在接待一些装扮较奇特的顾客时，服务人员不要目不转睛地注视顾客，或评头论足，以免使顾客产生不快。

任务实施

餐饮服务语言训练

【实施目的】

正确使用各种基本餐饮服务语言。

【实施流程】

（1）学生自由分组，每组 6～10 人。

（2）每个小组设计一个具体情景，如家庭聚会、朋友聚餐等，小组成员分别扮演服务人员和顾客，进行情景模拟。

（3）“服务人员”向“顾客”提供服务时，必须使用问候语、征询语、应答语、指示语、致谢语、致歉语和告别语。

（4）每组分别为大家展示，由主讲教师和其他小组进行点评。

任务三　中西餐基础知识认知

任务导入

没有鱼的鱼香茄子

一位外地顾客走进一家四川餐厅，点了一道鱼香茄子，于是发生了下面这段对话：

“老板，老板！”

“有什么事吗？”

“你这鱼香茄子里面怎么没有鱼呢？”

“鱼香茄子里面本来就没有鱼！”

“没有鱼，为什么叫鱼香茄子呢？”

"鱼香是四川菜肴的主要味型之一。鱼香味并不来自'鱼'，而来自由泡红辣椒、葱、姜、蒜、糖、盐、酱油等调味品调制而成的鱼香汁。鱼香汁搭配不同材料烹制而成的菜肴，便可冠上'鱼香'为菜名，如鱼香肉丝、鱼香茄子、鱼香牛腩、鱼香蹄花等。"

思考：

（1）为什么会出现上述情况？聊一聊你印象中中餐的特点。

（2）中式菜肴可以分为哪些菜系？

知识链接

一、中餐基础知识

（一）中餐的烹饪特点

中餐即具有中国风味特点的菜肴，具有历史悠久、品类丰富、流派众多、风格独特等特点。经过长时间的发展和完善，中餐融合了我国灿烂的传统文化，吸收了各民族烹饪技艺的精华，形成了其独特的烹饪特点。

1．选料讲究，类型丰富

中餐厨师的首要技艺就是学会选材。选材是做好中餐的基石，要求厨师具备丰富的相关知识并能熟练运用相关技巧。中餐所选用的原料十分丰富，种类在万种以上，而常用者达三千种，分为主配原料、调味原料和佐助原料三大类。除采用天然原料外，在中餐发展过程中，人们还创制了许多经精细加工而成的原料品种，如火腿、腊鱼、香肠、榨菜等。

2．刀工精湛，火候适宜

中餐烹饪尤其讲究刀工和火候。利用精湛的刀工对原料进行加工处理，使之成为烹饪所需要的、整齐一致的形态，以适应火候，均匀受热，便于入味，并保持一定的形态美，是中餐烹饪的关键环节之一。

让菜肴独具风味的关键之一就是对火候的掌控。无论是火力的强弱，还是用火时间的长短，都是影响菜肴质量的重要因素。只有火候掌控得恰当、适宜，才能保证菜肴色、香、味、形、营养等俱佳，这往往需要厨师累积大量的经验。

3．配料合理，技法多样

中餐烹饪讲究合理配料。在配色方面，要求色泽协调，突出主料；在比例方面，要求辅料不能大于主料；在质地方面，讲究脆配脆、软配软；在味道方面，注重原料本味，同时辅料要能突出、烘托主料的味道；在营养方面，讲究荤素搭配，营养均衡。

中餐烹饪的技法多种多样，不但有炸、炒、熘、爆、炖、烹、煸、煮、焖、烧、扒、烩、煎、涮、蒸等，还有制作冷菜的卤、腌、拌、酱、炝等方法。

4. 调味丰富，盛器精美

中餐烹饪的调味料十分丰富，应用调味料的手法也数不胜数，主要有基本调味、定型调味和辅助调味三种，运用最多的就是定型调味。中式菜肴的味型以酸、甜、苦、辣、咸、麻、鲜、香为基本味，经过不同阶段的合理投料、不同技艺的烹饪后，又变幻出丰富多样的味型，如糖醋、咸鲜、麻辣、鱼香、怪味等。

中式菜肴的盛装器具也非常讲究，不但品种多样、外形美观，而且质地精良、色彩鲜艳，以美器映衬美食，使食与器达到完美的统一与和谐，从而充分展现中式菜肴的美。

（二）中式菜肴的分类

八大菜系

中式菜肴有许多流派，其中为社会公认的最有影响力和代表性的有鲁菜、川菜、粤菜、闽菜、苏菜、浙菜、湘菜和徽菜，即人们常说的中国“八大菜系”。

提　示

菜系是指在选料、切配、烹饪等方面，经长期演变而自成体系，具有鲜明地方风味特色的中国菜肴流派。菜系的形成主要受地理环境、历史、文化、物产和饮食风俗等的影响。

1. 鲁菜

鲁菜即山东菜，可分为济南菜、胶东菜、孔府菜和其他地区风味菜。济南菜以清香、脆嫩、味厚而纯正著称，其汤品尤为突出，清浊分明。胶东菜起源于福山县（今烟台市福山区），后传入青岛、威海、潍坊等地，以烹饪海鲜见长，口味以鲜嫩、清淡为主，讲究花色。孔府菜做工精细，烹饪方法全面，尤以烧、炒、煨、炸、扒见长，而且制作过程复杂。

鲁菜的代表菜有葱烧海参、糖醋鲤鱼、九转大肠（见图 2-20）、醋椒鱼、红烧大虾、油爆双脆、招远蒸丸、清蒸加吉鱼等。

2. 川菜

川菜讲究色、香、味、形，兼有南北之长，以味的多、广、厚著称，常言道，“食在中国，味在四川”。川菜的口味主要有麻、辣、咸、甜、酸、苦、香 7 种味道，经过巧妙搭配，还衍生出麻辣、酸辣、红油、白油等几十种各具特色的复合味型，因此，川菜具有“一菜一格，百菜百味”的特点。川菜在烹饪方法上以小煎、小炒、干烧、干煸见长。

川菜的代表菜有干烧岩鲤、干烧鳜鱼、鱼香肉丝、怪味鸡、麻婆豆腐、毛肚火锅、干煸牛肉丝、夫妻肺片（见图 2-21）、灯影牛肉等。

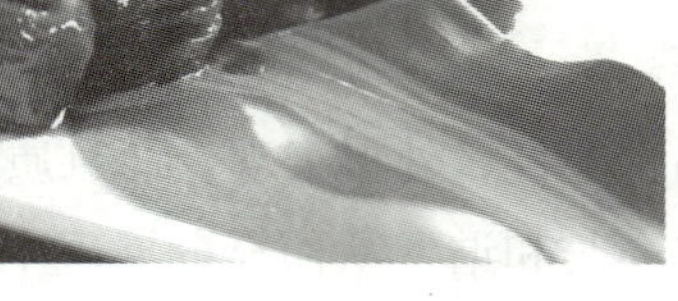

图 2-20　九转大肠

图 2-21　夫妻肺片

3．粤菜

粤菜即广东菜，由广州菜（又称广府菜）、潮州菜（又称潮汕菜）、东江菜（又称客家菜）组成。粤菜的特点是选材丰富、精细，口味清淡。粤菜讲究原料的季节性，“不时不吃”。例如，吃鱼讲究“春鳊秋鲤夏三犁（鲥鱼）隆冬鲈”。除了选原料的最佳肥美期之外，还特别注意选择原料的最佳部位。粤菜讲究“清、鲜、嫩、滑、爽、香”，追求原料的本味、清鲜味。

粤菜的代表菜有白切鸡（见图 2-22）、烤乳猪、上汤焗龙虾、清蒸石斑鱼、菠萝咕咾肉、沙茶牛肉、客家酿豆腐、梅菜扣肉、盐焗鸡等。

4．闽菜

闽菜即福建菜，以福州菜为代表，素以制作细巧、色调美观、调味清鲜著称。福建菜以海鲜类为主，口味方面则咸、甜、酸、辣俱备。咸味的调味品有虾酱、豉油等，甜味的调味品有红糖、冰糖等，酸味的调味品有白醋、荞头等，辣味的调味品有胡椒、芥末等。闽菜的烹饪特点是汤菜要清，味道要淡，炒食要脆，其烹饪方法以蒸、煎、炒、熘、焖、炸、炖见长。

闽菜的代表菜有佛跳墙（见图 2-23）、鸡汤汆海蚌、淡糟香螺片、沙茶焖鸭块、七星鱼丸、煎糟鳗鱼等。

图 2-22　白切鸡

图 2-23　佛跳墙

5. 苏菜

苏菜主要由金陵菜、淮扬菜、苏锡菜、徐海菜等组成。苏菜的特点包括：① 选料严谨，制作精细；② 以炖、焖、煨、焐、蒸、烧、炒等烹饪方法见长；③ 口味清鲜，咸甜得宜，浓而不腻，淡而不薄；④ 注重调汤，保持原汁；⑤ 用料广泛，以水产为主。

苏菜的代表菜有金陵烤鸭、扬州狮子头、叫花鸡（见图 2-24）、松鼠鳜鱼、文思豆腐等。

6. 浙菜

浙菜主要由杭州菜、宁波菜、绍兴菜、温州菜四个流派组成。杭州菜制作精细，具有清鲜、爽嫩、精致、醇和等特点。宁波菜以海鲜为主，口味鲜咸适度，菜品讲究鲜嫩爽滑，注重本味。绍兴菜香酥绵糯，汤浓味醇，富有水乡古城之淳朴风格。温州菜又称瓯菜，以海鲜为主，口味清鲜，淡而不薄，烹饪讲究“二轻一重”，即轻油、轻芡、重刀工。

浙菜的代表菜有西湖醋鱼、东坡肉、家乡南肉、干炸响铃、荷叶粉蒸肉、西湖莼菜汤、龙井虾仁（见图 2-25）、杭州煨鸡等。

图 2-24　叫花鸡

图 2-25　龙井虾仁

7. 湘菜

湘菜即湖南菜，以辛辣著称。湘菜制作精细，用料比较广泛，口味多变，品种繁多；色泽上油重色浓；口味上注重香辣、香鲜、软嫩；烹饪方法上以煨、炖、腊、蒸、炒等著称。湘菜的特殊调料有豆豉、茶油、辣油、辣酱等。

湘菜的代表菜有东安子鸡、红煨鱼翅、腊味合蒸、板栗烧菜心（见图 2-26）、五元神仙鸡、吉首酸肉等。

8. 徽菜

徽菜是皖南菜、皖江菜、合肥菜、淮南菜、皖北菜的总称。徽菜的特点包括：① 就地取材，以鲜制胜；② 善用火候，火功独到；③ 娴于烧炖，浓淡相宜；④ 注重天然，以食养身。

徽菜的代表菜有火腿炖甲鱼（见图 2-27）、腌鲜鳜鱼、黄山炖鸽、问政山笋、徽州毛豆腐、徽州蒸鸡、胡氏一品锅、符离集烧鸡等。

图 2-26　板栗烧菜心

图 2-27　火腿炖甲鱼

课堂讨论

你家乡的特色菜有哪些？请分享一下，并说说它们有何特点。

华彩流光

《舌尖上的中国》

《舌尖上的中国》（见图 2-28）是中央电视台出品的一部美食类纪录片。该节目围绕中国人对美食和生活的美好追求这一主题，将具体人物故事串联起来，讲述中国各地的美食生态。以中国各地的美食为窗口，让人们认识中国，了解中国的饮食特色、文化渊源。

图 2-28　《舌尖上的中国》

（三）中餐服务方式

中餐在发展过程中，兼容并蓄，形成了具有民族特色、与中式菜肴特点相适应的服务方式，主要包括以下两种：

（1）共餐式服务。共餐式服务适用于中餐零点服务。顾客围桌而坐，服务人员根据就餐人数和餐桌大小放置餐具，然后根据先冷后热、先汤后菜、先荤后素等原则将菜肴一一摆放在餐桌上，供顾客食用。

提　示

零点服务是指服务人员为零散顾客提供的服务，其特点是顾客可以随到随吃、自行点菜、自行付款。

（2）分餐式服务。分餐式服务是吸收了西餐服务的优点，并将其与中餐服务相结合的一种服务方式，即服务人员在工作台或餐桌上将菜肴按每人一份分配给顾客食用。

二、西餐基础知识

（一）西餐的烹饪特点

1. 取材丰富，用料精致

西餐的取材用料分为肉类、谷类、果蔬类、水产类、乳品类等多种类型，每一类型又可划分为不同的等级。因此，西餐烹饪中，为了保障菜肴质量，会根据不同的价格档次分档取材。

2. 调料丰富、选择考究

西餐烹饪所用调料品种丰富，选择考究，就算是一道简单的菜肴，也需要各种调料才能制作完成。例如，制作黑胡椒牛肉意大利面需使用胡萝卜、青椒、洋葱、淀粉、鸡蛋、盐、黄油、黑胡椒、橄榄油、罗勒、料酒等多种配料和调料。又如，西餐烹饪中使用的奶制品调料有黄油、奶油、奶酪等，酒类调料有朗姆酒、甜食酒、白兰地、红葡萄酒、白葡萄酒等。

3. 工艺精美、操作精细

西式菜肴习惯采用单份制作方式，制作工艺非常复杂、细致。例如，猪扒一般现炸现吃，这样才能保持质嫩色佳，味道鲜美，且需要剔筋、去肥、切块、拍松、点剁、下味、拍粉、拖蛋、裹皮、油炸等多道工序才能制作完成。

4. 注重肉类烹饪的老嫩程度

西餐烹饪对肉类的老嫩程度很讲究，牛肉、羊肉的制作就有五种成熟度：一成熟、三成熟、五成熟、七成熟、全熟。

（二）西餐的分类

1. 法式菜肴

法式菜肴的特点是：① 选料广泛，加工精细，烹调考究，滋味有浓有淡，花色、品种多样；② 以半熟、鲜嫩为特点；③ 重视调味，调味品种类多样，特别重视用酒来调味，对不同菜肴的调味酒有着严格的规定，如清汤用葡萄酒，海味品用白兰地酒等。法式菜肴的代表菜有马赛鱼羹、鹅肝排（见图 2-29）、巴黎龙虾、红酒山鸡、沙福罗鸡、鸡肝牛排等。

2. 英式菜肴

英式菜肴的特点是：① 油少、清淡，调味时较少用酒；② 烹饪方法以蒸、煮、烧、熏、炸见长；③ 选料注重鲜嫩，以海鲜和各式蔬菜为主，菜量要求少而精。英式菜肴的代表菜有炸鱼薯条（见图 2-30）、薯烩羊肉、冬至布丁等。

图 2-29　鹅肝排

图 2-30　炸鱼薯条

3. 意式菜肴

意式菜肴的特点是：① 原汁原味，以味浓著称；② 烹饪方法以炸、熏、炒、煎、烩等见长。由于意大利人喜爱面食，面条的做法、吃法甚多。意式菜肴的代表菜有蔬菜通心粉汤（见图 2-31）、意大利馄饨、奶酪焗通心粉、肉末通心粉等。

4. 美式菜肴

美式菜肴是在英式菜肴的基础上发展起来的，继承了英式菜肴简单、清淡的特点，口味咸中带甜。美式菜肴以铁扒类菜肴居多，常用水果作为配料，讲究营养、快捷、原汁鲜味。美式菜肴的代表菜有烤火鸡（见图 2-32）、美式牛扒、苹果沙拉、美式松饼等。

图 2-31　蔬菜通心粉汤

图 2-32　烤火鸡

5. 俄式菜肴

俄式菜肴口味较重，油多，制作方法比较简单。口味以酸、甜、辣、咸为主，酸黄瓜、酸白菜往往是餐桌上的必备食品。烹饪方法以烤、熏、腌为特色。俄式菜肴的代表菜有俄式什锦沙拉、罗宋汤（见图 2-33）、酸黄瓜汤、冷苹果汤等。

6. 德式菜肴

德式菜肴口味较重，材料则较偏好猪肉、牛肉、肝脏类、香料、鱼类、家禽和蔬菜等；烹饪时会使用大量芥末、白酒、牛油等作为调味品，且较常使用煮、炖或烩等烹饪方法。德式菜肴的代表菜有德式生鱼片、德式烤杂肉、德式香肠（见图 2-34）等。

图 2-33　罗宋汤

图 2-34　德式香肠

（三）西餐服务方式

1. 法式服务

法式服务是一种十分讲究礼节的服务方式，流行于西方上层社会。在法式服务中，每一桌配两名服务人员，一名为经验丰富的正服务员，另一名是助理服务员，又称服务助手，两人配合为顾客服务。顾客点菜后，菜肴的制作要在顾客面前完成，装盘后请顾客品尝。法式服务的特点是典雅、庄重、周到、细致，但成本较高。

2. 英式服务

英式服务又称家庭式服务，服务人员将厨师烹制好的菜肴传送到餐厅，由顾客中的主人亲自切肉、装盘后，服务人员再将装盘的菜肴依次端送给每位顾客，调味品、配菜等放置在餐桌上由顾客自取。英式服务可活跃气氛，节省人力，但节奏较慢，主要适用于宴会，很少在大众化的西餐厅采用。

3. 美式服务

美式服务又称盘子服务，由厨师烹制好菜肴，并按顾客人数装盘并简单装饰后，服务人员将菜肴端送到顾客面前。美式服务主要用于中低档的西餐零点服务和宴会服务，其特点是服务简单、速度快、成本较低，空间利用率和餐位周转率较高。

4. 俄式服务

俄式服务又称银盘子服务。首先，服务人员从厨房里取出由厨师烹制并放入银制菜盘的菜肴，采用肩上托盘方法，将菜肴送至餐桌上；然后，使用左手以胸前托盘方法请顾客欣赏菜肴，再用右手持服务叉、勺，按逆时针方向绕桌给顾客派菜。俄式服务的特点是效率和空间利用率较高，但银器投资较大。

任务实施

举办知识竞赛

【实施目的】

熟悉中国“八大菜系”和各个地区西餐的特点。

【实施流程】

（1）学生自由分组，每组 4～6 人。

（2）主讲教师准备多张中式菜肴和西式菜肴的图片，一一向学生展示，由每组学生抢答，说出菜肴的名称、所属类别、特点等。

（3）答对一题计 1 分，最后总分最高的小组获胜。

英语积累角

中餐 Chinese food

西餐 Western food

早上/下午/晚上好，女士们，先生们。 Good morning / afternoon / evening, ladies and gentlemen.

欢迎来到我们餐厅。 Welcome to our restaurant.

这里是宴会厅/中餐厅，有什么能为你效劳？ This is the banquet hall / Chinese restaurant, may I help you?

您有预订吗？ Do you have a reservation / Have you made a reservation?

这边请。 This way, please / Please come this way.

很高兴听到您这么说。 I'm glad to hear that.

打扰了。 Excuse me.

谢谢光临。 Thank you / Thanks for coming.

欢迎下次光临。 Hope to see you again / You are always welcome.

项目考核

1. 选择题

（1）双腿叠放式坐姿要求斜放后的腿部与地面成（　　）。

A. 30°　　B. 35°　　C. 40°　　D. 45°

（2）为他人指引方向、请他人进门、请他人坐下时，都需要用到（　　）。

A. 指引手势　　B. 介绍手势

C. 握手手势　　D. 递接手势

（3）以下选项中，（　　）不属于餐饮服务语言的表现形式。

A. 口头语言　　B. 副语言

C. 形态语言　　D. 书面语言

（4）（　　）经常用于为顾客提供方向性建议，或为顾客指路。

A. 应答语　　B. 指示语

C. 推脱语　　D. 告别语

（5）（　　）是吸收了西餐服务方式的优点，并将其与中餐服务相结合的一种服务方式。

A. 共餐式服务　　B. 转盘式服务

C. 分餐式服务　　D. 零点服务

2. 判断题

（1）男服务人员的头发应符合前发不盖额，侧发不盖耳，后发不过领的要求。（　　）

（2）服务人员可以在公共场合蹲着休息。（　　）

（3）服务人员与顾客交谈时，既要避免声音过大或过小，又要避免语速过快或过慢；做到语调柔和、语速适中。（　　）

（4）当问候人数较多时，一般先问候身份低者，再问候身份高者。（　　）

（5）苏菜有“一菜一格，百菜百味”的特点。（　　）

3. 简答题

（1）餐饮服务人员站姿的基本要求有哪些？

（2）餐饮服务语言的使用原则有哪些？

（3）中餐的烹饪特点有哪些？

4. 案例分析题

某大型酒店需要招聘一批服务人员，近日应邀来到一所学校举办专场招聘会。由于酒店给出的待遇十分优厚，得到了很多学生的青睐。小丽和小婷是酒店相关专业的学生，有幸进入该酒店的面试环节。

小丽认为酒店服务岗位比较注重仪容仪表，于是精心打扮了一番，并穿了正装去面试。然而，小婷觉得只要专业知识扎实，形象不是很重要，于是她穿了一身运动服便去参加面试。面试当天，小丽除了向面试官展示了自己扎实的专业知识外，其得体的仪容仪表也给面试官留下了良好的印象。小婷虽然在专业知识方面和小丽不相上下，但由于着装过于随便，导致面试官对她的印象大打折扣。最后，小丽成功被该酒店录取，而小婷却与心仪的工作岗位失之交臂。

问题：

为什么小丽能够面试成功？服务人员在仪容仪表方面有哪些注意事项？

项目三

餐饮服务基本技能

项目引言

掌握餐饮服务基本技能，如托盘端托、餐巾折花、铺台布、摆台等，是做好餐饮服务工作，提高餐饮服务质量和效率的前提条件。餐饮服务人员使用这些餐饮服务基本技能时，需遵循特定的操作方法、步骤和标准。本项目将主要阐述托盘端托、餐巾折花、铺台布、摆台的相关知识，让学生能够正确掌握餐饮服务基本技能。

知识目标

- 了解托盘的种类和用途。
- 掌握托盘端托的方式和操作步骤。
- 了解餐巾和餐巾花的种类、餐巾花选择的原则。
- 掌握餐巾折花的基本手法和几种常见杯花、盘花的折法。
- 了解台布的种类和规格。
- 掌握铺台布的方法和台布的折叠。
- 掌握中餐摆台和西餐摆台的步骤。

素质目标

- 培养勤学苦练、吃苦耐劳的精神和服从管理、遵守纪律的意识。
- 通过学习餐巾折花、摆台等餐饮服务基本技能，深刻理解工匠精神的丰富内涵，培养精益求精、专业专注、一丝不苟的工作态度，提高职业素养。

任务一 托盘端托

任务导入

托盘服务有什么“秘诀”

小余是某酒店餐饮部刚入职的新员工，入职第一天，酒店安排他和其他几位服务人员一起进行服务技能培训。此时，培训教师正在教他们如何使用托盘，小余听了一会，觉得托盘端托很容易，跃跃欲试，便将餐盘、酒杯等摆满托盘，然后信心满满地单手托起托盘。没想到才刚起托，托盘上的酒杯就摇摇晃晃，小余连忙用手护住托盘，但仍有一个酒杯掉到地上砸碎了。小余觉得很懊恼，为什么明明看起来很轻松的事情，自己却做不好呢？

这时，培训教师走过来说：“托盘装盘需要遵循一定的原则，而不是像你这样随意将物品摆上去，这样容易导致托盘重心不稳，托盘上的物品就容易掉下来。”

思考：

（1）托盘装盘需要遵循哪些原则？

（2）托盘端托的操作步骤是什么？

知识链接

托盘是餐饮服务人员经常使用的服务工具。在餐饮服务过程中，从餐前摆台，餐中提供酒水、菜肴和撤换餐具，到餐后收台整理，都需要使用托盘。正确、高效地使用托盘是餐饮服务人员必须掌握的一项基本技能。

一、托盘的种类和用途

（一）托盘的种类

（1）按制作材料划分，托盘可分为木托盘、金属托盘、塑料托盘、胶木托盘等，如图 3-1 所示。

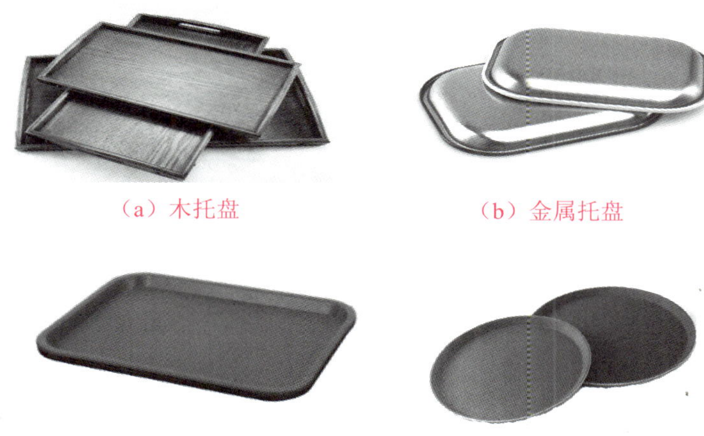

（a）木托盘　（b）金属托盘

（c）塑料托盘　（d）胶木托盘

图 3-1　按制作材料划分的托盘

（2）按规格划分，托盘可分为大号托盘、中号托盘、小号托盘，如图 3-2 所示。

（3）按形状划分，托盘可分为圆形托盘、长方形托盘、正方形托盘、特殊形托盘（见图 3-3）。

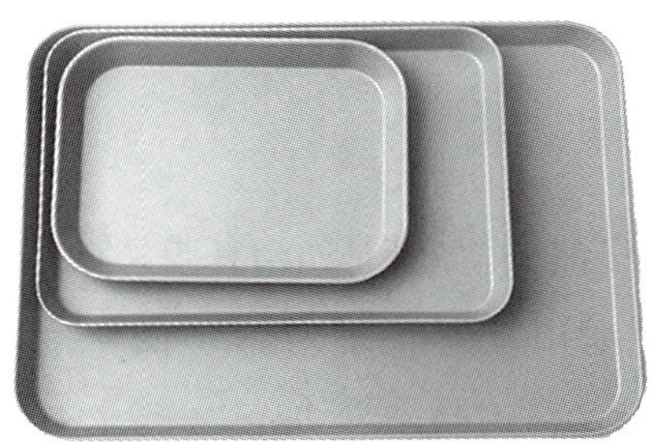

图 3-2　按规格划分的托盘

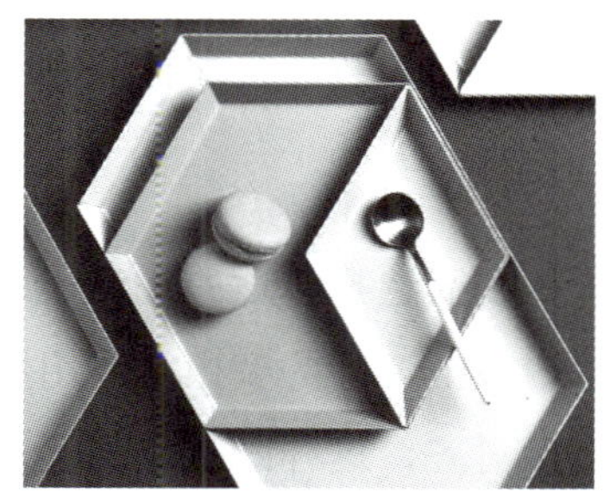

图 3-3　特殊形托盘

（4）按所托重量划分，托盘可分为轻托托盘、重托托盘。

（二）托盘的用途

几种常见托盘的用途如表 3-1 所示。

表 3-1　几种常见托盘的用途

种类	用途
大、中长方形托盘	托送菜肴、酒水和盘碟等较重物品
大、中圆形托盘	托送餐具和咖啡、冷饮等
小圆形托盘	递送账单、信件、小礼品等或收款

课堂讨论

你见过哪些托盘？它们有什么用途？

二、托盘端托的方式

托盘端托的方式主要有轻托和重托两种。

（1）轻托又称胸前托，是指使用中、小圆形托盘端送重量在 5 kg 以内物品的方式。它一般用于上菜、分菜、斟酒、撤换餐具等。

（2）重托又称肩上托，是指使用质地坚固的大、中长方形托盘端送重量在 5 kg 以上物品的方式。重托多用于西餐上菜，国内餐厅为了安全起见，一般较少使用重托，而是用小型推车运送重物。

三、托盘端托的操作步骤

无论是轻托还是重托，都分为理盘、装盘、起托、端托行走、卸盘与落托五个步骤。下面以轻托为例，介绍托盘端托的操作步骤。

（一）理盘

托盘的使用标准

根据所托物品选择合适的托盘，将托盘洗净、擦干。如不是防滑托盘，则需要在盘内垫上洁净的餐巾或专用垫布，并将餐巾或垫布铺平拉齐，使其四边与底盘对齐，这样既整洁、美观，又可防止盘内物品滑动。

提　示

餐巾或垫布用清水沾湿拧干后再使用，防滑效果更好。

（二）装盘

根据所托物品的形状、大小、重量和取出的先后顺序，进行合理的装盘码放。将较轻的、较低的物品放在托盘前面，较重的、较高的物品放在托盘后面；先用的物品放在上面或前面，后用的物品放在下面或后面。盘中物品的摆放以重量分布均衡、安全稳妥、便于运输和取用为原则。

（三）起托

起托是用左手将码放各种物品的托盘平稳地托起。服务人员在工作台上完成装盘后，左脚向前一步，上身前倾，左手掌心向上；右手将托盘的 2/3 拉出台面，然后左手托住盘底，在右手的帮助下用力将托盘托起；待左手掌握好重心后，即可放开右手。

起托后，左手臂自然弯曲成 90°，左脚收回一步，使身体呈站立姿势，如图 3-4 所示。此时，左手五指分开，用五指指端和手掌根部托住盘底（掌心不与盘底接触），将托盘平托于胸前。

图 3-4　起托后的姿势

提　示

重托起托的操作要领：双手将托盘移至工作台边，使托盘的 1/3 悬空，双脚分开呈“八”字形，双腿下蹲；右手扶住托盘的一边，左手伸开，五指托住盘底，掌握好重心后，用右手协助左手向上托起；起托的同时，左手臂肘向上弯曲，手腕向后旋转 180°，将托盘托于左肩外上方，做到盘底不搁肩、盘前不靠嘴、盘后不靠发；托实、托稳后，右手或自然摆动，或扶住托盘前内角，并随时准备排阻他人的碰撞。

（四）端托行走

端托行走时，要头正、肩平，上身挺直，集中精力，目视前方，脚步轻快、稳健。随着步伐移动，托盘可在胸前自然摆动，但以盘中菜肴、酒水不外溢为标准。注意与前方人员保持适当的距离，并随时观察左右两侧，切忌突然变换行进路线或突然停止行走。

端托行走时，应根据所托物品的需要选择合适的步伐。一般有以下五种步伐可供选择：

（1）常步。按照正常的步速和步幅迈步行走，要求步速均匀，步幅适中。常步主要用于日常服务工作中。

（2）快步。较之常步，快步的步速较快，步幅较大，但步速不宜过快，否则会影响菜形或使菜肴和酒水外溢。快步主要适用于端送火候菜和急需物品。

（3）碎步。步速较快，步幅较小，上身保持平稳。碎步主要适用于端送汤类菜肴。

（4）垫步。其他步伐通常是左右脚前后交替运动，而垫步则是前脚前进一步，后脚跟进一步。在狭窄的过道中穿行或在行进中突然遇到障碍需要减速时可以采用垫步。

（5）跑楼梯步。身体略向前倾，重心前移，用较大的步幅，一步跨两级台阶，一步紧跟一步，上升速度要快而均匀，巧妙利用惯性，省时省力。跑楼梯步主要适用于端送物品上楼梯。

（五）卸盘与落托

端托过程中，如需取用盘内物品，则需要卸盘。此时，应用右手取用盘内物品。取用时，应注意随盘内物品变化而用左手手指的力量、与托盘的接触面来调整托盘重心。卸盘时，要求托盘位于顾客右侧身后 10～20 cm 处；右脚上前半步着地，左脚脚尖踮地，身体略向前倾，保持托盘水平、稳定，防止托盘倾斜，碰到顾客。

端托过程中，将整个托盘放到工作台上，称之为落托。此时，应用右手扶住托盘，曲膝呈半蹲状，使盘面与台面处在同一平面上，然后用右手轻推托盘至台面，放稳后开始取用盘内物品，如图 3-5 所示。

图 3-5　落托

餐饮小知识

轻托的注意事项

（1）不与顾客抢道，与顾客相遇时应侧身让道。

（2）发生意外时，不可惊叫，应冷静处理。如托盘内物品滑落，应尽快清扫干净。

（3）托盘不可从顾客头上越过，以免引起顾客反感或者发生意外。

（4）用轻托的方式给顾客斟酒时，要随时调整托盘的重心，勿使盘内酒水打翻，或泼洒在顾客身上。

（5）收餐具时，要按装盘的要领将盘碟合理摆放在托盘内，碟内的剩余物要集中放在一起。

（6）使用托盘时，不允许将托盘随意地放置在顾客的餐桌和座椅上。

（7）当托盘内无物品时，仍应保持正确的托盘端托姿态行走，不可单手拎着托盘边缘行走。

（8）不使用托盘时，必须按照餐厅的标准和要求将其放在指定位置，不可随处乱放。营业结束后，应统一收齐托盘并进行清洗、消毒、保管。

任务实施

托盘端托训练

【实施目的】

掌握托盘端托的操作步骤。

【实施流程】

（1）主讲教师准备若干圆托盘，装满水的红酒瓶、啤酒瓶、白酒瓶、矿泉水瓶，碗碟，垫布或餐巾等物品。

（2）学生自由分组，每组4～6人。

（3）每组按照托盘端托的操作步骤进行操作练习。

（4）练习结束后，组员之间进行互评，主讲教师进行点评。

任务二　餐巾折花

任务导入

我的“花”为什么不漂亮

小罗和小李是一家酒店的餐厅服务员，小李折的餐巾花很漂亮，小罗非常羡慕。一天下班后，小罗拿着一块餐巾，照着小李折好的金鱼造型的餐巾花学习，可是怎么折都没有小李折的漂亮。她很纳闷，对同事说：“这个餐巾花怎么这么难折，我练习了好多天了，可就是折得不整齐。”同事一看小罗折出来的金鱼，不禁笑了起来，小罗越练越难过。

这时，小李走过来劝她不要着急，并请小罗再折一次。结果发现，小罗推折的手法出了问题，导致折出的褶裥不均匀。经过小李的细心指导，小罗很快掌握了餐巾折花的技巧，心里默默地想：原来餐巾折花有这么多技巧啊！

思考：

（1）餐巾花的种类有哪些？

（2）餐巾折花有哪些基本手法？

知识链接

餐巾折花是餐饮服务的基本技能之一。根据顾客的需要折叠合适的花型，既可以装饰台面，又可以烘托气氛，给顾客带来美的享受。

一、餐巾和餐巾花

（一）餐巾的种类

餐巾又称口布、茶巾、席巾，既是餐厅中常用的保洁物品，又是一种用来美化餐桌的装饰物，具有实用性和观赏性两种特性。餐巾的分类方法有很多，一般可从以下三个方面进行分类。

1. 按质地划分

按质地划分，餐巾可分为棉麻类餐巾、化纤类餐巾和纸质类餐巾。各种质地餐巾的优点和缺点如表 3-2 所示。

表 3-2　各种质地餐巾的优点和缺点

种类	优点	缺点
棉麻类餐巾	（1）吸水性强、去污性强、触感好、色彩丰富； （2）易折叠，造型效果好	（1）易褪色，平均寿命 4~6 个月； （2）洗涤后需上浆、熨烫
化纤类餐巾	色彩丰富，不易褪色，洗后挺括，使用寿命较长	吸水性、去污性和触感较差
纸质类餐巾	（1）可一次性使用，卫生方便，成本较低； （2）易折叠，去污性强	触感差，不环保

2. 按颜色划分

按颜色划分，餐巾可分为暖色系餐巾、中性色系餐巾、冷色系餐巾。

暖色系餐巾色调柔美，能给顾客以兴奋、热烈的感觉，刺激顾客的食欲，如橘橙色餐巾、鹅黄色餐巾、红色餐巾等。

中性色系餐巾色调素雅，能给顾客以清洁卫生、恬静优雅的感觉，如白色餐巾。

冷色系餐巾色调清新，能让顾客感到平静、舒适，如浅绿色餐巾、蓝色餐巾、紫色餐巾等。

3．按规格、边缘形状划分

餐巾的规格通常为边长 40～60 cm 的正方形，这种规格的餐巾折叠的造型较为适宜。餐巾边缘形状一般有直线踩边形和波浪曲线压边形两种，如图 3-6 所示。

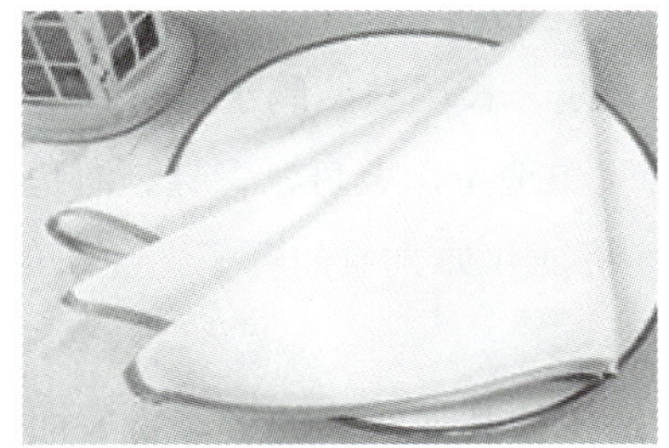

（a）直线踩边形

（b）波浪曲线压边形

图 3-6　餐巾边缘形状

（二）餐巾花的种类

1．按摆放方式划分

按摆放方式划分，餐巾花可分为杯花、盘花和环花，如图 3-7 所示。

（1）杯花。杯花需插入酒杯或水杯中才能保持造型，出杯后花型就会散开。其特点是立体感强、造型逼真，但折叠手法复杂，且容易污染杯具。

（2）盘花。盘花可放于盘中或台面上，一般成型后不易散开。其特点是折叠手法简单，便于提前折叠并储存，目前被西餐厅广泛使用。

（3）环花。将餐巾平整卷好或折叠成型后，用餐巾环进行固定。环花的特点是简洁、雅致。

（a）杯花

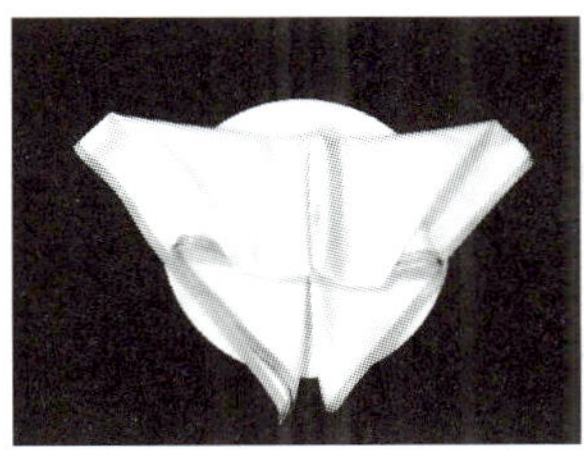

（b）盘花

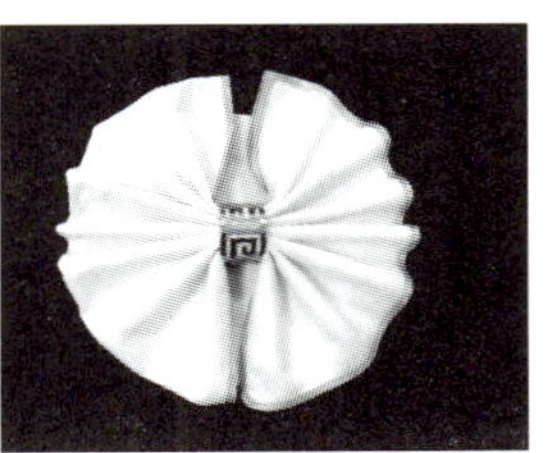

（c）环花

图 3-7　按摆放方式划分的餐巾花

提 示

餐巾环又称餐巾扣，有银制的、瓷制的、金属制的、塑料制的等，也可用绳索类物品代替。

2．按造型外观划分

按造型外观划分，餐巾花可分为植物类造型、动物类造型和其他类造型。

（1）植物类造型，即根据植物的形态折叠的花型，包括各种花草、蔬菜、水果等的造型。植物类造型美观大方，形态挺括，是餐巾折花的主要花型。

（2）动物类造型，常见的有孔雀、蜂鸟、天鹅、长尾鸟、鸽子等禽鸟造型，白兔、大象、长颈鹿、企鹅等走兽造型，蝴蝶、蜻蜓等飞虫造型，金鱼、青蛙、海龟等鱼虾和两栖类动物造型。动物类造型或取其整体，或取其特征（如大象的鼻子、兔子的耳朵等），形态逼真、活泼。

（3）其他类造型，是模仿自然界和日常生活中的其他实物的形态折叠而成的，常见的有花篮、扇子、僧帽、帆船、帐篷等造型。

（三）餐巾花的选择

选择餐巾花时，一般应遵循以下原则：

（1）根据宴会的性质选择花型。例如，以欢迎、答谢、表示友好为目的的宴会，餐巾花可设计为友谊花篮或和平鸽等。

（2）根据宴会的规模选择花型。一般大型宴会可统一选择简单、挺括、美观的花型；小型宴会可以在同一桌上摆放不同的花型，形成既多样又协调的布局。

（3）根据花式冷拼选择与之相配的花型。例如，如果冷拼是“游鱼戏水”，则可以选择金鱼造型的餐巾花。

（4）根据时令季节选择花型，以反映季节特色。

（5）根据顾客的身份、宗教信仰、风俗习惯和爱好选择花型，这样会让顾客感觉受尊重，从而增加对餐厅的好感。

（6）根据主宾席位的安排选择花型。主位上的餐巾花应选择美观而醒目的花型，以突出主位。

（7）根据餐碟的尺寸选择花型。

二、餐巾折花的基本手法

（一）叠

叠是最基本的餐巾折花手法，有折叠、堆叠的意思，就是将餐巾一折二、二折四，或折成正方形、长方形、三角形、菱形、梯形、锯齿形等几何图形，如图 3-8 所示。

叠的要领：熟悉基本造型，叠时要看准折缝线和角度一次叠成，避免反复折叠，否则餐巾上会留下折痕，影响美观。

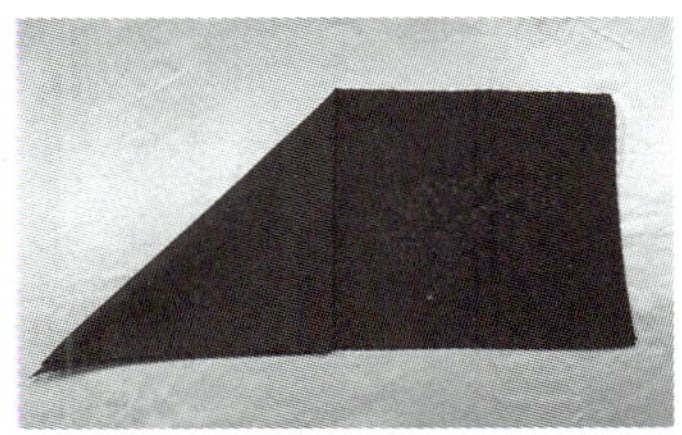

图 3-8 叠的手法展示图

（二）推折

推折是在干净、光滑的台面或干净的托盘上，将餐巾折成褶裥的形状，使花型层次丰富、紧凑、美观的一种手法，如图 3-9 所示。推折分为直线推折和斜线推折两种。

推折的要领：拇指、食指紧握折叠处向前推，用中指控制间距，不能向后拉折，三个手指相互配合，使每个褶裥均匀、整齐。

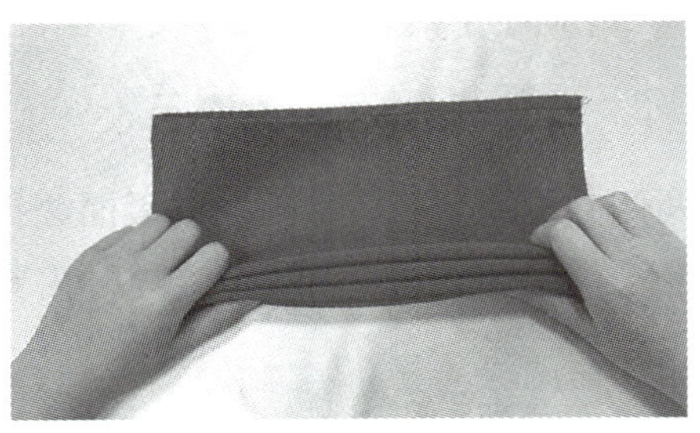
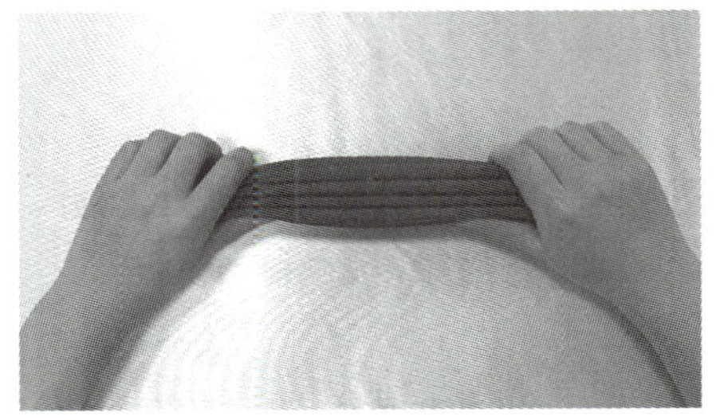

图 3-9 推折的手法展示图

（三）卷

卷是将餐巾卷成圆筒形并折出各种花型的手法，如图 3-10 所示。

卷的要领：卷分为平行卷和斜角卷两种。平行卷要求两手用力均匀，同时平行卷动，餐巾两头形状一样；斜角卷要求两手按所卷角度的大小互相配合卷动。

图 3-10　卷的手法展示图

（四）穿

穿是指用筷子等工具从餐巾的夹层褶缝中边穿边收，形成褶裥，使造型更加逼真的一种手法，如图 3-11 所示。另外，有的花型在穿之前不折裥，而是将筷子直接穿入，再将餐巾从两头向中间挤压而形成褶皱。这种“挤皱”的方法，常用来叠制花的卷叶。

穿的要领：用的工具要光滑、洁净，折出的褶裥要均匀、整齐，将餐巾花放入杯中后再将筷子等工具抽掉，否则褶裥易松散。

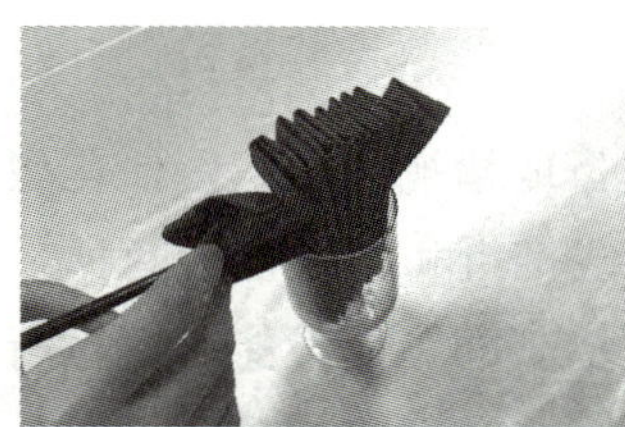

图 3-11　穿的手法展示图

（五）翻

翻是指将餐巾的巾角从下端向上翻折、从两侧向中间翻折、从前面向后面翻折，或是将夹层里面翻到外面等，如图 3-12 所示。一般折叠花卉或鸟的翅膀、头、尾时需要用到此手法。

翻的要领：用力大小适宜，使花型自然、笔挺、美观。

（六）拉

拉是在翻的基础上，为使餐巾造型更加挺直而使用的一种手法，如图 3-13 所示。在折叠鸟的翅膀、尾巴、头颈，花的茎叶时，通过拉的手法可使餐巾线条曲直明显，花型挺括而有生气。

拉的要领：用力均匀、大小适宜，否则会破坏餐巾花的造型。

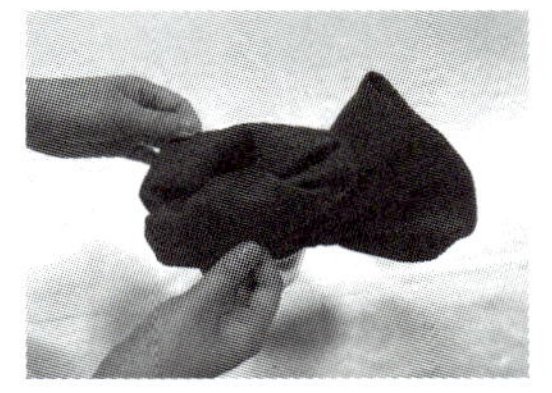

图 3-12　翻的手法展示图

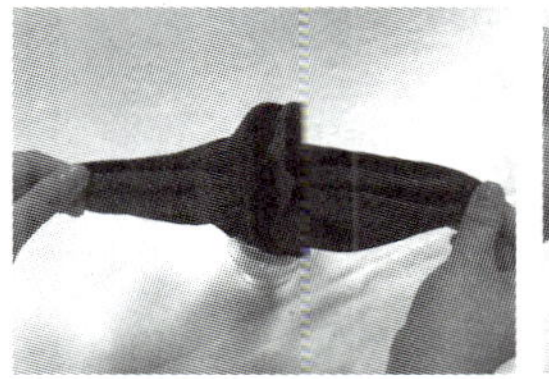
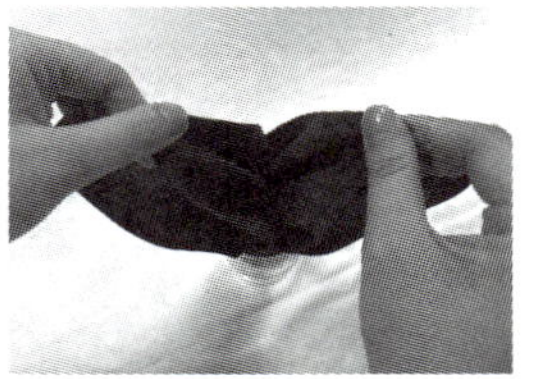

图 3-13　拉的手法展示图

（七）掰

掰是将餐巾叠好的层次，用手按顺序一层层掰出花瓣，如图 3-14 所示。掰一般用于制作花卉（如月季花）造型。

掰的要领：不能用力过大，层次要分明，褶的大小、间距要均匀。

图 3-14　掰的手法展示图

（八）捏

捏主要用于折叠鸟或其他动物的头部。操作时，先将鸟的颈部拉好，用一只手的大拇指、食指、中指捏住鸟颈的顶端，然后食指将顶端尖角向里压下，大拇指和中指将压下的角捏出尖嘴，如图 3-15 所示。

捏的要领：捏出的造型要棱角分明，头、嘴、颈的比例协调。

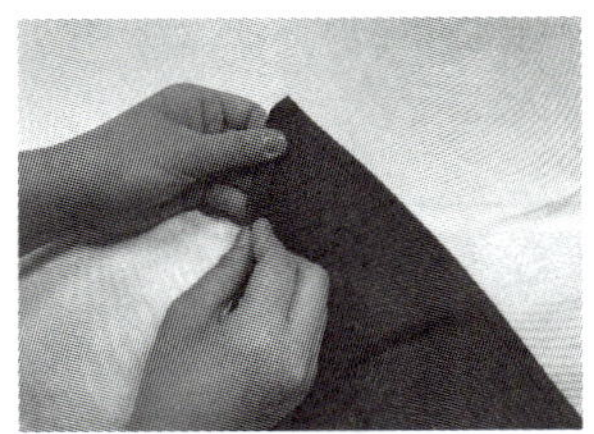
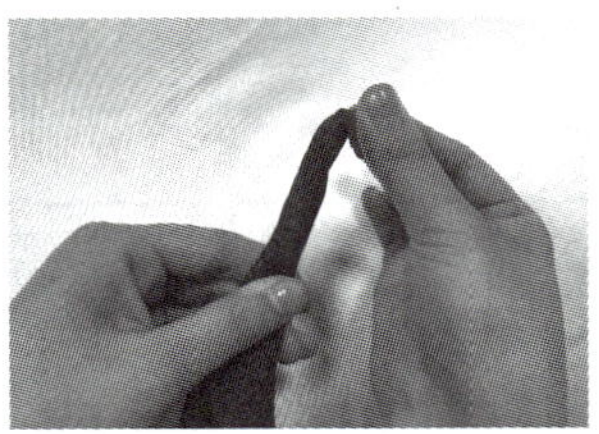

图 3-15　捏的手法展示图

提　示

常见的鸟头形状有上翘嘴型、平尖嘴型、向下嘴型、弯角嘴型和特殊嘴型等。

三、常见杯花的折法

下面介绍几种常见杯花的折法。

“单荷花”的折叠步骤

（一）“单荷花”

“单荷花”的折叠步骤如表 3-3 所示。

表 3-3 “单荷花”的折叠步骤

步骤一：将正方形餐巾对折两次，使之仍呈正方形，注意四边对齐	步骤二：将四叶一角朝左，从下往上推折，推折要均匀
 	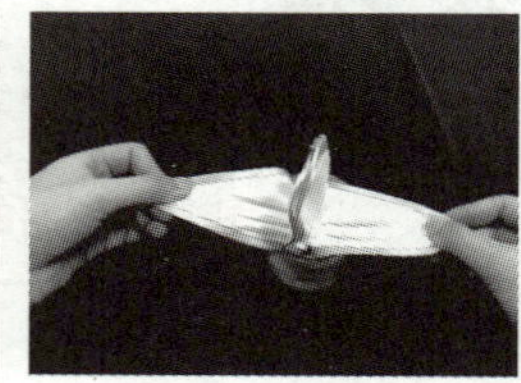 
步骤三：将餐巾握入手中，将下尾往上对折包好，表面无褶皱	步骤四：将餐巾插入杯中，先将外侧两片叶打开往上提，再将内侧两片叶打开并往上提，整理成型

（二）“金鱼”

“金鱼”的折叠步骤如表 3-4 所示。

表 3-4 “金鱼”的折叠步骤

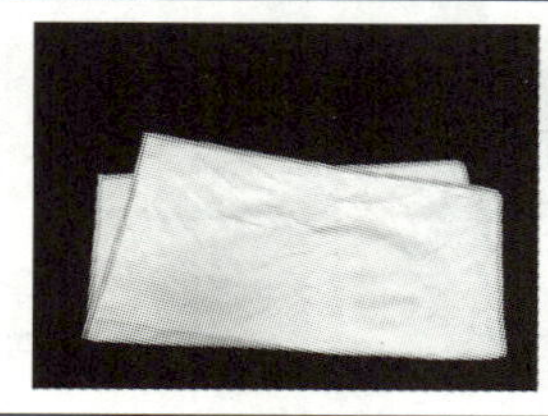 	 
步骤一：将餐巾呈不规则对折，注意两边两角大小一致；将右边两角插空对折至左边，注意四角大小一致	步骤二：将餐巾沿着中间两角往上均匀推折，一直推折完，然后用手握住

续表

 	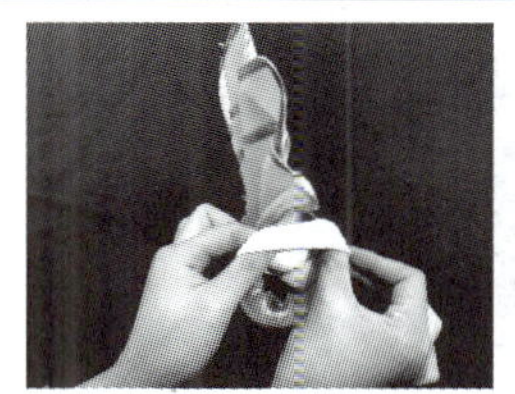 
步骤三：将推折完的部分从下往上弯折，然后插入杯中	步骤四：将“金鱼”嘴巴往上翻，整理成型

（三）“扇子”

“扇子”的折叠步骤如表 3-5 所示。

扫一扫

“扇子”的折叠步骤

表 3-5　“扇子”的折叠步骤

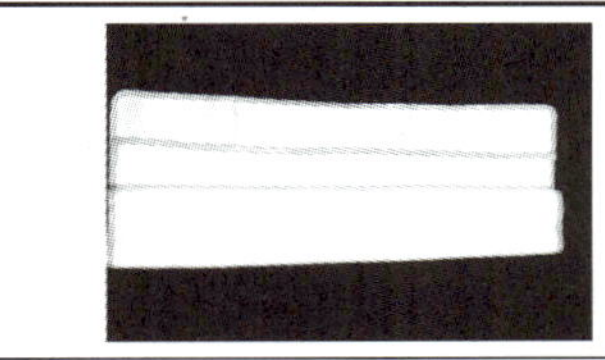	 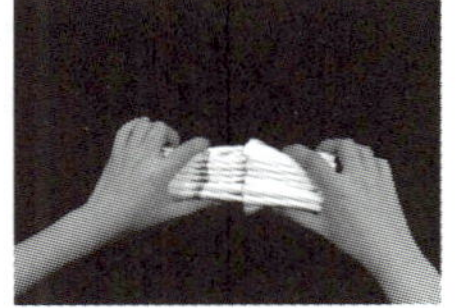
步骤一：将餐巾往上对折，留出 2 cm；将对折好的餐巾再往上对折，留出 2 cm	步骤二：将折叠好的餐巾纵向放置，从下往上推折，折裥均匀
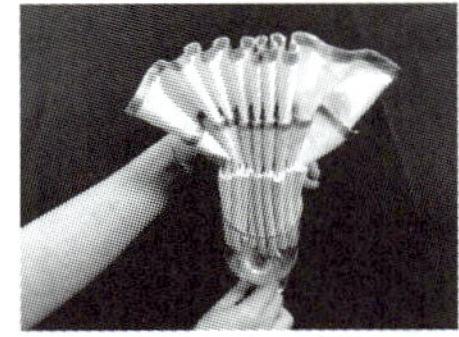 	
步骤三：将餐巾花插入杯中，将扇面打开，整理成型，折好的扇面要在一个平面上	

四、常见盘花的折法

扫一扫

“英式皇冠”的折叠步骤

下面介绍几种常见盘花的折法。

（一）“英式皇冠”

“英式皇冠”的折叠步骤如表 3-6 所示。

表 3-6 “英式皇冠”的折叠步骤

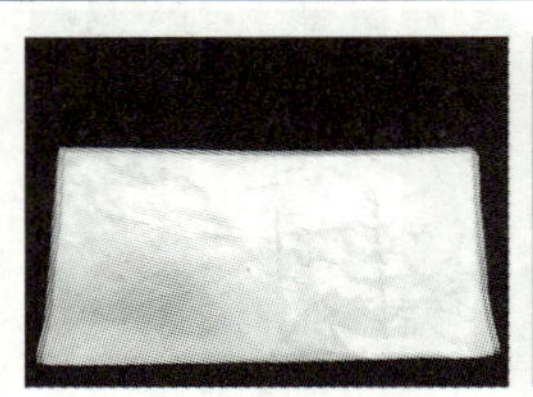 	
步骤一：将餐巾对折成长方形，将左上角沿中线往下翻折，右下角沿中线往上翻折	步骤二：将平行四边形翻面，然后将餐巾沿较长的对角线对折

步骤三：将左边棱角沿左三角中线对折，多余部分塞进右三角内部；翻转，重复这一步骤	步骤四：将折好的“英式皇冠”底部撑起，立于盘中

（二）“一帆风顺”

“一帆风顺”的折叠步骤如表 3-7 所示。

“一帆风顺”的折叠步骤

表 3-7 “一帆风顺”的折叠步骤

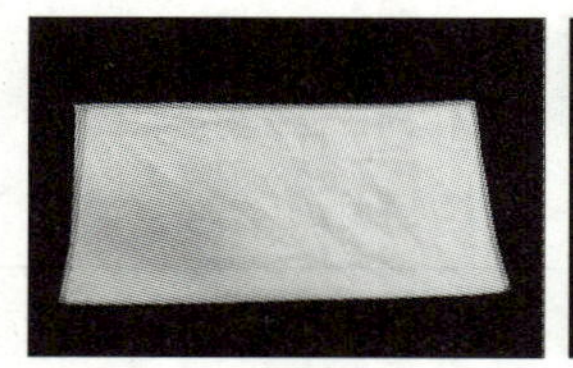 	 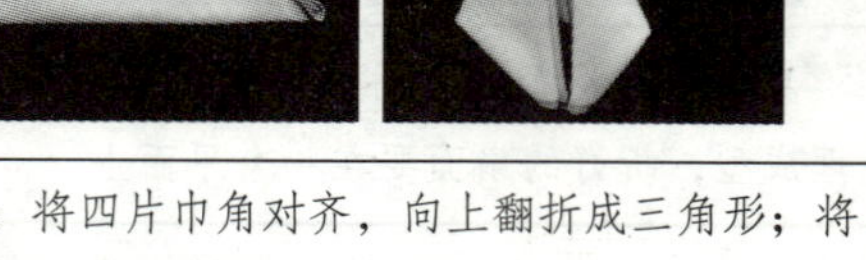
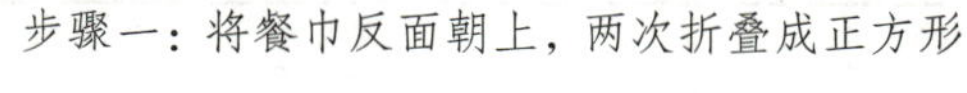 步骤一：将餐巾反面朝上，两次折叠成正方形	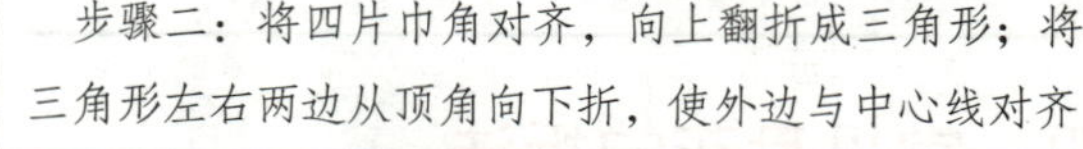 步骤二：将四片巾角对齐，向上翻折成三角形；将三角形左右两边从顶角向下折，使外边与中心线对齐
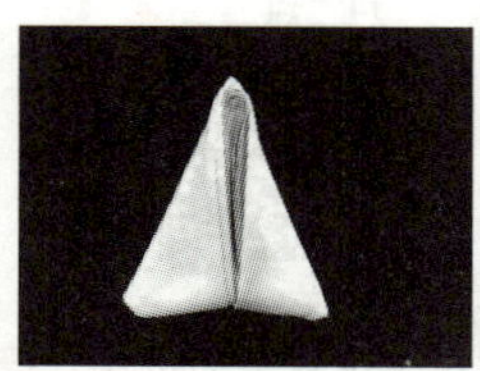 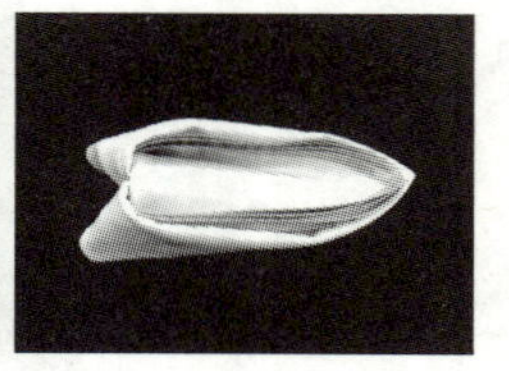	
步骤三：把下面两个角翻折至背面，再将餐巾沿着中心线对折	步骤四：从中间拉出餐巾所有可见的巾角，形成风帆状，立于盘中

（三）“生日蜡烛”

“生日蜡烛”的折叠步骤

“生日蜡烛”的折叠步骤如表 3-8 所示。

表 3-8　“生日蜡烛”的折叠步骤

步骤一：将餐巾反面朝上，折成三角形，再将三角形长边 1/4 处向上折叠	步骤二：把餐巾翻转至背面，从左边 1/4 处向右折叠
 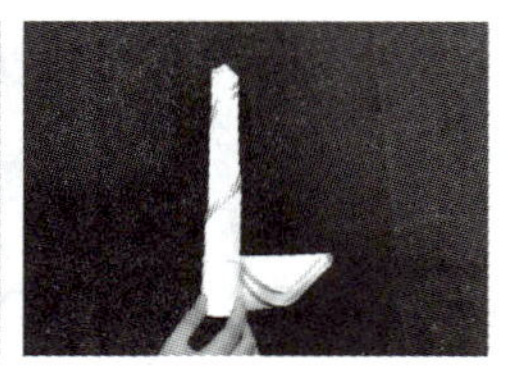	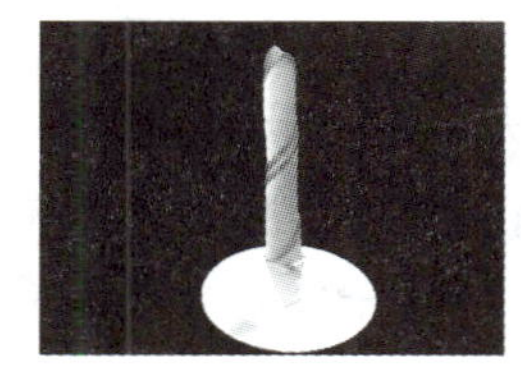
步骤三：从左向右卷，最后留一个小角，方便插角；注意卷时要齐边、均匀、紧致	步骤四：将餐巾花整理成型，立于盘内

提　示

餐巾折花的注意事项如下：① 操作前应洗手、消毒；② 在干净的托盘或餐盘中操作；③ 操作过程中不能用嘴咬或吹；④ 放入杯中时，手不能碰杯口，不允许在杯身上留下指纹。

任务实施

餐巾折花训练

【实施目的】

（1）掌握餐巾折花的基本手法。

（2）掌握几种常见杯花、盘花的折法。

【实施流程】

（1）主讲教师准备若干餐巾、杯子、盘子等物品。

（2）学生自由分组，每组 4～6 人。

（3）每组按照几种常见杯花、盘花的折叠步骤进行操作练习。

（4）练习结束后，组员之间进行互评，主讲教师进行点评。

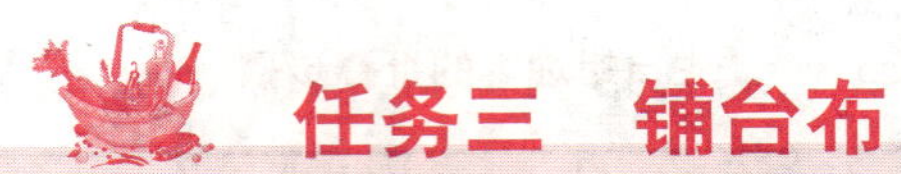

任务三 铺台布

任务导入

干净利落的动作

H 酒店要举办一场大型晚宴，主桌是一个直径为 2.8 m、可供 20 余人共餐的大餐桌。服务员小夏负责主桌的布置工作，面对这张大餐桌，她回忆了在学校学习的几种铺台布的方法："大桌面，教师说过要用撒网式铺台布的方法，嗯，就是这个。"小夏反复回忆了撒网式铺台布的操作步骤，确认无误后，开始熟练地操作起来。正巧餐厅经理从门口经过，看到小夏干净利落的动作，情不自禁地叫了一声"好"，心中暗想：经过学校专业培训的员工就是不一样！

思考：

（1）铺台布有哪几种方法？

（2）撒网式铺台布如何操作？

知识链接

台布又称桌布，是指铺设在台面上以防止台面污染、增加台面美感的物品，是现代餐饮服务中必不可少的一类装饰品。

一、台布的种类

按照不同的分类标准，台布可分为不同种类。

（1）按质地划分，台布可分为织锦台布、无纺台布、纯棉台布、塑料台布等。其中，织锦台布是一种高档的装饰织物，多用于高档宴会。无纺台布手感柔软、悬垂性好，多用于西餐厅。纯棉台布因吸水性能好，受到大部分餐厅的青睐。塑料台布一般用于低档餐厅或一次性使用的场合。

（2）按花纹的制作工艺划分，台布可分为印花台布、提花台布、绣花台布等。其中，绣花台布多用于主题宴会。

（3）按颜色划分。台布的颜色主要有白色、黄色、粉色、红色、绿色等。正式宴会一般采用白色台布。

（4）按形状划分。台布的形状主要有正方形、长方形和圆形。其中，正方形台布多用于中餐的方台和圆台，长方形台布多用于西餐台面，圆形台布多用于中餐圆台。

二、台布的规格

台布的规格有很多种，使用时应根据餐桌的大小和形状选择合适的台布。

（一）正方形台布的规格

正方形台布是最常用的台布，其规格和适用餐桌如表 3-9 所示。

表 3-9　正方形台布的规格和适用餐桌

规格	适用餐桌
140 cm×140 cm	2 人餐桌，90 cm×90 cm 的方台
160 cm×160 cm	2～4 人餐桌，100 cm×100 cm 或 110 cm×110 cm 的方台
180 cm×180 cm	4～6 人餐桌，直径为 140 cm 的圆台
200 cm×200 cm	6～8 人餐桌，直径为 160 cm 的圆台
220 cm×220 cm	8～10 人餐桌，直径为 180 cm 的圆台
240 cm×240 cm	12 人餐桌，直径为 200 cm 的圆台

（二）长方形台布的规格

长方形台布有 160 cm×200 cm、180 cm×300 cm 等不同规格。这类台布主要用于各种长方形餐桌，使用时可根据餐桌的大小和形状选用，还可多块拼接使用，在拼接时应注意将接口处整理整齐。

（三）圆形台布的规格

圆形台布一般需要定制，即根据餐桌的大小将台布制成大于餐桌直径 60 cm 的圆形台布，以台布铺于餐桌后下垂 30 cm 为宜。

课堂讨论

酒店准备举办一场高档宴会，宴会使用的餐桌是直径为 180 cm 的圆台。请问：这场宴会应选用什么质地、形状和规格的台布？

三、铺台布的方法

铺台布的方法

常用的铺台布的方法有以下几种。

（一）推拉式铺台布

推拉式铺台布（见图 3-16）多用于零点餐厅或面积较小的餐厅，铺设时应选取与桌面大小相匹配的台布。

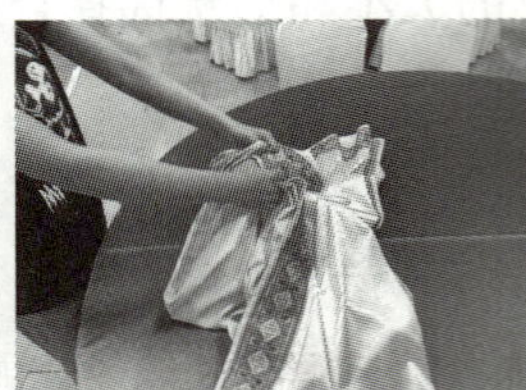
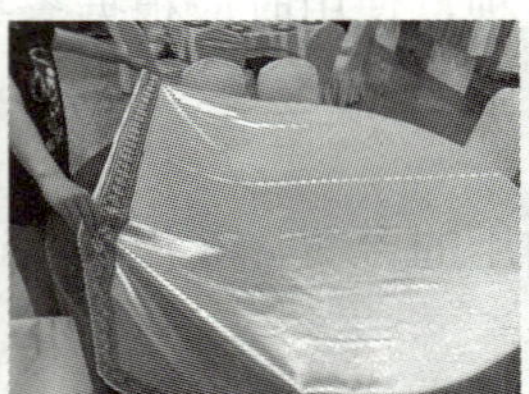
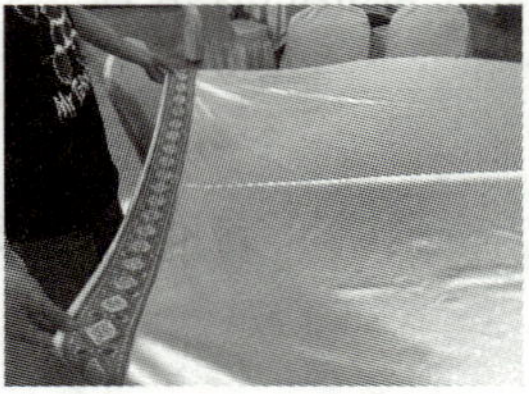

图 3-16　推拉式铺台布步骤

1. 抖台布

服务人员面朝餐桌站立于副主人位前，将台布正面向上放置于桌上，使其中心线对着正、副主人席位方向，然后双手将台布拉开，抖动台布使其尽量舒展。

2. 收台布

用双手食指和大拇指捏住台布靠近身体一边的布角，身体略向前倾，用剩余的手指将台布迅速收拢于自己身前（类似于餐巾折花中的打褶动作）。

3. 推台布

身体先略微向前倾，腰部微弯，双手把台布沿着桌面迅速用力地推出，使台布呈放射状向前自然铺撒开来。

4. 台布定位

在将台布推出去的过程中，双手紧捏台布边缘，轻轻往回拉，调整好台布最后的落点，使台面平整、无褶皱，台布均匀下垂，十字中心居于台面中心。

5. 放转盘

铺好台布后，将转盘底座放置于台面的中心位置，随后将转盘放于底座之上，轻轻转动，观察转盘中心是否有所偏移、转动是否灵活等。

（二）抖铺式铺台布

抖铺式铺台布多用于面积较大、场地宽敞的餐厅。与推拉式铺台布不同的是，采用抖铺式铺台布时，服务人员在收台布之后要将台布提拿到胸前，然后利用双腕的力量将台布向前一次性抖开并平铺于餐桌上（见图 3-17），最后进行台布定位和放转盘。

图 3-17　抖铺式铺台布

（三）撒网式铺台布

撒网式铺台布多用于表演或考核场合，适合铺设较大桌面的台布。与推拉式铺台布不同的是，采用撒网式铺台布时，服务人员在收台布之后要将台布提拿到胸前，然后将右臂略微抬高，形成左边低右边高的姿势，将台布斜着向前撒出去并平铺于餐桌上（见图 3-18），最后进行台布定位和放转盘。

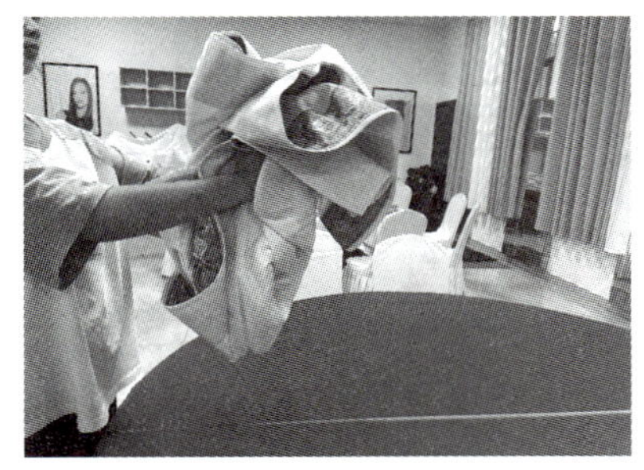

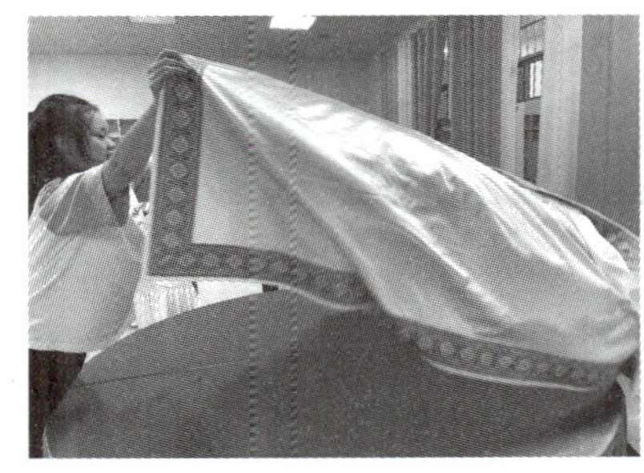

图 3-18　撒网式铺台布

提　示

铺台布时，需注意以下问题：① 站在主人位或副主人位操作；② 按照操作步骤铺台布，一次铺设到位，姿势规范、优美、大方；③ 保持台布清洁，台布不能接触地面；④ 铺好台布后，应将拉出的餐椅送回原位。

餐饮小知识

铺设台裙

台裙是指围在餐桌四周，遮挡餐桌底部构造，以装饰和突出台面，表现庄重、高雅的餐桌风格的物品。台裙的颜色一般都会比台布的颜色略深，给人安全、稳固的感觉。高档宴会的餐桌、酒吧台、服务台、展台等都必须围上台裙。

使用台裙时，只需将台裙平整地铺在餐桌上即可，方法与铺台布相同，需要注意下垂部分的熨褶要均匀，距地面的距离为 5～10 cm。西餐宴会中常使用分体式台裙，使用这种台裙时，需要先将专用的台裙塑料卡（大约每 20 cm 需用 1 个）卡于餐桌边缘，然后围上台裙，注意台裙接头处错开主宾位。

四、台布的折叠

台布使用完毕或洗涤完毕之后，都要对其进行折叠整理，一般有以下两种折叠方法。

（一）一人操作

先将台布沿中心线合起，然后对折，将四折叠后的台布放在桌子上继续对折两次，最后放在指定位置上，如图 3-19 所示。

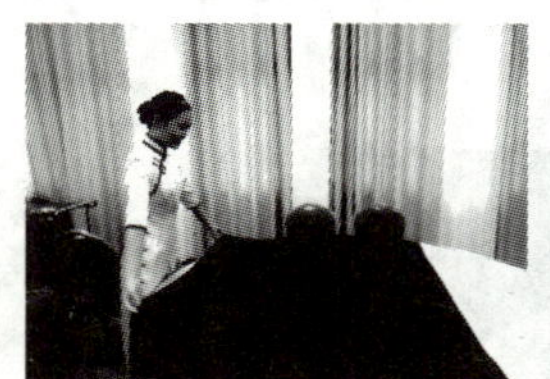
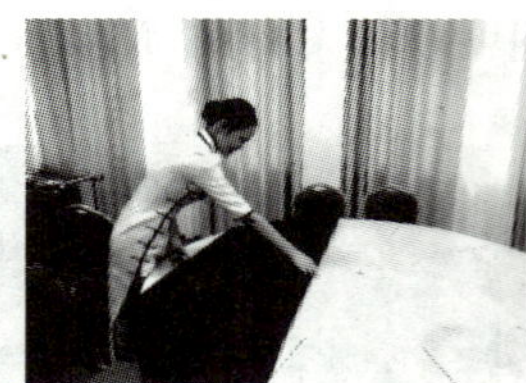

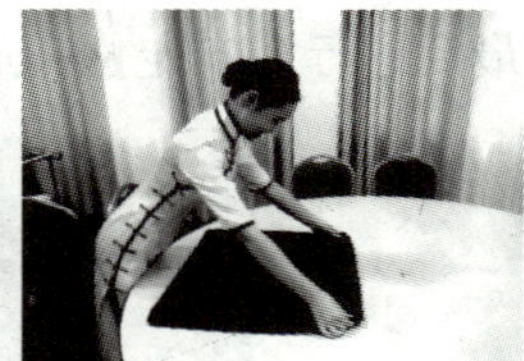

图 3-19　一人折叠台布操作步骤

（二）两人合作操作

两人共同提起中心线，将台布沿着中心线对折，然后再对折一次。双手捏住两端，两人一起将台布扯平，注意不要起褶，再将台布两端对折，最后由一个人再对折一次，将折好的台布放在指定位置上。

任务实施

铺台布练习

【实施目的】

掌握铺台布和折叠台布的方法。

【实施流程】

（1）主讲教师准备若干餐桌、台布等物品。

（2）学生自由分组，每组 6～10 人。

（3）每组按照铺台布和折叠台布的方法进行操作练习。

（4）练习结束后，组员之间进行互评，主讲教师进行点评。

任务四　摆　台

任务导入

为什么总是不平均

实习生小李在某酒店的中餐宴会厅工作，面对华丽的装饰和炫彩的灯光，小李觉得自身价值在这里得到了实现。可是几天下来，小李发现一个问题：每次宴席，顾客之间的距离总是不平均，不是某两位顾客离得较远，就是几位顾客坐得很近。

几次思索无果后，小李连忙向其他服务员请教，这位服务员看了他的摆台后，告诉他："问题不在顾客身上，而是你的餐具摆放得不对。餐具没有均匀放置，顾客之间的距离自然就不平均了。宴会的台面布局要求对称和谐、美观大方，既方便顾客就餐，又利于服务操作。"小李听完后，恍然大悟。

思考：

（1）小李在摆台过程中出现了什么问题？

（2）摆台时，应遵循哪些要求？

知识链接

摆台又称铺台、摆桌，是指将餐具和附加用具按照一定规格整齐地摆在餐桌上的操作过程，包括餐桌布局、席位安排、铺台布、餐具摆放等。摆台是一门艺术，摆台的质量直接关系到服务质量和餐厅的面貌，因此，摆台要做到清洁卫生、整齐有序、放置适当、完好舒适、方便就餐、配套齐全且具有艺术性。

一、中餐摆台

（一）中餐摆台用具

中餐摆台所需用具主要有骨碟、汤碗、汤勺、筷子、筷架、味碟、杯子、牙签筒、菜单、烟缸、花瓶（花插）等。

（1）骨碟，又称餐盘、骨盘，一般为直径 15 cm 的圆盘，主要用于放置顾客用餐时产生的残渣，如图 3-20（a）所示。

（2）汤碗，一般为直径 10 cm 的瓷碗，主要用于盛菜或汤，如图 3-20（b）所示。

（3）汤勺。小瓷汤勺一般放在汤碗中供顾客个人使用；大瓷汤勺或金属长把汤勺一般用作公勺。

（4）筷子，通常有木筷、竹筷、银筷等，在摆台时一般和筷套配套使用。

（5）筷架，用来放置筷子，可以保持筷子清洁、卫生，有效提高就餐规格。筷架有陶瓷、塑胶、金属等各种材质，造型各异，体积较小，如图 3-20（c）所示。

（6）味碟，用来盛装调味汁的小瓷碟。

（7）杯子，一般包括瓷制茶杯和玻璃制酒杯等。

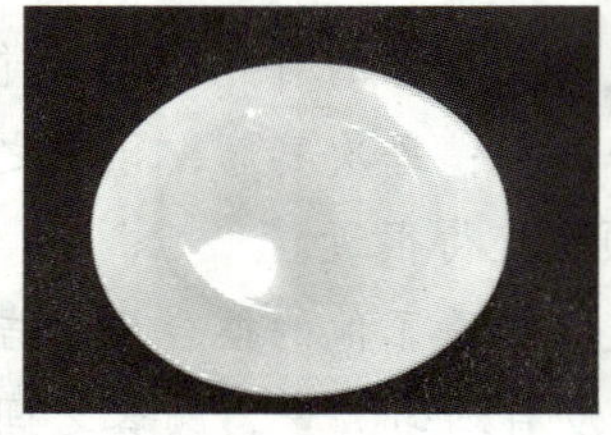
（a）骨碟

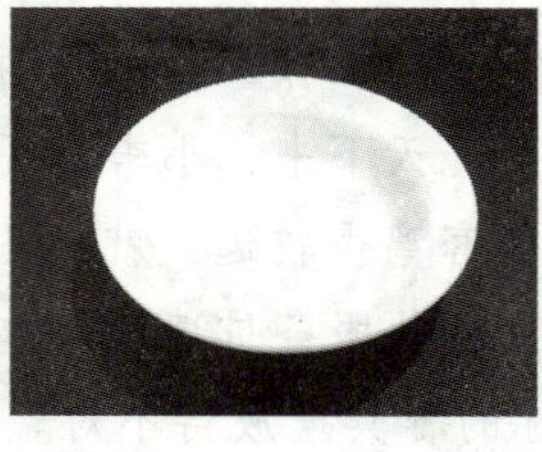
（b）汤碗

（c）筷架

图 3-20　中餐摆台用具

（二）中餐便餐摆台

中餐便餐摆台的流程如下：

（1）铺台布。台布铺设要整齐、美观，符合餐厅的要求。

（2）摆餐椅。餐椅应正对餐位摆放，间距应适宜且相等。

（3）摆转盘。8 人及以上的餐桌应放置转盘，转盘与餐桌同圆心。

（4）摆餐具。骨碟摆放在餐位中间，距离桌边 1.5 cm，各骨碟之间距离相等；汤碗和汤勺一起摆在骨碟左前方，汤碗距离骨碟 1 cm，汤勺放在汤碗中，勺把向左；筷子和筷架一起摆在骨碟右侧 1 cm 处，筷子前端 1/3 处架在筷架上；杯子摆在骨碟正前方 1 cm 处，如图 3-21 所示。

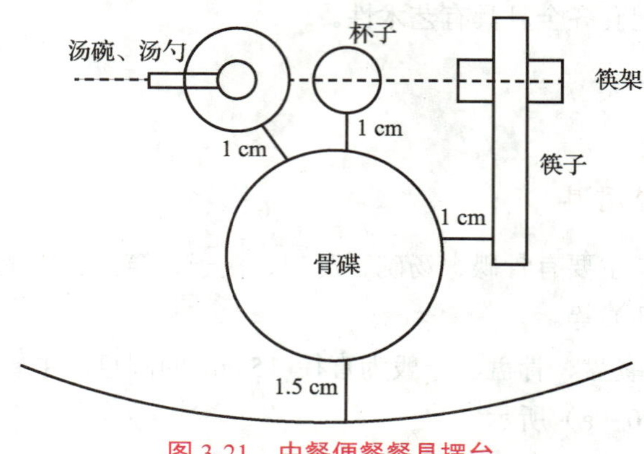

图 3-21　中餐便餐餐具摆台

（三）中餐宴会摆台

中餐宴会摆台如图 3-22 所示。首先，按照宴会的规格和要求摆放桌椅，铺设台布，并放置转盘；其次，采用“骨碟定位法”，先确定骨碟位置，再按先左后右、先里后外、先中间后两边的顺序依次摆放其他餐具；最后，摆台号牌和席位卡。

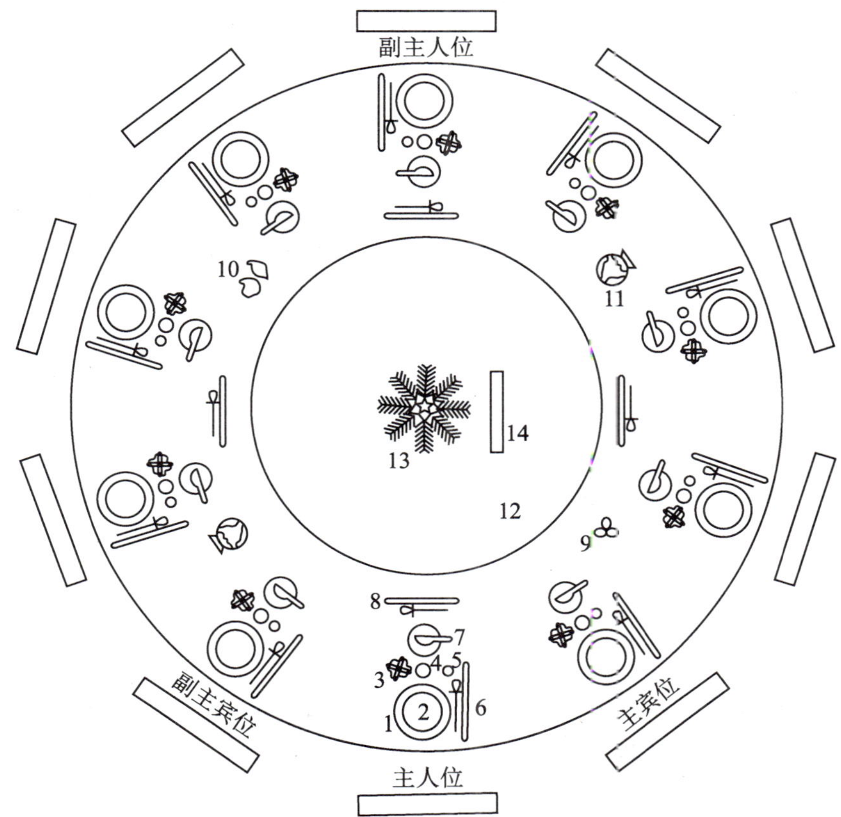

1—装饰盘；2—骨碟；3—水杯和餐巾花；4—红酒杯；5—白酒杯；6—筷架、筷子、汤匙；7—汤碗、汤勺；8—公筷、公勺；9—椒盐瓶、牙签盅；10—味碟、醋壶；11—烟灰缸；12—转盘；13—鲜花摆设；14—台号牌。

图 3-22　中餐宴会摆台

1. 摆骨碟

一般宴会只需要摆放骨碟，而在高档宴会中，通常会在骨碟下摆放垫碟或装饰盘。摆放骨碟时，应从主人位开始，按照顺时针方向依次摆放。碟与碟之间距离相等，碟边距离桌边 1～2 cm，骨碟上的图案要正对着顾客。

2. 摆筷架、筷子、汤匙

筷架应摆放在骨碟的右前方，并与骨碟的上边缘齐平。不带筷套的筷子应摆放在筷架

上，筷子上的图案或字要朝上对正，筷尖超出筷架 4～5 cm，筷子末端距离桌边 1～2 cm；带筷套的筷子应摆放在筷架右边，筷身距离骨碟 1～3 cm。汤匙要摆放在筷子左边，距骨碟 1 cm 左右。

3. 摆酒具

中餐宴会的酒具一般由水杯、红酒杯、白酒杯组成，三只杯子应横向呈一条直线。红酒杯应摆放在骨碟正前方，且酒杯的底托边缘距骨碟 2 cm，水杯摆放在红酒杯左侧，白酒杯摆放在红酒杯右侧，各酒具杯口之间的距离约为 1 cm。

4. 摆汤碗、汤勺、公用餐具

汤碗应摆放在红酒杯正前方 1 cm 处，使汤碗、红酒杯、骨碟的中心在一条线上。汤勺应置于汤碗内，勺柄朝右。公用餐具（如公筷、公勺、公用碟等）应摆放在正、副主人位的正前方，与汤碗的距离不小于 2.5 cm。同时，应分别在餐桌另外两侧各摆放一套公用餐具，使四套公用餐具呈“十”字形摆放。牙签盅应摆放在公用餐具右侧。椒盐瓶应摆放在主宾位右前方，并在对面摆放味碟、醋壶等。

5. 摆餐巾花

沿顺时针方向依次摆放已叠好的餐巾花。餐巾花的造型应符合宴会气氛和主题，摆放时应将观赏面朝向顾客。

6. 摆台号牌和席位卡

台号牌一般摆放在每张餐桌的下首处或转盘上，台号朝向宴会厅的入口，以便顾客看到。正式宴会的主桌或大型宴会的餐桌都要摆放席位卡，一般应选用双面席位卡，放置于酒具外 1 cm 处。

提　示

在完成餐桌的基本布置之后，应当对餐桌进行适当美化。可以在餐桌中央摆放花篮、雕塑、剪纸等作为装饰，以丰富餐桌内容，带给顾客视觉享受。

匠心筑梦

中餐摆台的规范之美

2020 年 8 月 26 日，“提信心 兴文旅 赢未来——第二届‘襄阳好风日’旅游行业精英大赛中餐摆台技能大赛在襄阳市星澜华美达酒店举办，全市 19 名选手同台竞技。

规范、灵活、周到、细致，一举一动都是精气神的展现，这就是中餐摆台！摆台过程中，选手的仪容仪表、台布及装饰布的铺设、餐具摆放、餐巾折花、拉椅让座等 12 个项目都有严格的规范。

选手操作过程中几乎没有发出任何声音，再加上选手的摆台创意，便造就了“餐桌上的景点”。

摆台结束后，评委们用尺子对每一个细节进行严格考量，一一打分（见图 3-23）。骨碟、相对骨碟、餐桌中心点三点是否一线？红酒杯是否距骨碟 2 cm？每一处细节，都要求选手懂得“分寸之间”，这也是中餐摆台的规范之美。

图 3-23　评委打分

二、西餐摆台

（一）西餐摆台用具

西餐摆台用具（见图 3-24）主要包括以下几种：

图 3-24　西餐摆台用具

（1）装饰盘，一般为直径 10 英寸的圆瓷盘，分为素色装饰盘和带花边的装饰盘两种。装饰盘一般作垫盘使用。

（2）面包盘，一般为直径 6 英寸的素色圆瓷盘，用来盛放面包。

（3）黄油碟，一般为直径 2 英寸左右的素色小圆瓷盘，用来盛放黄油。

（4）餐叉，有银制品、镀银制品和不锈钢制品之分，常用的餐叉有主菜叉、鱼叉、沙拉叉、甜品叉等。

（5）餐刀，有银制品、镀银制品和不锈钢制品之分，常用的餐刀有主菜刀、鱼刀、沙拉刀、黄油刀、水果刀等。

（6）匙，有银制品、镀银制品和不锈钢制品之分，一般有汤匙（分为清汤匙和浓汤匙）、甜品匙、茶匙、咖啡匙等。

（7）酒水具，包括水杯、红葡萄酒杯、白葡萄酒杯、香槟酒杯等。

（8）公用品，包括菜单、烟灰缸、牙签盅、椒盐瓶、烛台、花瓶（花插）等。

（二）西餐便餐摆台

西餐便餐摆台的流程如下：

（1）铺台布。西餐便餐一般使用白色台布或方格台布，台布质地一般为棉或亚麻。

（2）摆餐椅。餐椅一般以两边对齐的形式摆放，当餐桌顾客为奇数时，也可选用交错形式摆放，使顾客视野更开阔。在摆放餐椅时，要保证每个餐位的宽度不小于 60 cm，餐椅与台布下垂部分的间距约为 1 cm。

（3）摆餐具。在餐椅正对处摆放装饰盘，装饰盘距离桌边 1～2 cm，将折好的餐巾花放在装饰盘上；装饰盘右侧依次摆放餐刀、汤勺，刀刃向左；装饰盘左侧摆餐叉，叉面朝上；面包盘摆在餐叉左侧，面包盘中心与装饰盘中心对齐，黄油刀放于面包盘右侧 1/3 处；水杯放于餐刀正前面约 2 cm 处，如图 3-25 所示。

图 3-25　西餐便餐餐具摆台

提　示

西餐摆台的要领是：装饰盘居中，左叉右刀，叉面朝上，刀口朝左，盘前横匙，主食在左，饮具在右，先外后里，餐具与菜肴配套。

（三）西餐宴会摆台

首先，按照宴会的规格和要求摆放桌椅，铺设台布，然后按照规定依次摆放餐具（见

图 3-26）和附加用具。

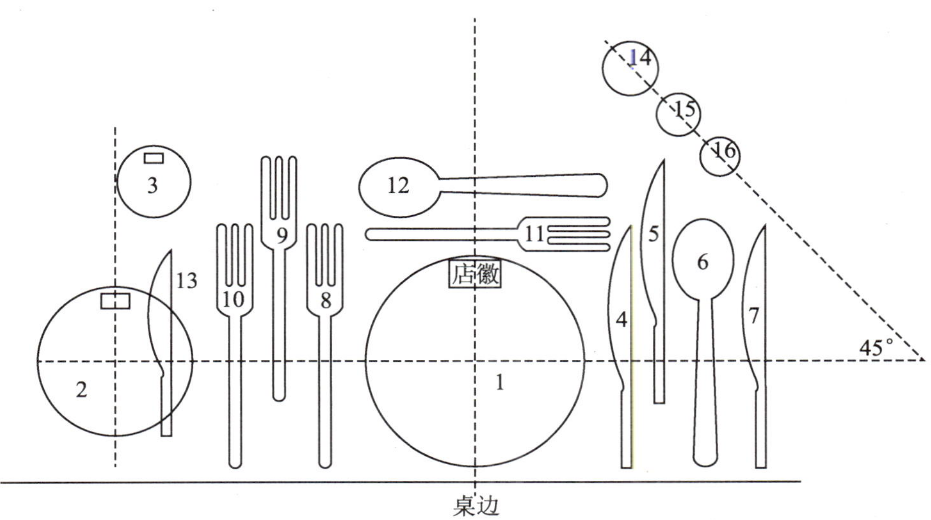

1—装饰盘；2—面包盘；3—黄油碟；4—主菜刀；5—鱼刀；6—汤匙；7—沙拉刀；8—主菜叉；9—鱼叉；10—沙拉叉；11—甜品叉；12—甜品匙；13—黄油刀；14—水杯；15—红葡萄酒杯；16—白葡萄酒杯。

图 3-26　西餐宴会餐具摆台

1. 摆装饰盘、面包盘、黄油碟

西餐宴会摆台

从主位开始，按顺时针方向依次将装饰盘摆放在每个餐位的正前方，装饰盘边缘距桌边约 2 cm。面包盘应摆放在装饰盘左侧 10 cm 处，其中心轴与装饰盘中心轴对齐。黄油碟应摆放在面包盘右前方，左侧边缘与面包盘的中心轴相切。

2. 摆刀、叉、匙

在装饰盘右侧由近及远，依次摆放主菜刀、鱼刀、汤匙、沙拉刀，刀刃均朝左；在装饰盘左侧由近及远，依次摆放主菜叉、鱼叉、沙拉叉，叉面均朝上。刀、叉、匙的柄端都应与餐桌边缘垂直，且相互平行，间距约为 0.5 cm。甜品叉和甜品匙应平行摆放于装饰盘前方，叉柄向左、匙柄向右，叉与匙、叉与装饰盘的间距均为 1 cm。此外，黄油刀应当摆放在面包盘右侧 1/3 处，刀尖距黄油碟约 3 cm。

3. 摆酒具

水杯应摆放在主菜刀前方约 5 cm 处，杯底中心在主菜刀中心轴上。红葡萄酒杯和白葡萄酒杯依次摆放在水杯右后方，使酒杯杯底中心连成一条直线，并与餐桌边缘成 45°；杯壁间距约为 1 cm。

4. 摆附加用具

餐巾花应放在装饰盘内，其造型应优雅、美观，观赏面应朝向顾客。在餐桌的正中央摆放花瓶、花坛、花簇等，作为餐桌的主要装饰品。一般在餐桌的中线上摆放两个烛台，分别位于主要装饰品的两端 20～30 cm 处。牙签盅应摆放在餐桌中心线上，距烛台约 10 cm。胡椒瓶和盐瓶应并排摆放在餐桌中心线两侧，距牙签盅 2 cm，两瓶相距约 1 cm。烟灰缸应置于胡椒瓶、盐瓶外侧约 2 cm 处，对于顾客较多的餐桌，可以每隔 2～3 人摆放一个烟灰缸。西餐宴会附加用具摆台如图 3-27 所示。

1—花瓶、花坛等主要装饰品；2—烛台；3—牙签盅；4—盐瓶；5—胡椒瓶；6—烟灰缸。

图 3-27　西餐宴会附加用具摆台

餐饮小知识

摆台的基本要求

1．用具卫生，完好无缺

摆台前，应对所用的餐具和其他用具进行检查，发现有不洁或破损的用具，要及时更换，保证所有用具干净、卫生、完好。

2．手法卫生

要用托盘盛放餐具和其他用具。拿餐具时，不要用手接触餐具的入口部分。骨碟拿边沿，汤勺拿勺柄，刀、叉、匙拿把柄，水杯拿 1/3 以下。摆放金银器皿时，要用餐巾包着摆放或戴手套摆放，防止污染。

3．台面整齐、美观

餐具之间不要混淆。摆放在台面上的各种餐具要横竖成行。摆放带有图案的餐具时，其图案方向应一致，整个台面要看上去整齐、美观。

4．符合饮食习惯和社交礼仪

席位的安排、餐具的摆放、餐巾花的选用等要根据顾客的饮食习惯、就餐形式和规格而定。

任务实施

摆台练习

【实施目的】

掌握中西餐摆台的步骤。

【实施流程】

（1）主讲教师准备若干中西餐摆台用具。

（2）学生自由分组，每组 6～10 人。

（3）每组分别按照中餐便餐、中餐宴会、西餐便餐、西餐宴会摆台的操作步骤进行操作练习。

（4）练习结束后，组员之间进行互评，主讲教师进行点评。

英语积累角

餐巾 napkin

桌布 tablecloth

餐具 tableware / cutlery

碗 bowl

汤碗 soup bowl

盘子 plate

水果盘 fruit plate

点心盘 dessert plate

碟 dish

玻璃杯 glass

高脚杯 goblet

咖啡杯 coffee cup

筷子 chopsticks

筷架 chopsticks rack

刀 knife

餐刀 table knife

鱼刀 fish knife

水果刀 fruit knife

黄油刀 butter knife

叉 fork

鱼叉 fish fork

点心叉 dessert fork

汤匙 spoon

烟灰缸 ashtray

牙签 toothpick

项目考核

1. 选择题

（1）轻托又称胸前托，是指使用中、小圆形托盘端送重量在（　　）kg 以内物品的方式。

A．3　　B．5　　C．8　　D．10

（2）推折时应用（　　）控制间距，做到褶裥的间距相等。

A．大拇指　　B．食指　　C．中指　　D．无名指

（3）餐巾折花基本手法“捏”主要用于折叠（　　）。

A．鸟的头部　　　　B．花卉的花瓣

C．鸟的翅膀　　　　D．花卉的芯

（4）（　　）铺台布多用于零点餐厅或面积较小的餐厅。

A．推拉式　　　　B．抖铺式

C．撒网式　　　　D．推抖式

（5）中餐便餐摆台时，杯子摆在骨碟（　　）。

A．前方左侧　　　　B．前方右侧

C．正前方　　　　D．右侧

（6）西餐宴会摆台时，在装饰盘右侧由近及远，应依次摆放（　　）。

A．汤匙、沙拉刀、鱼刀、主菜刀

B．主菜刀、鱼刀、汤匙、沙拉刀

C．主菜刀、汤匙、沙拉刀、鱼刀

D．汤匙、沙拉刀、主菜刀、鱼刀

2. 判断题

（1）使用托盘端送火候菜和急需物品时，可以奔跑。（　　）

（2）杯花需插入酒杯或水杯中才能保持造型，出杯后花型就会散开。（　　）

（3）摆放餐巾花时，应将其观赏面朝向顾客。（　　）

（4）西餐便餐摆台时，餐盘右侧依次摆放餐刀、汤勺，刀刃向右。（　　）

3. 简答题

（1）简述托盘端托的操作步骤。

（2）选择餐巾花时，应遵循哪些原则？

（3）中餐摆台用具有哪些？

餐饮服务篇

项目四 餐前服务

项目引言

餐前服务一般包括预订服务、迎宾服务、点菜服务和茶水服务等。餐前服务是餐厅直面顾客，为顾客提供服务的第一步。礼貌得体、优雅大方的餐前服务，可以给顾客留下良好的第一印象，从而为餐厅树立良好的形象。本项目将主要阐述预订服务、迎宾服务、点菜服务和茶水服务的相关知识。

知识目标

- 掌握预订的方式和流程。
- 掌握迎宾服务的流程和特殊情境下的迎宾服务。
- 掌握点菜服务的流程和注意事项。
- 熟悉茶叶的分类。
- 掌握茶水服务的流程和注意事项。

素质目标

- 通过学习不同岗位的工作内容，树立服务意识，培养责任担当。
- 通过茶文化的熏陶，培养对中国传统文化的热爱之情，增强文化自信和民族自豪感。

任务一　预订服务

任务导入

预订的婚宴竟然没了

2020 年 3 月 8 日，孙先生在 A 酒店预订了 2020 年 10 月 1 日的喜宴厅举办婚礼，并支付订金 2 000 元。预订成功后，孙先生便集中精力处理婚礼有关的其他事务了。

8 月 11 日，孙先生突然接到 A 酒店工作人员打来的电话，被告知早在 1 月份就有顾客预订了 10 月 1 日的喜宴厅，并签订了宴会预订合同，由于酒店预订员的失误，没有仔细核对宴会预订记录，而将喜宴厅重复预订给孙先生。酒店表示会退还孙先生的订金，另外还会帮他联系 B 酒店预订婚礼场地。孙先生表示不能接受："我们早就通知了亲朋好友在 A 酒店举办婚礼，现在我们的婚礼不能顺利进行，要重新与婚庆公司、婚纱礼服店等协商。最重要的是，酒店的行为已经给全家人的心理造成了不能用金钱弥补的伤害。"

思考：

（1）宴会预订的流程是什么？

（2）在上述案例中，酒店存在哪些失误？

知识链接

一、预订的方式

（一）当面预订

当面预订（见图 4-1）又称面谈预订，是最有效的一种预订方式。对于大规模、高标准的宴会，顾客通常会选择当面预订方式。预订员与顾客当面交谈，可以更好地了解顾客的真实需求，详细介绍场地、菜品、服务和其他细节安排，从而尽可能地满足顾客的需求。此外，预订员可以带领顾客实地考察酒店的餐厅、厨房、仓库等，以展示酒店的实力，增加顾客对酒店的信任度。确认所有预订细节后，预订员应当面与顾客商量好订金支付方式，告知顾客相关规定等，并仔细填制预订单、记录顾客的联系方式。

图 4-1　当面预订

（二）电话预订

电话预订（见图 4-2）是最常见、最方便、最经济的一种预订方式，通常用于便餐和小型宴会的预订。顾客通过电话提前订位、点菜，了解餐厅的特色菜品、服务和价格等信息。预订员在与顾客通话的过程中，应当热情、细心地介绍餐厅的相关信息，提供相应的推销服务，并详细、准确地记录顾客的预订信息。

图 4-2　电话预订

同步案例

午餐是否准备好了

一天中午，一位顾客打电话到餐厅预订午餐，并说明要吃东坡肘子，大约半小时后到，希望餐厅能为其预留位置并提前准备好菜品。当时，接电话的预订员正准备去吃午餐，考虑到这段时间餐厅生意都不旺，肯定有空位，且自己的用餐时间不需要半个小时，于是她在未向其他同事交代的情况下便去吃饭了。

> 大约一刻钟后，顾客提前来到餐厅，询问另一名当值服务员：“我刚才已经打电话来预订了，午餐是否准备好了？”当值的服务员称没有接到顾客电话，不知此事。顾客听后非常生气，于是向餐厅经理投诉。

（三）网络预订

随着现代互联网技术的发展，许多餐厅都会将餐饮信息发布到自己的官方网站或其他网络平台上。这使得顾客可以直接在网上浏览餐饮信息，了解最新的餐饮促销活动，甚至可以直接与在线客服商谈细节，并签订预订协议。例如，图 4-3 是上海浦东绿地假日酒店国风中餐厅在订餐小秘书网站上的预订界面。

图 4-3　上海浦东绿地假日酒店国风中餐厅的预订界面

（四）销售预订

销售预订是指销售员上门宣传和推销餐饮业务，以促使顾客完成预订的方式。这种预订方式主要用于大型宴会的预订。例如，销售员根据收集的资料（如市场信息、客史档案等），筛选出一些大型企业，向其推销周年庆宴会、企业年会等活动的举办场地和相关服务。

二、预订服务的流程

酒店提供的餐饮预订服务一般包括便餐预订和宴会预订等，便餐预订的流程比较简单，下面主要介绍酒店宴会预订服务的流程。

（一）接洽宴会预订

1. 准备宴会资料

一般来说，酒店会根据其档次、经营风格，宴会市场情况等因素，事先准备好宴会资料，以便顾客浏览和查阅。宴会资料的内容一般包括：① 不同种类、标准宴会的价格、服务规格和服务项目；② 各类宴会的菜单；③ 宴会特色产品和服务，如名酒、特色菜、特色表演等；④ 宴会厅布置情况；⑤ 有关宴会订金的规定；⑥ 宴会预订更改、取消的处理原则。

2. 了解预订信息

预订员应向顾客了解足够多的预订信息，以便确定宴会的各种细节。一般来说，预订员需要了解的预订信息包括：① 宴会举办的具体日期与时间；② 宴会流程和各环节的时长；③ 宴会的主题、类型、标准；④ 宴会出席人数、需要的席位数；⑤ 宾客情况，如主宾的性别、年龄、喜好与禁忌等；⑥ 顾客对宴会菜单、场地、服务的要求；⑦ 顾客对宴会细节的要求，如贵宾接待礼仪的选择、停车位的配备、席位卡的设置等。

（二）确认宴会预订

1. 收取订金

预订员与顾客商定了宴会预订的各项细节之后，应要求顾客支付订金，并与顾客约定违约处理原则。一般来说，订金额约为宴会总价的20%。若顾客违约，则订金不予退还；若酒店违约，则应当按照违约处理原则赔偿顾客的损失。

2. 填写宴会预订文书

在收取订金之后，预订员应及时填写宴会预订文书，包括宴会安排日记簿和宴会预订单等，作为备查资料。其中，宴会预订单（见表 4-1）一般用于大型宴会的预订。

表 4-1　宴会预订单

编号：

预订单位		预订日期		预订人	
宴会名称				宴会类别	
预订单位地址				联系方式	
预计人数		宴会时间		预收订金	
费用标准		最低桌数		结账方式	

续表

<table>
<tr><td rowspan="5">具体要求</td><td>宴会菜单</td><td colspan="2"></td><td>宴会酒水</td><td></td></tr>
<tr><td rowspan="4">宴会布置</td><td>台型</td><td colspan="3"></td></tr>
<tr><td>主桌</td><td colspan="3"></td></tr>
<tr><td>场地</td><td colspan="3"></td></tr>
<tr><td>设备</td><td colspan="3"></td></tr>
<tr><td colspan="2">确认签字</td><td colspan="2"></td><td>承办人</td><td></td></tr>
<tr><td colspan="2">跟踪处理</td><td colspan="2"></td><td>备注</td><td></td></tr>
</table>

3. 签订宴会合同

预订员按照顾客的要求，确定好菜单、酒水、场地布置方案、演出活动等细节之后，应与顾客签订宴会合同。该合同一式两份，经双方签字后生效。

餐饮小知识

宴会合同的一般条款

（1）宴会的确切桌数或人数最迟必须在宴会活动开始前 24 小时确认。若宴会开始前 24 小时未接到顾客通知，则默认按照预订桌数准备，每桌供 10 人用餐。

（2）酒店将按照保证出席人数的 110%准备席位和食物。如果实际与会宾客数少于保证出席人数，酒店仍按照保证出席人数收费，未消费的桌数可由顾客于两周内补消费。如果实际与会宾客数超出保证出席人数，酒店仍按原价收费，但超出保证出席人数的 10%时，必须加收招待费用。

（3）为了安全起见，酒店不允许宾客携带外食；若其执意要自带食品，则应签署食品安全协议。

（4）顾客因故需要更改或取消宴会预订时，需要在规定时间内通知酒店。若超过规定时间，则订金不予退还，或酒店收取一定比例的费用作为违约金。酒店因故更改宴会预订时间和地点时，必须事先征求顾客意见，更改后的宴会标准和条件仍应当满足顾客需求。

（5）在宴会现场，不得燃放烟花、爆竹，也不得喷洒金粉、亮光片等不易清理的庆祝物品。

（6）若有人为损坏酒店装潢、设备的情况，顾客应当照价赔偿。

（7）因活动需要，由顾客运送到现场的各项设备、器材等，酒店不负看管责任。顾客应事先与酒店协商各类电器设备的安装事项，并按照现场实际情况向酒店缴纳电费。未经允许，顾客不得擅自安装功率较大的电器，以免造成危险。

（8）若顾客自带酒水，酒店可加收一定比例的服务费。

（9）宴会结束后，双方应当场结算宴会费用。

（三）落实宴会预订

1. 填写宴会通知单

在确认宴会预订后，应填写宴会备忘录或宴会通知单，并将宴会通知单发给其他相关部门，以明确各部门的宴会工作任务。此外，宴会通知单还应当作为留存资料，仔细保管，以便核查。

2. 与顾客保持联系

预订员应当与顾客保持联系，并询问其宴会信息是否发生变更。若有变更，则应及时更改宴会通知单，并通知其他部门更改工作计划。此外，对一些有意向但尚未确定预订的顾客，也应当主动、及时联系，尽力促成宴会预订。

（四）检查和追踪宴会工作情况

1. 宴前检查

在宴会开始前，服务人员应当检查宴会环境、设施设备、餐台上的酒具和酒水等，以确保宴会准备万无一失。此外，还应当提前安排保安协助宾客泊车，安排摄影师到场拍摄，安排宴会厅服务人员就位迎宾等，以保证宴会服务的质量。若顾客先行到场，可带领顾客检查场地，若有需要改进的地方，应立即改进。

2. 宴后追踪

在宴会结束后，应当及时向顾客表达感谢之意，并询问其对此次宴会的满意度和改进意见。若顾客的负面意见较多，应及时向其解释清楚误解之处，并针对存在的问题表示歉意；若顾客的正面意见较多，则可将其作为酒店宴会的亮点进行宣传。此外，应及时记录顾客的反馈意见并存档，作为酒店改进宴会服务的参考资料。

（五）建立宴会客史档案

宴会客史档案是指在宴会结束后，预订员建立的记载有宴会信息和顾客信息的档案文件。这是酒店改进宴会服务、维护顾客关系的重要资料。

一般来说，宴会客史档案的内容主要包括：① 预订资料，如预订日期、预订方式、负责人、宴会名称、宴会地点、宴会档次等；② 宴会菜单，可作为该顾客下次预订宴会

的参考菜单；③ 顾客资料，如主办单位的名称、联系人、联系方式等；④ 宴会费用，便于分析宴会收入与成本，可作为日后进行宴会预算的依据：⑤ 宴会程序，有利于改进宴会工作流程；⑥ 服务方式，有利于提升宴会服务水平；⑦ 其他信息，如企业的周年庆日期，顾客的生日、特殊要求和意见等，有利于制订个性化的宴会推销策略。

此外，根据宴会和顾客重要性的不同，宴会客史档案可分为一般宴会客史档案和特殊宴会客史档案。一般宴会客史档案常用于记录一般宴会或普通顾客的相关信息；而特殊宴会客史档案（见表 4-2）常用于记录大型宴会、重要宴会或 VIP 会员的相关信息，其信息更加细致，详细记录了顾客的特殊要求、宴会的费用明细等。

表 4-2　特殊宴会客史档案

编号：

<table>
<tr><td>预订日期</td><td></td><td>预订方式</td><td></td><td>预订员</td><td></td><td>负责人</td><td></td></tr>
<tr><td>宴会名称</td><td></td><td>宴会地点</td><td></td><td>宴会时间</td><td colspan="3"></td></tr>
<tr><td>宴会类型</td><td></td><td>宴会人数</td><td></td><td>宴会标准</td><td colspan="3"></td></tr>
<tr><td colspan="8">主办单位</td></tr>
<tr><td>单位名称</td><td colspan="3"></td><td>地址</td><td colspan="3"></td></tr>
<tr><td>联系人</td><td></td><td>电话</td><td></td><td>E-mail</td><td colspan="3"></td></tr>
<tr><td colspan="8">宴会费用（单位：元）</td></tr>
<tr><td>菜品费用</td><td></td><td>酒水费用</td><td></td><td>鲜花费用</td><td></td><td>香烟费用</td><td></td></tr>
<tr><td>礼品费用</td><td></td><td>设备费用</td><td></td><td>场地费用</td><td></td><td>其他费用</td><td></td></tr>
<tr><td colspan="8">宴会内容</td></tr>
<tr><td colspan="4">宴会程序</td><td colspan="4">宴会菜单</td></tr>
<tr><td colspan="4"></td><td colspan="4"></td></tr>
<tr><td colspan="4">餐桌布置</td><td colspan="4">服务方式</td></tr>
<tr><td colspan="4"></td><td colspan="4"></td></tr>
<tr><td colspan="8">备注及特殊要求</td></tr>
<tr><td colspan="8"></td></tr>
<tr><td colspan="8">贵宾意见</td></tr>
<tr><td colspan="8"></td></tr>
<tr><td>编制人</td><td colspan="3"></td><td>日期</td><td colspan="3"></td></tr>
</table>

任务实施

情景模拟

【实施目的】

掌握预订的方式和流程。

【实施流程】

（1）学生两两分组。

（2）小组成员分别扮演预订员和顾客进行情景模拟，情景可以是电话预订便餐或宴会、当面预订宴会等。

（3）两人角色互换，再次进行情景模拟。

任务二　迎宾服务

任务导入

迎宾员小文

小文是某酒店餐厅的迎宾员，餐厅最近比较繁忙。这天，小文刚带几位顾客入座回来，就见一位先生走了进来。

"中午好，先生。请问您有预订吗？"小文微笑着问道。

"哦，我没有预订。"

"欢迎您光顾我们餐厅。您想坐在吸烟区还是非吸烟区？"

"我不吸烟。你们这里有什么特色菜？"

"我们这里的鱼很有名，有酸菜鱼、糖醋鱼、清蒸鱼等，您要感兴趣可以坐下看看菜单。您现在是否准备入座了？如果准备好了，我带您去您的餐位。"

这位先生看着小文优雅的举止和整齐的制服，欣然同意，随她走向餐桌。"不，不，我不想坐在这里。我想坐在靠窗的座位，这样可以欣赏街景。"先生指着窗边的座位对小文说。

小文看了看窗边的座位，对这位先生说："抱歉，今天人比较多，窗边没空位了。请您先在这里坐一下，等窗边有空位了我再请您过去，好吗？"

在征得这位先生的同意后，小文又问他要不要喝点饮料。他点头表示赞同，然后小文向走过来的服务员交代了一下，便离开了这里。

当小文再次出现在这位先生面前告诉他窗边有空位时，他正与同桌的一位顾客相谈甚欢，表示不用换座位，要赶紧点菜。小文请来服务员，便微笑着走开了。

思考：

（1）迎宾服务的流程是什么？

（2）你认为小文的身上有哪些值得借鉴的经验？

知识链接

一、迎宾服务的流程

（一）迎宾前的准备工作

迎宾服务

（1）提前准备好工作物品，包括预订本、留座卡、餐区广告牌和告示牌、相关文具等。

（2）参加班前会议，汇报预订情况，熟记所有预订资料。

（3）查看交接班记录，处理未尽事宜。

（4）清洁迎宾区域，包括迎宾台、大门、餐区广告牌和告示牌等。

（二）迎候顾客

（1）迎宾员应按规定着装，立于指定位置，站姿优雅、面带微笑、精神饱满地迎接顾客的到来，时刻保持饱满、庄重、自信的精神面貌。不得交头接耳，不得依靠门或其他物体，站位要整齐、美观。

（2）顾客到达迎宾区时，迎宾员应面带微笑主动迎接顾客（见图 4-4），并向顾客表示问候和欢迎。为了表示对顾客的尊敬，迎宾员可向顾客行鞠躬礼。

图 4-4　迎接顾客

（3）及时询问顾客预订情况。对于有预订的顾客，需要问清预订信息，核对预订资料，并在预订本上注明顾客的到达情况；对于无预订的顾客，应简单询问顾客的需求，并根据顾客的需求引领顾客。

（4）将顾客引领到休息室休息或直接引领到指定餐位就座。引领顾客行走时，应走在顾客侧前方约 1 m 处，注意把靠墙的一侧让给顾客行走。行走速度要适中，注意回头观察顾客是否跟上，遇到转弯时要向顾客示意，并略做停留，等顾客走近后再继续前行。

提　示

引领顾客行走时，应注意了解顾客的称呼、用餐原因和需求等，随时与顾客保持交流，如介绍餐厅的特色区域、特色菜肴或向顾客微笑示意。

（三）安排顾客就座

（1）到达就餐区域后，应先征询顾客意见，根据顾客的实际情况和要求安排餐位。

（2）顾客对餐位表示满意后，为顾客拉椅让座。拉椅时，应用膝盖顶住椅子后部并轻轻拉出，避免椅子与地面摩擦发出声响。拉椅应遵循“四先”原则，即先女后男、先老后幼、先宾后主、先主要后次要；若顾客人数较多，则示意性地为一两位顾客拉椅即可。此外，迎宾员还应协助服务员根据顾客人数调整餐位，增摆不足的餐具、椅子或撤去多余的餐具、椅子。

（四）适时离开

（1）当有服务员前来为顾客提供服务时，应与服务员做好交接工作，然后适时离开。离开时，先后退两小步，再转身离去。

（2）若服务员不在附近，须及时联系负责该区域的服务员。

餐饮小知识

迎宾引位的技巧

迎宾员应根据具体情况，因人而异地安排就餐座位。具体来说，有以下几个基本技巧：

（1）迎宾员可以将第一批顾客安排在靠近入口或距离窗户较近的餐桌，以使后来的顾客或路过的人感觉餐厅人气旺盛。

（2）如果是装扮入时的女士，可将其安排在餐厅中央的餐桌，这样既让顾客感觉体面，又可为餐厅增添色彩，衬托出餐厅的高品位。

（3）如果是单身顾客或情侣、夫妇，可将其安排在环境幽雅、安静的双人座。

（4）如果是亲朋好友前来聚餐，应将其引领至餐厅的里侧或包间，以免影响其他顾客用餐，尤其是顾客中有小孩时，一定要将其安排在离通道较远的位置，这样既可保证小孩的安全，又便于服务员提供服务。

（5）年老体弱的顾客来用餐时，应尽可能将其安排在离入口较近、出入方便的地方；对于有明显生理残障的顾客，要安排在能遮掩其残障部位的位置就座。

二、特殊情境下的迎宾服务

（一）顾客在正式开餐前到店

顾客在正式开餐前到店，迎宾员不可用生硬、否定的语言去回绝对方，而要礼貌地向顾客说明开餐时间，让顾客耐心等候。在与顾客交谈的过程中，语气要平和、语调要适中，且应以规范语言作答。

如来客数量较多或准备工作基本就绪，也可提前 5～10 分钟开餐，这样既方便顾客，又便于提供服务。

（二）顾客在即将关餐时到店

只要未正式结束营业，迎宾员都要主动、热情地接待顾客，并及时提醒顾客餐厅的关餐时间。

（三）顾客在关餐后到店

如果顾客在关餐后到店，迎宾员要注意处理的技巧，始终保持温和有礼的态度，向顾客解释原因，并提供一些就餐建议，不能影响顾客的情绪，以免其对餐厅心生恶感。

课堂讨论

假设你是某餐厅的迎宾员，餐厅每天的营业时间为 7:00—20:00。如果遇到下列情况，你会如何处理？

（1）10 位顾客在 6:50 前来用餐。

（2）一个旅游团（约 30 人）在 19:50 前来用餐。

（3）3 位顾客在 20:05 前来用餐。

任务实施

分析案例

周末晚上，酒店餐厅生意特别好，迎宾员小唐迎来送往，忙得不亦乐乎。正当她想休

息一下时，一位男士带着一群顾客走了进来。

“先生，请问您有预订吗？”小唐微笑着问道。

“有，周女士订的包间。”小唐看了眼餐饮预订本，上面显示有一位周女士订了芙蓉包间，于是小唐不假思索就把一行10人带进了芙蓉包间。

过了十分钟，餐厅又迎来了一群顾客，同行的周女士说：“我昨天打电话预订了芙蓉包间。”小唐这才意识到出了问题，把预订本拿来仔细看了下，发现上面有两个周女士的预订信息，但是包间名称不一样。小唐把芙蓉包间错分给了其他顾客，而原本预订芙蓉包间的顾客有15人，另一个包间明显坐不下。这群顾客十分不满，并在前厅大发脾气。

【实施目的】

掌握迎宾服务的流程。

【实施流程】

（1）学生自由分组，每组4～6人。

（2）各小组阅读上述案例，分析案例中迎宾员小唐在服务过程中出现了哪些问题，应该如何预防、解决这些问题。

（3）每个小组派出一名代表在课堂上进行展示，其他同学发表看法，主讲教师进行点评。

任务三　点菜服务和茶水服务

任务导入

吃不完的鱼

于先生带着几位朋友去H酒店的餐厅吃烤鸭，这里的烤鸭很有名气，餐厅里坐满了人。于先生入座后，便开始点菜，他一下就为8个人点了3只烤鸭、十几道菜，其中有一道清蒸鱼，由于太过忙碌，服务员忘记问于先生要多大的鱼。

不一会儿，菜就陆续上桌了，大家都吃得很尽兴。吃到最后，桌上仍有不少菜，但大家都已酒足饭饱。这时，服务员将最后一道菜——清蒸鱼端上来，大家一看，都吃了一惊：好大的一条鱼啊！

于先生立刻对服务员说：“服务员，谁让你们做这么大的一条鱼啊？我们点了这么多菜，现在都吃不完。”

“可您也没说要多大的呀。”服务员反驳道。

“你们在点菜时应该问我们要多大的鱼，加工前还应让我们看一看。这条鱼太大，我们不要了，退掉吧。”

“先生，实在对不起。如果这鱼您不要，餐厅就要扣我的钱，请您务必包涵。”服务员的口气软了下来。

“这道菜的钱我们不能付，不行就去找你们经理来。”同桌的王先生插话道。最后，服务员只好无奈地将鱼撤掉。

思考：

（1）点菜服务的流程是什么？

（2）在上述案例中，服务员有哪些不足？

知识链接

一、点菜服务

点菜服务是餐饮服务的主要环节，是餐厅营销工作的重要组成部分，是餐饮服务人员的服务语言、专业知识和服务技巧等从业素质的集中体现。

（一）点菜服务的流程

点菜服务一般包括以下几个步骤。

1. 问候顾客

（1）礼貌地问候顾客，例如：“先生/女士，晚上好，很高兴为您服务。”

（2）征求顾客意见，询问顾客是否可以点菜，例如：“请问现在可以为您点菜了吗？”并向顾客递上菜单；或请顾客用手机扫描桌上的二维码进行点餐。

2. 介绍、推荐菜肴

（1）介绍菜肴时，要做好顾客的参谋，适时、适当推荐菜肴（见图 4-5），重点向顾客推荐餐厅的时令菜、特色菜、畅销菜、高档菜等。

（2）用看、听、问的方式来判断顾客的需求，注意原料、口味、烹饪方法、价格等方面的搭配；时刻体现对顾客的关心，提供情感式服务。必要时，对顾客所点的菜量和搭配等提出合理化建议。如顾客表示要赶时间，则应建议顾客点些烹饪时间短的菜肴。

（3）介绍菜肴应突出重点、有针对性，还要真实、可信，不要夸张与渲染，对特殊情况要事先说明。

图 4-5　向顾客推荐菜肴

提　示

介绍菜肴时，可介绍以下内容：① 菜肴的制作原料、烹饪方法与技巧、口味特点、烹饪时间、分量、售价等；② 菜肴的主要食用方法、营养价值；③ 菜肴相关的典故与传说等。

3．推销酒水

（1）若顾客在点菜时未点酒水，应根据顾客所点菜肴推荐合适的酒水。

（2）介绍不同酒水品种时，中间应有所停顿，让顾客有考虑和选择的时间。

4．填写点菜单

（1）填写点菜单时，服务员应站在顾客左侧，身体略向前倾，面带微笑，认真倾听顾客所点的菜肴并准确记录，如图 4-6 所示。

图 4-6　填写点菜单

（2）注意姿态，不可将点菜单放在餐桌上填写。

5．确认点菜

（1）点菜完毕后，要复述顾客所点菜肴、酒水，并询问顾客是否有错漏等。

（2）如顾客有特殊要求，要在点菜单上加以注明，并向厨房交代清楚，以免冒犯顾客。

（3）收回菜单，感谢顾客，并告知顾客大致需要等待的时间。

6．下单

（1）礼貌地请顾客稍候，并尽快呈上酒水。

（2）及时将点菜单送交厨房、收银处、传菜部等，不同的点菜单要按规定递交不同的烹饪部门或负责人，点菜单与酒水单应分开递交。

（3）若顾客使用电子菜单点餐，下单后，点菜单将直接通过网络传至厨房、收银处等。

（二）点菜服务的注意事项

服务员提供点菜服务时，应注意以下几点。

1．时机与节奏

注意点菜时机，在顾客需要时提供点菜服务；点菜时注意节奏，不宜过快也不宜过慢，但要因人而异。

2．服务规范化

填写点菜单要迅速、准确，字迹要规范、清楚。要填写台号、用餐人数、服务员姓名和日期等。注意冷菜、热菜分单填写。

3．顾客的表情与心理

服务过程中，服务员应随时观察顾客的表情，据此判断顾客的心理变化，从而了解顾客对所点菜肴和酒水是否满意。

4．清洁与卫生

服务员应注意个人卫生、菜单的干净美观、笔和单据的整洁。

5．认真与耐心

要认真记录顾客所点的菜肴、酒水和顾客的台号，并仔细核对点菜单，避免出错。要耐心回答顾客的问题，当顾客生气时，服务员要宽容、忍耐，避免与其发生不必要的冲突。当点菜出现错误时，如果不是因顾客造成的，则不应将责任推给顾客，而应主动道歉，并提供合适的解决方法；如果是顾客的错误，那么也应积极帮其寻找解决方法，将损失降至最低。

6．语言与表情

顾客点菜时，服务员的语言要得体，注意礼貌语言的运用，尽量使用选择性、建议性语言，不可强迫顾客接受，也不要轻易向顾客保证，做到言行一致。报菜名时，要准确、清楚、流利。此外，在服务过程中，服务员应面带微笑，以体现服务的主动与热情。

7. 知识与技能

服务员要熟记菜单，对每道菜肴都了如指掌，并时刻掌握餐厅的备菜情况，避免出现餐厅无法提供顾客所点菜肴的情况。此外，还应不断学习专业知识，拓宽知识面，提高服务技能水平，以随时应付复杂多变的场面，满足顾客的不同需求。

二、茶水服务

在餐前服务中，服务员需要为陆续就座的顾客提供茶水服务；在点菜服务中，有些顾客也会选择茶水替代酒、果汁等饮料。因此，服务员应掌握茶水服务的相关知识。

（一）茶叶的分类

按加工工艺、产品特性划分，茶叶主要分为以下几种：

（1）绿茶，属于不发酵茶，初制时采用高温杀青，以保持鲜叶原有的嫩绿。绿茶汤色绿润明亮，清香润鼻，余味悠长。绿茶的著名品种有西湖龙井（见图 4-7）、黄山毛峰、碧螺春、信阳毛尖、六安瓜片等。

茶叶介绍

（2）红茶，属于全发酵茶，其汤色鲜红透亮，味道浓醇。红茶主要有小种红茶、工夫红茶和红碎茶三大类。红茶的著名品种有祁门红茶（见图 4-8）、大吉岭红茶和锡兰高地红茶等。

（3）乌龙茶，又称青茶，属于半发酵茶，其汤色金黄清澈，有天然花香，味道浓醇鲜爽。它既有绿茶的清香，又有红茶的醇厚。因其叶片中间为绿色，叶缘呈红色，故有“绿叶红镶边”之称。乌龙茶的著名品种有铁观音（见图 4-9）、大红袍、冻顶乌龙等。

图 4-7 西湖龙井

图 4-8 祁门红茶

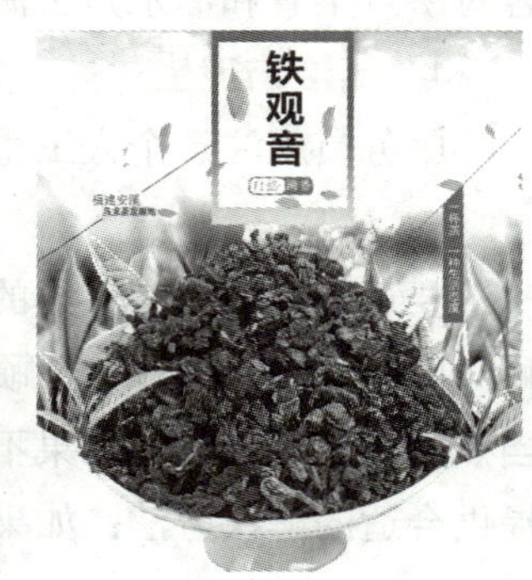

图 4-9 铁观音

（4）黄茶，属于轻发酵茶，其汤色杏黄明亮，味道香甜醇厚。在制茶过程中，茶叶经过闷堆、渥黄，因而形成黄叶、黄汤。黄茶的著名品种有君山银针（见图 4-10）、蒙山黄芽、北港毛尖等。

（5）黑茶，属于后发酵茶，其叶色呈暗褐色，汤色呈棕红色或棕黄色，香味醇厚。

黑茶原料粗老，加工时堆积发酵时间较长，一般需要压制成砖。黑茶的著名品种有普洱茶、六堡茶、茯砖（见图 4-11）等。

（6）白茶，白色绒毛多，色白如银，属于微发酵茶。其汤色黄亮明净，味道鲜醇。白茶加工时不炒不揉，只需将细嫩、叶背布满茸毛的茶叶晒干或用文火烘干，使白色茸毛完整地保留下来。白茶的著名品种有白毫银针（见图 4-12）、白牡丹、贡眉和寿眉等。

图 4-10　君山银针

图 4-11　茯砖

图 4-12　白毫银针

提　示

以上六种均属于基础茶，将基础茶进行再加工而成的产品称为再加工茶，如花茶、果味茶、紧压茶、药用保健茶等。

课堂讨论

中国是茶的故乡。你知道中国十大名茶是哪些吗？

（二）茶水服务的流程

1. 点茶

在顾客入座后，询问顾客茶水意见，并递上茶水单，根据顾客的需求适当推荐几种茶水供顾客选择。认真记录顾客所点茶水，并复述一遍请顾客确认。

2. 备茶

根据顾客选择的茶水品种准备原料和茶具，不同品种的茶水需要不同的原料和茶具。例如，红茶一般需要添加牛奶、糖、柠檬片等；绿茶一般采用瓷器茶杯冲泡，便于保温；冲泡乌龙茶对水、茶具等都非常讲究，一般采用溪水或泉水，配套茶具应小巧、精致。此外，准备的茶具应用清水清洗干净。

3. 泡茶

（1）烫杯温壶。将热水倒入茶壶、茶杯中，使茶壶、茶杯等充分预热，再将水倒掉。

其主要目的是提高茶具的温度，使茶叶冲泡后的温度相对稳定，以保证茶的香气和口感。

（2）置茶。置茶是指按茶壶或茶杯的大小，用茶勺将适量的茶叶放入茶壶或茶杯中，如图 4-13 所示。

图 4-13 置茶

（3）洗茶。洗茶是指将沸水倒入茶壶或茶杯中，让水与茶叶适当接触后，迅速将水倒出。其目的一是去除茶叶表面的污垢，二是唤醒茶质，便于茶叶的舒展和茶汁的浸出。

泡茶

（4）冲泡。按照茶叶与水的比例，将沸水倒入茶壶或茶杯中。在冲泡过程中，讲究“凤凰三点头”，即将水壶下倾和上提三次，其目的是使茶叶和水上下翻动，从而使茶的浓度均匀，同时也有向顾客点头以表欢迎的意思。

提　示

一般来说，在泡茶时，茶叶和水的比例随茶叶的种类和喝茶者的喜好等有所不同。例如，对于嗜茶者，在冲泡红茶、绿茶和花茶时，茶叶与水的比例一般为 1∶50～1∶80；对于一般饮用者，茶叶与水的比例一般为 1∶80～1∶100；乌龙茶、普洱茶等的茶叶用量应增加，茶叶与水的比例一般为 1∶20～1∶30。

4. 斟茶

斟茶前，应在顾客面前以手势示意，并说：“您好，给您斟茶。”斟茶时，右脚在前、左脚在后站好，左手托住茶壶垫，右手扶住茶壶把，站在顾客的右手边服务；先从主宾开始斟茶，按顺时针方向依次服务所有顾客，茶水以七八分满为宜，切不可过满。倒好后，左手托住茶壶，右手以手势示意，并说：“请慢用。”斟茶结束后，将茶壶蓄满开水后放回桌上，切记壶嘴不可朝向顾客。

5. 添茶

在顾客用餐过程中，服务员应时刻注意茶壶中的茶水情况，及时添加茶水、酌情添加茶叶，并适时为顾客杯中续茶。

（三）茶水服务的注意事项

（1）冲泡茶叶时，要用沸水。

（2）泡好的茶水浓度要均匀。

（3）注意不要将茶水洒落到顾客身上或台面上。

（4）斟茶时要注意提醒顾客。

（5）没有上菜之前要勤加茶水。

（6）顾客用餐快结束时，送上第二次热茶。

华彩流光

《茶，一片树叶的故事》

《茶，一片树叶的故事》是央视纪录频道于2013年11月18日推出的一部原创纪录片，也是中国首部全面探寻世界茶文化的纪录片。该片一共分为六个篇幅，即“土地和手掌的温度”“路的尽头”“烧水煮茶的事”“他乡，故乡”“时间为茶而停下”“一碗茶汤见人情”，分别从茶的种类、历史、传播、制作等角度完整呈现关于茶的故事。

茶文化是中国最具代表性的文化之一。千百年来，茶文化几经传承、历练、蜕变，焕发出别样的光彩和魅力。该纪录片的摄制组寻访了云南、福建、四川的产茶重地，记录下小小的一片嫩叶是如何历经风雨被采下来，并经过复杂的工序和手艺焙制成清香四溢的座上佳品。

除了中国之外，摄制组还走访了日本、英国、印度、美国、格鲁吉亚等世界“茶国”，共翻越了30多座著名茶山，先后采访了120多位茶人。通过一片小小的茶叶，将世界连接为一个整体，以小见大，立意深远。

任务实施

情景模拟

【实施目的】

掌握点菜服务和茶水服务的流程。

【实施流程】

（1）学生自由分组，每组6～10人。

（2）小组成员分别扮演服务员和顾客，进行点菜服务和茶水服务的情景模拟，情景可以是顾客请合作伙伴来用餐、家庭聚餐等。“服务员”需按照点菜服务和茶水服务的流程为“顾客”提供服务。

（3）每组分别向大家展示，由主讲教师和其他小组进行点评。

英语积累角

下午好，这里是花园餐厅。请问有什么可以为您效劳？ Good afternoon. This is the Garden Restaurant. What can I do for you, please?

您希望订大厅的位置还是单独的包间？ Which would you like better, a table in the hall ro a private room?

您喜欢坐吸烟区还是无烟区呢？ Would you like to sit in the smoking area or non-smoking area?

对不起，靠窗的位置全都有人了。 I’m sorry. The tables by the window are all occupied.

您的餐桌已经布置好了，这边请。 Your table is ready. This way, please.

先生，可以点菜了吗？ Excuse me, sir. May I take your order now?

您要不要尝一尝我们这里的特色菜？ Would you like to try our specials?

我来重复一下您的点菜单好吗？ May I repeat your order now?

先生/女士，还有其他需要吗？ Anything else, sir / madam?

您要喝点什么？ What would you like to drink?

项目考核

1. 选择题

（1）预订的方式不包括（　　）。

A．电话预订　　B．当面预订

C．审批预订　　D．网络预订

（2）在确认宴会预订后，应填写（　　）并将其发给其他相关部门。

A．宴会安排日记簿　　B．宴会通知单

C．宴会预订单　　D．宴会客史档案

（3）以下选项中，（　　）属于绿茶。

A．西湖龙井　　B．铁观音

C．冻顶乌龙　　D．君山银针

（4）(　　) 是指按茶壶或茶杯的大小，用茶勺将适量的茶叶放入茶壶或茶杯中。

A．洗茶　　B．备茶

C．沏茶　　D．置茶

2. 判断题

（1）当面预订是最常见、最方便、最经济的一种预订方式，通常用于便餐和小型宴会的预订。　(　　)

（2）拉椅应遵循“四先”原则，即先女后男、先老后幼、先宾后主、先主要后次要。　(　　)

（3）顾客在即将关餐时到店，迎宾员应该告知顾客要关餐了，请顾客离开。　(　　)

（4）填写点菜单时，服务员应站在顾客右侧，身体略向前倾，面带微笑，认真倾听顾客所点的菜肴并准确记录。　(　　)

（5）斟茶先从主宾开始，按顺时针方向依次服务所有顾客，茶水以七八分满为宜，切不可过满。　(　　)

3. 简答题

（1）简述迎宾服务的流程。

（2）简述点菜服务的流程。

项目五

餐中服务

项目引言

顾客用餐过程中，服务员需要为顾客提供规范、有礼的传菜、上菜、分菜、撤换餐具和斟酒等服务。服务员应在不影响顾客就餐的情况下为其提供餐中服务。本项目将主要阐述传菜、上菜、分菜、撤换餐具和斟酒等服务的相关知识。

知识目标

- 掌握传菜服务的流程。
- 掌握上菜位置、时机、速度、顺序等的要求。
- 掌握分菜的工具、方法和注意事项。
- 掌握撤换餐具的时机和方法。
- 掌握斟酒服务的流程。

素质目标

- 通过学习餐中服务的内容，认识沟通和团队协作的重要性，增强团队意识。
- 具备爱岗敬业的精神，培养踏实严谨、精益求精的工匠精神。

任务一　传菜服务和上菜服务

任务导入

虎头蛇尾的寿宴

某酒店的宴会厅正在为一位白发苍苍的老先生举办寿宴，宴会厅内张灯结彩、喜气洋洋，众人不断起身向老先生贺寿，一道道美味佳肴被端上餐桌，宴会厅洋溢着融洽、欢乐的氛围。接着，一道造型独特的寿桃点心送到了餐桌，看着寿桃点心精致的造型，众人异口同声喊“好！”

可不知怎么的，上了这道点心之后，就再也不见服务员端菜上来，桌上的菜肴和寿桃点心很快就被享用干净了。闹声过后就是一阵沉寂，大家开始面面相觑，热火朝天的寿宴慢慢冷却下去。众人怕老先生不悦，开始东拉西扯，分散他的注意力。一刻钟后，仍不见服务员上菜，老先生的儿子终于按捺不住，走过去问服务员为什么不上菜了，服务员惊讶地说：“你们的菜已经上完了啊。”老先生的儿子只好又赶紧加了几道菜，可宴会厅热闹、欢乐的氛围早已一去不复返了。

思考：

（1）在上述案例中，热火朝天的寿宴为什么冷却了？

（2）上菜服务中，服务员应注意哪些问题？

知识链接

一、传菜服务

传菜服务一般包括以下几个步骤。

（一）按单分类

（1）接到点菜单后，传菜员应检查点菜单上的下单时间、服务员姓名、用餐人数、台号、日期等，以防出错。

（2）按厨房分工对点菜单进行分类，分送不同的加工间。

（3）检查点菜单上是否有顾客的特殊要求，如有，应立即通知厨师，并将结果告知服务员。

（二）准备器皿和配料、调料

准备传菜时所需的托盘和配合上菜的器皿（如托盘盖），托盘务必随时擦拭，保持干净、美观。菜肴如有配料、调料，应提前准备好。

（三）核菜划单

（1）根据点菜单核对台号和菜名，避免出错。

（2）检查菜肴质量，做到“五不取”：分量不足不取，温度不适不取，颜色不正不取，配料、调料不全不取，器皿不洁、破损、不符合规格不取。

（3）出菜后，传菜员应在相应的菜单上划去该道菜。

（四）传送菜肴

（1）做好菜肴的保温，按照规定路线将菜肴传送到餐厅指定位置，应做到传送平稳、汤汁不洒、及时到位。注意不要盘叠盘，以免弄脏放在底层的菜肴；也不要弄乱菜肴的造型。

（2）将菜肴放在工作台上，并告知服务员，不得自己动手上菜。

（五）收盘

协助服务员将撤下的空盘、空杯等送至洗碗间。

提　示

在传菜过程中，传菜员应及时将餐厅顾客的进餐情况反映到厨房，保持餐厅与厨房的良好沟通。

餐饮小知识

传菜服务的工作技巧

（1）一笑：微笑始终如一。

（2）二不：不怠慢顾客，不得罪顾客。

（3）三轻：说话轻，走路轻，操作轻。

（4）四勤：眼勤，耳勤，嘴勤，手勤，脚勤。

（5）五声：客到有迎声，客问有答声，客助有谢声，照顾不周有歉声，客走有送声。

（6）六知：知台数，知人数，知主人身份，知宴席标准，知开餐时间，知菜式品种。

（7）三了解：了解风俗习惯，了解生活忌讳，了解特殊要求。

（8）二检查：开餐前检查传菜台和传菜用具的清洁卫生情况，客走后检查有无遗漏的传菜用具。

二、上菜服务

上菜（见图 5-1）就是由服务员将菜肴、点心按照一定顺序端送至餐桌的服务过程。

图 5-1　上菜

上菜服务

（一）上菜准备

在上菜前，服务员应仔细检查上菜工具（如托盘、餐车等）的配备情况和清洁情况，并熟悉菜单内容（菜名、上菜顺序等）和台号，以免出现错漏。

（二）上菜位置

零点餐的上菜位置比较灵活，服务员可选择在比较宽敞的位置上菜，以不打扰顾客为宜。中餐宴会的上菜位置一般选在陪同人员和次要顾客之间（通常为餐桌的下位），或选在副主人右侧，以便副主人向其他顾客介绍菜肴，服务员应始终保持在同一个位置上菜。此外，在上菜时，切忌从主人和主宾之间上菜，切忌从顾客头顶上菜，尽量不在老人、儿童旁边上菜。

（三）上菜时机和速度

为了保证菜肴的质量，使顾客吃得满意，服务员要能恰到好处地掌握上菜的时机和速度。一般来说，在零点服务中，应在顾客点菜后 10 分钟内上冷菜，15 分钟内上第一道热菜。在宴会服务中，应在正式开席前 10 分钟左右上冷菜，在冷菜剩余 1/2 或 1/3 时，可开始上第一道热菜。

如无特殊情况，上菜速度视顾客进餐情况决定，不宜过快或过慢。上菜过快，服务员来不及分派，顾客也来不及品味；上菜过慢，会显得台面菜肴不丰盛，或出现顾客空等的现象。

提　示

服务员应当主动与顾客沟通，灵活把握上菜时机和速度。在上热菜前，应先询问顾客能否开始上菜；在上完最后一道菜时，应轻声告诉顾客菜已上齐，并询问是否需要加菜或其他服务。

（四）上菜顺序

因饮食文化的不同，中西餐在上菜顺序上会有所区别。

1. 中餐上菜顺序

中餐上菜顺序

中餐上菜顺序一般为：冷菜→热菜→汤→主食→点心→水果。一般原则是：先冷后热、先菜后点、先咸后甜、先炒后烧、先荤后素、先优质后一般，并遵循一般的风俗习惯。

由于各地习俗不同，其上菜顺序也存在一些差别。例如，广东人习惯在冷菜后立马上热汤，在宴会的结尾也会上热汤；安徽某些地区的第一道菜是开胃甜汤。因此，上菜顺序应根据宴席的类型、特点和顾客的要求等确定。

课堂讨论

请确定以下菜肴的上菜顺序：① 清蒸鱼；② 卤水拼盘；③ 白灼虾；④ 百合莲子汤；⑤ 红烧狮子头；⑥ 油炸榴梿卷；⑦ 炒时蔬；⑧ 水果拼盘；⑨ 阳春面；⑩ 焖海参。

2. 西餐上菜顺序

西餐上菜顺序

西餐上菜顺序一般为：

（1）面包、黄油，在开餐前 5 分钟左右送上。

（2）开胃菜（头盘），如沙拉、什锦冷盘、鱼子酱、鹅肝酱等。

（3）汤，可分为清汤和浓汤。

（4）副菜（中盘），以鱼、虾等水产类菜肴为主。

（5）主菜，多为肉、禽类菜肴或高级海鲜，如有配菜要一并送上。

（6）甜食，如点心、奶酪和水果等。

（7）咖啡、茶或餐后酒。

餐饮小知识

西餐上菜的要求

（1）按序上菜。根据顾客的点菜情况安排好上菜顺序，不可颠倒顺序。

（2）上需要配酒水的菜肴时，应先斟酒后上菜。

（3）所有菜肴上桌时均应遵循“先女后男、先宾后主”的顺序依次进行，且一般用右手从顾客右侧上菜。

（4）先撤后上。每道菜用毕，均应在撤走用过的餐具（餐盘、刀、叉等）后再上菜，撤盘前须征得顾客的同意。

（5）上甜品前，应将主菜的餐具和调味品等撤去。甜点用毕，从顾客的右侧送上咖啡或茶，咖啡杯、茶杯放在垫碟上，碟内放一把咖啡匙，并配上糖和奶。

（五）摆菜要求

1．总体要求

上菜过程中要注意菜肴的摆放位置，各种菜肴应对称、协调摆放。其基本要求是：造型艺术，注重礼仪，尊重主宾，方便食用，布局合理。一般按照“一中、二平、三角、四方、五梅花、六正六边形”的原则，让桌面的菜盘始终形成一个美丽的图案，达到较佳的视觉效果。

2．具体要求

（1）要分主菜肴和其他菜肴进行摆放。主菜肴的看面应正对主位，其他菜肴的看面要朝向四周。

提　示

菜肴的看面，就是适宜观赏的一面。造型有头的菜肴，如冷拼中的孔雀开屏（见图 5-2）、喜鹊登梅等，其头部为看面；而头部被隐藏的菜肴，如烤鸭、八宝鸡（见图 5-3）等，其身躯为看面；盅类菜肴，其花纹雕刻最精致的部分为看面；一般菜肴，其刀工精细、色泽好看的部分为看面。

图 5-2　孔雀开屏

图 5-3　八宝鸡

（2）讲究造型艺术，根据菜肴的颜色、形状、口味、荤素、盛器、造型对称摆放。

（3）摆放菜肴时，若有转盘，则摆在转盘边缘，然后将转盘按顺时针方向旋转一圈，让每位顾客观赏菜的造型，最后在主宾面前停下，再后退一步（清洁卫生的需要）报菜名，让主宾先品尝。若没有转盘，则应把菜肴放在餐桌中心稍靠主人位的一侧，使菜肴的看面正对主宾。每上一道新菜时，都需将前一道菜移至旁边，将新菜放在主宾的前面。

（4）如果是用长盘盛装的热菜，菜肴看面要横向主宾和主人。

同步案例

重叠的菜盘

小郭是某三星级酒店餐厅的服务员。一次，有三位顾客在餐厅就餐，他们点了很多菜，其中一道菜为海参扒肘子。当最后一道菜上来时，小郭发现餐桌上已经没有足够的空间可以放下新菜了。于是她看了一下桌上的菜，发现海参扒肘子这道菜只剩一小块肘子了，便不假思索就把新上的菜放在了海参扒肘子的餐盘上。

其中一位顾客发现后，半开玩笑地跟小郭说："小姐，我们这道菜还没有吃完，你怎么就把菜放到上面了？"正好小郭当天的心情不好，听到顾客说的话，便顶了一句："到这儿来吃饭，还在乎这么一块肘子吗？又不是没有钱。"

经小郭这么一说，顾客笑意全无，与小郭争吵了起来。顾客觉得面子上很过不去，于是向餐厅经理投诉。小郭受到经理的批评后向顾客道歉，同时，厨房又重新做了一盘海参扒肘子给顾客。

（六）上菜服务的注意事项

（1）上羹汤、面条时，服务员应主动为顾客分让。上带壳菜肴的同时要送上小毛巾或洗手盅，盅内温水约七成满，加花瓣或柠檬片以解油腥。

（2）如某道菜迟迟未上，服务员应及时向厨房查询，并向顾客表示歉意："对不起，让您久等了。"或"真抱歉，耽误您这么长时间。"

（3）如发现顾客餐桌上的菜肴快吃完时，服务员应主动询问顾客是否需要加菜。

（4）如果有小孩同桌就餐，一定要将热菜、汤羹摆放在远离小孩的地方，并提醒成年人注意看管。

（5）上菜前注意观察菜肴色泽、新鲜程度，注意有无异常气味，检查菜肴卫生情况。在检查菜肴卫生时，严禁用手翻动或用嘴吹；必须翻动时，要用消过毒的器具；卫生达不到要求的菜应及时退回厨房。

（6）服务员在上菜时要保证操作安全，做到端平、走稳、轻拿、轻放；大拇指等不可伸入菜盘内，注意上菜卫生；上带汤汁的菜肴应双手送至餐桌上，以免洒在顾客身上；

不可从顾客肩上、头顶越过，以免发生意外。

（7）上菜时应用右手操作，并说“对不起，打扰一下”，提醒顾客注意。托盘上菜时，应用左手托托盘，右腿在前，站在两位顾客的椅子之间，左腿在后，侧身用右手上菜。

餐饮小知识

特殊菜肴的上菜方式

1．有包装的菜肴

如有灯笼虾仁、荷叶粉蒸鸡、纸包猪排、叫花鸡等经包装后再烹调的菜肴，服务员应将菜肴连同包装一起送上餐桌，让顾客观赏后，再拿到工作台上，或直接在台面上去掉包装，以方便顾客食用。

2．炖类菜肴

炖类菜肴应在上桌后再启盖，以保持菜肴的原汁原味，并使菜肴的香气在餐桌上散发。启盖后应将盖子翻转过来再移开，以免汤水滴落在顾客或自己身上。

3．铁板类菜肴

铁板类菜肴发出的“滋滋”声可以烘托宴席的气氛，但上菜时要注意安全，以免烫伤。

4．外加佐料的菜肴

有的菜肴需外加佐料，如清蒸鱼需配姜醋汁，北京烤鸭需配葱、酱等。这些佐料应同菜肴一起上齐，服务员在上菜时可略做说明。

5．拔丝类菜肴

拔丝类菜肴，如拔丝鱼条、拔丝苹果、拔丝山芋等，要托热水上，即用汤碗盛装热水，再将装有拔丝类菜肴的盘子搁在汤碗上，用托盘端送上桌。这样可防止糖汁凝固，保持拔丝类菜肴的风味。拔丝类菜肴温度很高，因此在上菜时应提醒顾客注意。

任务实施

传菜服务和上菜服务训练

【实施目的】

（1）掌握传菜服务的流程。

（2）掌握上菜服务在位置、时机、速度、顺序等方面的要求。

【实施流程】

（1）主讲教师准备相应的道具。

（2）学生自由分组，每组4～6人。

（3）每组按照传菜服务和上菜服务的要领进行操作练习，每个组员练习时，其他组员可扮演顾客配合其练习。

（4）练习结束后，组员之间进行互评，主讲教师进行点评。

任务二　分菜服务和撤换餐具服务

任务导入

为小寿星送上祝福

一天，一对年轻的夫妻带着当天过生日的小孩在餐厅就餐，临近结束时，餐厅经理领着众多员工推出生日蛋糕，齐唱《生日快乐歌》为小孩庆祝生日，顾客非常感动。小孩吹灭蜡烛后，请服务员小徐来帮忙分一下蛋糕。小徐先用干净的器具把蛋糕上的巧克力小寿星造型轻轻取下，放到小孩面前，并说了一句“生日快乐”，然后熟练地把蛋糕分派给一家三口。年轻夫妻看着眼前开心的小孩和切得整整齐齐的蛋糕，激动地直夸小徐服务周到。

思考：

（1）分菜服务中，服务员应注意哪些问题？

（2）分菜的方式有哪些？

知识链接

一、分菜服务

分菜又称让菜、派菜，是指服务员将已经端送上桌的菜肴、点心等用服务工具依次分派给每位顾客的服务过程。分菜在餐饮服务中是一项带有技术性的重要工作，要想熟练地掌握它，就必须对各种菜肴的烹饪方法，菜肴成熟后的质地、形状、特点（如是多汁的还是无汁的）等有充分的了解。

（一）分菜服务原则

（1）在用餐标准较高或顾客身份较高的宴会上，每道菜均需分派给顾客。

（2）所有需要分派的菜肴，都必须在顾客面前进行展示。同时，服务员应简单介绍菜名及特色，征得顾客同意后再进行分派，并用礼貌用语“请稍等，我来分一下这道菜”。

（3）如顾客要求在台面上分菜，服务员可一人单独操作或两人配合操作，动作要干净、利落。注意不要将汤汁等洒到顾客身上。

（4）分菜的顺序是：先依次分派给主宾、副主宾、主人，然后按顺时针方向依次分派，注意先女后男。

（二）分菜工具及其使用方法

1．中餐分菜工具

中餐分菜工具主要有服务叉（分菜叉）、服务勺（分菜勺）、公筷公勺、长柄汤勺等，其使用方法如下：

（1）服务叉、勺：服务员右手握住服务叉、勺的柄部，勺心向上，叉的底部向勺心；右手食指插在叉柄和勺柄之间，与拇指合捏住叉柄，中指控制勺柄，无名指和小指起稳定作用；在夹菜肴和点心时，主要依靠手指的配合来控制叉、勺；分带汤汁的菜肴时，用服务勺盛汤汁。此外，在分体积较大的菜肴时，还可使用右勺左叉法。

（2）公筷公勺：服务员右手握公筷，左手持公勺，相互配合将菜肴分到顾客餐碟中。

（3）长柄汤勺：主要用于分汤。

2．法式服务分菜工具

法式服务分菜工具主要有餐车、分割切板（见图 5-4）、刀、叉、分调味汁的叉和勺。

图 5-4　分割切板

（1）分让主料的工具及使用方法：将要切分的菜肴取放到分割切板上，再将分割切板放在餐车上。切分时，左手拿叉压住菜肴的一侧，右手用刀切分。

（2）分让配料、配汁的工具及使用方法：用分调味汁的叉、勺分让，勺心向上，叉的底部向勺心。

3．俄式服务分菜工具

俄式服务分菜工具主要有叉和匙。一般是匙在下，叉在上。右手的中指、无名指和小指夹匙，拇指和食指控制叉，五指并拢，完美配合。

（三）分菜方法

1．桌上分菜式

将菜肴展示完毕后，站立在顾客左侧，左手托菜盘、右手持分菜工具进行分菜，按顺时针方向绕桌将菜肴分配至顾客餐碟中。

2．旁桌分菜式

首先在工作台上准备好干净的餐碟，备好叉、勺等分菜工具。当菜肴从厨房递送到餐厅后，服务员应先将菜肴放在餐桌上进行展示，介绍菜名、特色，然后再将菜端送到工作台上进行分菜。分菜时要快速、均匀。待菜分好后，将餐碟放在托盘内，从顾客左侧依次递上。

3．两人合作式

两人合作式一般用于高档宴会，一人分菜，一人送菜。将菜肴展示完毕后，一位服务员站在上菜位置，使用相应的分菜工具进行分菜；另一位服务员把每位顾客的餐碟拿给分菜服务员，分好菜后再将餐碟送回顾客餐桌上。

（四）分菜服务的注意事项

（1）使用的分菜工具应干净、卫生、无破损。

（2）操作手法正确，注意卫生，手不接触菜肴，如有需要用手接触的菜肴，需戴上手套再进行操作。

（3）掌握好菜的份数和总量，做到分派均匀。如遇到多色菜肴，每份菜肴的颜色及分量都应均匀。菜肴的优质部位应分配给主宾和主人，但不要有太明显的差异。

（4）做到一勺准或一叉准，决不可将一勺（叉）菜同时分给两位顾客，更不可当着顾客的面从分得多的餐碟中将菜匀给分得少的餐碟。

（5）不可拖带菜汁，不可将菜汁滴落在桌面上或溅洒在顾客的衣物上。如有菜肴掉落，切不可捡起来再给顾客食用，应用干净的餐巾或纸巾包起来收走。

（6）注意轻声操作，不可发出较大的刮碰餐碟的声音，以免影响顾客用餐。

（7）菜肴装盘时应注意菜肴不要出盘，以免影响美观。

（8）分每道菜时，第一次分完后，盘中宜余下1/10～1/5的菜肴（可换放于一小盘中），以方便想再添用的顾客，并为第二次分派做好准备。

餐饮小知识

特殊菜肴的分菜方法

1．鸡、鸭等整形类菜肴

先用刀叉剔去骨头，注意按鸡、鸭等的自身结构来分割和分派，保持其形状完整和均匀。一般头尾部不分派，留在碟中，由顾客自行取用。

2．肘子

左手用公筷压住肘子，右手用刀将肘子切成若干块，再按宾主次序分派；每位顾客（特别是女性）碗中或餐碟中的菜不宜过多。

3．拔丝类菜肴

用公筷将菜一块块夹起，随即放在凉开水里浸一下，再夹到顾客餐碟里。分菜的动作要快，即上即分，即浸即食。

4．卷食菜肴

一般情况下，由顾客自己取拿卷食。如顾客需要分菜服务，服务员可将餐碟摆放于菜肴周围，放好铺卷的外层，然后逐一将被卷物放于铺卷的外层上，最后逐一卷上送到每位顾客面前。

5．鱼

左手握叉将鱼头固定，右手用刀沿着鱼中骨由头顺切至鱼尾，然后将切开的鱼肉分向两侧脱离鱼骨；待鱼骨露出后，用刀将鱼骨与鱼肉分开；当骨、肉分离后，用刀、叉轻轻将鱼骨托起，放于鱼盘靠桌心一侧的盘边处，再将上片鱼肉与下片鱼肉整理好，使之仍呈整鱼状（无头尾）；最后用刀、叉将鱼肉切成若干等份，并用叉、勺将鱼肉分别盛于餐碟中送给顾客。

二、撤换餐具服务

在顾客用餐过程中，服务员应见机行事，时刻关注台面餐具的使用情况，及时撤换菜盘、骨碟和酒具等，为顾客提供细心、周到的就餐服务。

（一）中餐撤换餐具服务

1．撤换骨碟

顾客骨碟中有残渣时均可撤换骨碟，其频率可根据宴席档次、就餐时间和顾客的要求而定。遇到以下情况时，服务员应及时撤换骨碟：

（1）顾客失误使骨碟跌落在地面上时。

（2）骨碟里有洒落的酒水或异物时。

（3）骨碟内残渣较多时。

（4）顾客提出要求时。

在撤换骨碟时，服务员应遵循“右上右撤”的原则，即从顾客右侧撤下脏碟并换上干净的骨碟。撤换时注意将脏碟和干净的骨碟严格分开，防止交叉污染。同时，要充分尊重顾客，若顾客将筷子放在骨碟上，要将筷子按原样摆放回干净的骨碟上。

课堂讨论

一天晚上，某酒店餐厅来了七八位衣着朴素的顾客。用餐期间，服务员小周发现这几位顾客将骨头、鱼刺等吐在台布上，而用骨碟来放干净的菜。顾客这样做，不仅会造成台布洗涤困难，也不利于收台等工作，此外，还会给顾客就餐带来不便。小周想到，顾客可能不明白骨碟的真正用途。

请问：面对这种情况，小周应该如何处理？

2．撤换汤碗、汤匙

需要及时撤换汤碗、汤匙的情况有：

（1）吃过冷菜换吃热菜时。

（2）荤素菜交替食用之时。

（3）吃甜食或带糖汁、醋汁等的菜肴时。

（4）吃风味特殊、汁芡各异、调味特别的菜肴时。

（5）上名贵菜肴时。

（6）顾客失误使汤碗、汤匙跌落在地面上时。

（7）汤碗内洒落酒水或异物时。

（8）顾客提出要求时。

在撤换汤碗、汤匙时，服务员也应遵循“右上右撤”的原则。如果顾客汤碗内还有菜没有吃完，而新菜又上来了，则服务员可先在顾客面前放上干净的汤碗、汤匙，等顾客吃完后再撤下原来的汤碗、汤匙。

精业笃行

“神奇”的服务

某天中午，餐饮部主管小章像平时一样例行巡视到中餐厅。大厅里的几桌顾客有的正在点菜，有的已经开始上菜了，看来今天生意不错。看着服务员有条不紊地忙碌着，小章准备前往包间看看。

这时，小章看到5号桌坐着一位女士，她正拿起汤勺准备往自己的汤碗中盛汤，可是犹豫了一下又放下了。凭着职业敏感性和多年来的工作经验，小章立刻从工作台上取了一副干净的汤碗和汤匙，放在托盘中端给顾客。“您好，可以为您换一下餐具吗？”小章轻声地问那位女士。“哦，哦，可以！”那位女士一时还没有反应过来。换好餐具，小章又继续前往包间区域巡视去了。半个小时后，那位女士用餐完毕，表示一定要见餐厅经理。见到经理后，她第一句话就说：“你们的服务员太神奇了！”

原来，刚才这位女士所点的腐皮青菜汤上桌后，她想给自己盛一小碗。可是，汤碗中还留着上一道菜的辣油，所以她犹豫了一下。正在犹豫之时，小章前来给她更换了餐具……临走时，她一再要求酒店对小章进行表扬，并反复说道：“你们的服务太神奇了！”

3．撤换酒具

需要及时撤换酒具的情况有：

（1）提供不同酒水时。

（2）顾客失误使酒具跌落在地面上时。

（3）酒具内有异物时。

（4）顾客提出要求时。

在撤换酒具时，服务员应从顾客右侧收回酒杯，并用托盘盛装。操作时不得使酒具相互碰撞发出声响，以免打扰顾客。

4．撤换菜盘

（1）撤换菜盘前，应先询问“可以帮您撤掉吗”，得到肯定答复后才能撤换。

（2）站在顾客右侧，左手举托盘，右手撤下菜盘。撤下菜盘时，注意不能将手指伸入盘内，不能拖拽菜盘，不能当着顾客的面刮擦脏盘，不能将剩菜或汤汁洒出；若台面上有剩菜，应用工具拾取，切忌用手抓取。

（3）撤换菜盘时，严禁从顾客头上越过，上菜和撤盘不能双手同时进行。

（二）西餐撤换餐具服务

（1）顾客每吃完一道菜肴，服务员就要撤换一次餐具。待顾客食用甜点时，服务员即可将面包盘、牛油罐、胡椒盅、盐盅、调味架等一并收拾撤下，并换上干净的烟灰缸。

（2）注意顾客刀、叉的摆放。如顾客将刀、叉呈“八”字形摆放在餐盘中，表示顾客还要食用，不可撤盘；如顾客将刀、叉平行放在餐盘中，则表示不再食用，可以撤盘；如顾客将刀、叉呈“十”字形摆放在餐盘中，表示顾客在等下一道菜，应尽快上菜。

（3）撤换餐盘时，站在顾客右侧，用右手撤盘，拇指按在盘沿，中指和食指垫在盘底。

（4）撤换餐盘后，应清理好台面，摆好与下一道菜相匹配的餐具。

课堂讨论

假如你是一名服务员，当顾客将刀、叉按图 5-5 的三种样式摆放时，你应该如何处理？

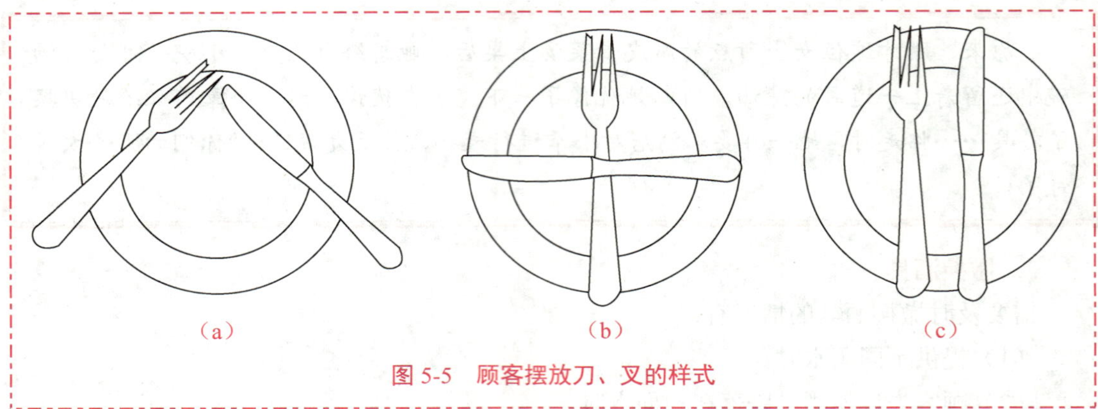

图 5-5　顾客摆放刀、叉的样式

任务实施

分菜服务和撤换餐具服务训练

【实施目的】

（1）掌握分菜的方法和注意事项。

（2）掌握撤换餐具的时机和方法。

【实施流程】

（1）主讲教师准备相应的道具。

（2）学生自由分组，每组 4～6 人。

（3）每组按照分菜服务和撤换餐具服务的要领进行操作练习，每个组员练习时，其他组员可扮演顾客配合其练习。

（4）练习结束后，组员之间进行互评，主讲教师进行点评。

任务三　斟酒服务

任务导入

取错了白酒

某天中午，正值餐厅就餐高峰期，一位顾客点了一瓶普通白酒。很快，服务员就从酒柜中取来白酒，并为顾客提供了规范的斟酒服务。

第二天中午，又有一位顾客点了相同的白酒，服务员没有犹豫地又快速从酒柜中取了一瓶白酒交给了顾客。当天下午，财务处打电话通知餐厅经理，有两笔酒水消费收款出现了问题。经理调查后发现，该服务员两次将茅台酒当作普通白酒从酒柜中取给了顾客，导致了 8 000 元的亏空。

思考：

（1）上述案例中，服务员出现了哪些失误？

（2）为什么会出现这种失误？应该如何预防？

知识链接

一、准备酒水和酒具

服务员应根据顾客的需求准备酒水和酒具，并将酒具按照规范摆放在餐桌上。不同的酒水需配备不同的酒具，具体如表 5-1 所示。

表 5-1　常见的酒水及其适用酒具

酒水	适用酒具	酒水	适用酒具
白酒	高脚白酒杯、平底白酒杯	葡萄酒	红葡萄酒杯、白葡萄酒杯
黄酒	平碗、小陶瓷杯	雪利酒	雪利酒杯
啤酒	扎啤杯、皮尔森杯、品脱杯	威士忌	古典杯、高脚闻香杯
香槟酒	玛格丽特杯、郁金香杯、笛形香槟杯	白兰地	白兰地杯
鸡尾酒	马提尼杯、高球杯、柯林杯	朗姆酒	利口酒杯、古典杯

餐饮小知识

酒的分类

1．按酿造方式分类

按酿造方式分类，可将酒分为发酵酒、蒸馏酒和配制酒。

发酵酒又称酿造酒、原汁酒，是指以粮谷、水果、乳类等为主要原料，经发酵或部分发酵酿造而成的酒精饮料。其生产工艺包括糖化、发酵、过滤、杀菌等，酒精度一般不超过 15% vol。常见的发酵酒有葡萄酒、啤酒、黄酒、清酒和果酒等。

蒸馏酒是指以粮谷、薯类、水果、乳类等为主要原料，经发酵、蒸馏、勾兑而成的酒精饮料。这类酒的酒精含量都较高，通常被称为烈性酒或高度酒。常见的蒸馏酒有中国白酒、白兰地、威士忌、金酒、伏特加、朗姆酒和龙舌兰酒等。

配制酒又称再制酒、浸制酒，是指以发酵酒或蒸馏酒为基酒，与酒精或非酒精物质进行勾兑，兼用浸泡、调和等多种方式调制而成的酒。常见的配制酒有开胃酒、甜点酒、利口酒、露酒和药酒等。

2. 按餐饮习惯分类

按餐饮习惯分类，可将酒分为开胃酒、佐餐酒和餐后酒。

开胃酒又称餐前酒，是指在餐前饮用的，能够刺激胃口、增强食欲的酒。开胃酒一般是在成品酒中加入药材或香料浸泡而成的，常见的有味美思、比特酒和茴香酒等。

佐餐酒是指在就餐时饮用的酒，一般指葡萄酒。常见的葡萄酒有红葡萄酒、白葡萄酒和玫瑰红葡萄酒等。

餐后酒是指在餐后饮用的，有助于促进消化的酒。最常见的餐后酒是利口酒。

二、示瓶

示瓶是指服务员将酒水呈到顾客面前，让顾客核对酒水名称、年份、种类等有无差错的行为。这不仅能够表示对顾客的尊重，也能够让顾客核实该酒水是否为其所点酒水。如果没有得到顾客的认可，则服务员应更换酒水，直到顾客满意为止。

示瓶的方式如下：服务员站在顾客的右侧，左手托瓶底（必要时可用折叠好的餐巾包托着瓶底），右手扶瓶颈，使酒标朝向顾客，并请顾客确认酒水的名称、商标、品种、级别和年限等，如图 5-6 所示。如果是有外包装的酒（一般为白酒），应在得到顾客允许后，当面撕开外包装盒封条，取出酒瓶。

图 5-6　示瓶

同步案例

开瓶的酒

一天，酒店餐厅来了几位法国顾客，点了一瓶高档红葡萄酒。服务员小蔡像往常一样到酒柜取酒，突然发现自己随身携带的开瓶器不见了，于是她连忙请另一位服务员打开了酒瓶。当顾客发现小蔡用已经开瓶的红酒为他们斟酒时，坚持认为酒是别桌顾客退掉的，要求小蔡重新取一瓶未开瓶的酒。

三、升温与降温

不同类型的酒水最佳饮用温度不同，为使其酒味更浓、喝起来更有滋味，服务员需要对酒水进行升温或降温处理。

（一）升温

升温即温酒，是指将酒水加热，使之达到最佳饮用温度的方式。酒水升温的方式有水烫、火烤、燃烧和冲泡等。

（1）水烫是指将需要升温的酒水放入烫酒器中，然后将烫酒器置于热水中升温的方式，如图 5-7 所示。

（2）火烤是指把酒水放入耐热的器皿中，然后将器皿置于火上升温的方式，如图 5-8 所示。

图 5-7　水烫

图 5-8　火烤

（3）燃烧是指将酒水倒入酒杯中，然后将酒水点燃，从而使酒水升温的方式。

（4）冲泡是指将滚烫的其他饮料冲入酒水中，从而使酒水升温的方式。

（二）降温

降温是指将酒温调到常温以下，以达到最佳饮用温度的方式。酒水降温的方式主要有两种：一种是将酒放置于冰柜中冷藏，另一种是将瓶装酒放置于装有冰块的冰桶内进行降温。需要注意的是，将瓶装酒放入冰桶内时，应将酒标朝上，如图 5-9 所示。

图 5-9　降温

四、开瓶

开瓶是指将顾客要求的整瓶或整罐酒水开封。一般而言，酒水开瓶需要征得顾客同意，并当着顾客的面进行，以使顾客放心。

（一）常见的开瓶方式

（1）用手开瓶。将需要开瓶的酒瓶表面擦拭干净，然后用左手固定瓶身，右手拉瓶上的环或盖，如罐装啤酒的开瓶。

（2）用开瓶器开瓶。将需要开瓶的酒瓶表面擦拭干净，然后用左手固定瓶身，右手持开瓶器将瓶盖打开。常见的开瓶器有啤酒开瓶器、T 形开瓶器、海马刀开瓶器、蝶形开瓶器等，如图 5-10 所示。

（a）啤酒开瓶器

（b）T 形开瓶器

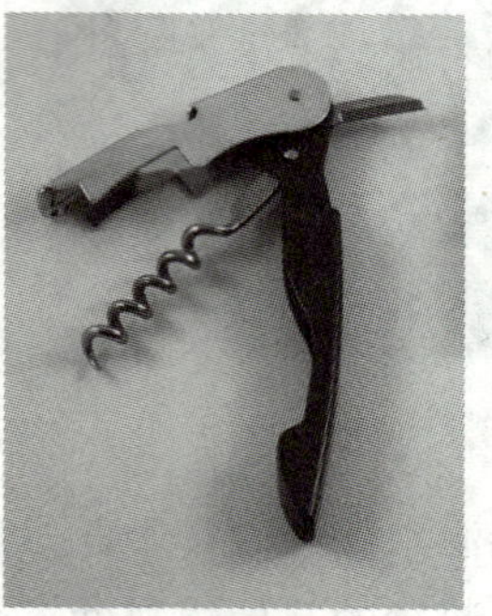

（c）海马刀开瓶器

（d）蝶形开瓶器

图 5-10　常见的开瓶器

（二）开瓶时的服务原则

（1）在开瓶时，服务员要做到动作准确、迅速、敏捷，避免瓶身晃动和开瓶声音太大等问题。同时，瓶口的方向要朝着自己，并用手遮掩，以表示对顾客的礼貌。

（2）若顾客没有特殊要求，开瓶后的酒水瓶要放在顾客右侧，瓶子下要有衬垫，以防弄脏酒水瓶或弄湿台布。如果是使用冰桶中的冰镇酒或酒篮中的陈酒，则需要将冰桶或酒篮一同放在台面上。

（3）酒盒、瓶盖、木塞等，要放在专门的小碟子中，待服务员离开时一起带走。

五、滗酒

滗酒是指为了清除酒水中的沉淀物，而将酒水瓶中清澈的酒水倒入其他容器里，以供顾客饮用的过程。该过程常用于陈年老酒的服务中。

滗酒的流程如下：

（1）将酒瓶竖直静放若干小时，使沉淀物沉于瓶底。

（2）准备一个滗酒瓶、一支蜡烛。首先将蜡烛置于酒瓶的瓶颈之下并点燃，以便更清晰地看到是否有沉淀物倒入滗酒瓶中，然后轻轻地倾斜酒瓶，使酒液慢慢流入滗酒瓶中，如图 5-11 所示。

图 5-11 滗酒

提 示

在整个滗酒过程中，动作要轻，以免晃起瓶底的沉淀物。

六、斟酒

斟酒即倒酒，应在顾客的右侧进行，不可站在同一位置为两位顾客斟酒。斟酒的顺序一般是先斟给主宾，再按顺时针方向绕桌斟酒，最后为主人斟酒。斟酒的方式有两种：桌斟和捧斟。

（一）桌斟

桌斟是指服务员为将酒杯放在餐桌上的顾客斟酒，如图 5-12 所示。

图 5-12　桌斟

桌斟的操作流程如下：

扫一扫

斟酒服务

（1）斟酒前。左手托稳托盘，右手从托盘中取下顾客所需酒水。站立于顾客右后侧，右脚在前，身体略倾斜，不可紧贴顾客，也不可离顾客太远，从主宾位置开始顺时针方向斟酒。

（2）斟酒时。酒瓶不要拿得太高，防止酒水溅出杯外，且瓶口不能碰到杯口（保持 1～2 cm 的距离）。此外，不能拿起顾客的酒杯斟酒。

（3）斟酒后。每斟完一杯酒，将握酒瓶的手顺时针旋转 45°，并收回酒瓶，以免酒液滴在桌面或留在瓶口。继续给下一位顾客斟酒时，要用干净的餐巾擦拭瓶口，然后再斟酒。

（二）捧斟

捧斟的操作方法如下：服务员站立于顾客右后侧，右手握酒瓶，左手捧酒杯，在台面以外的地方为顾客斟酒，如图 5-13 所示。采用这种方式斟酒时，服务员在斟酒后需要从顾客身后绕到顾客左侧，将酒杯放回原来的位置。

图 5-13　捧斟

餐饮小知识

斟酒的量

（1）斟白酒时，应斟八分满，以表达对顾客的敬意。由于白酒度数较高，一些顾客可能不胜酒力，因此，在顾客明确要求少斟酒时，服务员应适当减少斟酒量，斟 1/2 杯或 1/3 杯即可。

（2）斟啤酒时，可分两次为顾客斟满，以泡沫稍微冒出酒杯为止。

（3）斟红葡萄酒时，斟至酒杯的 1/2；斟白葡萄酒时，斟至酒杯的 2/3。

（4）香槟酒应分两次斟，第一次斟 1/3 杯左右，待泡沫消失后，再斟至酒杯的 2/3 左右。

（5）斟白兰地时，一般只斟至酒杯的 1/8。

七、添酒

添酒是指在顾客进餐过程中，为顾客添加酒水的行为。为顾客添酒时，需要注意以下问题：

（1）当顾客酒杯中的酒水少于 1/3 时，应询问顾客是否需要添酒。

（2）灵活掌握添酒的时机，以不打扰顾客为宜。

（3）当顾客要求更换其他品种的酒水时，应为顾客更换酒杯，不能将更换后的酒水倒入原有酒杯中。

（4）如果顾客没有任何要求，应始终将顾客的酒杯留在台面上，以表示对顾客的尊重。

课堂讨论

某天晚上，老沈在某餐厅宴请远道而来的小李一行。桌上，小李正在给老沈敬酒，当两人喝完后凑在一起说话时，服务员小陈上前说：“对不起，先生，给您倒酒。”两人不约而同地向两边让去，小陈麻利地为两人斟完酒。两人又干了一杯，然后凑在一起说话，小陈又上前说：“对不起，先生，给您倒酒。”小李忽然对小陈怒吼：“没看到我们正在说话吗？”

请问：小陈的行为为什么会使顾客生气？小陈应该如何处理这一情况？

任务实施

斟酒服务训练

【实施目的】

掌握斟酒服务的流程。

【实施流程】

（1）主讲教师准备相应的道具。

（2）学生自由分组，每组 4～6 人。

（3）每组按照斟酒服务的流程和注意事项进行操作练习，每个组员练习时，其他组员可扮演顾客配合其练习。

（4）练习结束后，组员之间进行互评，主讲教师进行点评。

英语积累角

白兰地 brandy

威士忌 whisky

伏特加 vodka

朗姆酒 rum

金酒 gin

鸡尾酒 cocktail

红葡萄酒 red wine

白葡萄酒 white wine

对不起，让您久等了。 Sorry to have kept you waiting.

汤已经准备好了，请慢用。 The soup is ready, please enjoy it.

菜已经全部上齐了，接下来还有点心。 This is the complete course. There is dessert to follow.

现在可以上点心了吗？ Can I bring your dessert for you now.

打扰了，您需要把菜分一下吗？ Excuse me. May I separate the dish for you?

我可以帮您把这个收走吗？ Can I take this away, Sir / Madam?

项目考核

1. 选择题

（1）中餐宴会的上菜位置可选在（　　）。

A．副主人右侧　　B．主人与主宾之间

C．老人旁边　　D．小孩旁边

（2）在宴会服务中，应在正式开席前（　　）分钟左右上冷菜。

A．5　　B．10

C．15　　D．20

（3）（　　）是指服务员将已经端送上桌的菜肴、点心等用服务工具依次分派给每位顾客的服务过程。

A．传菜　　B．上菜

C．摆菜　　D．分菜

（4）（　　）不属于中餐分菜工具。

A．服务叉　　B．公筷

C．分割切板　　D．长柄汤勺

（5）（　　）是指把酒水放入耐热的器皿中，然后将器皿置于火上升温的方式。

A．水烫　　B．火烤

C．燃烧　　D．冲泡

2. 判断题

（1）传菜员接到点菜单后，应检查点菜单上的订单时间、服务员姓名、用餐人数、台号、日期等，以防出错。（　　）

（2）分菜的顺序应是：先依次分送给主宾、副主宾、主人，然后按逆时针方向依次分送，注意先女后男。（　　）

（3）分菜时要做到分派均匀，可将一勺（叉）菜同时分给两位顾客，或将菜从分得多的餐碟中匀给分得少的餐碟。（　　）

（4）在撤换骨碟时，服务员应遵循“右上右撤”的原则，从顾客右侧撤下脏碟并换上干净的骨碟。（　　）

（5）每斟完一杯酒，将握酒瓶的手顺时针旋转45°，并收回酒瓶，以免酒液滴在桌面或留在瓶口。（　　）

3. 简答题

（1）中西餐的上菜顺序分别是什么？

（2）分菜方法有哪些？

（3）示瓶如何操作？

项目六 餐后服务

项目引言

餐后服务一般包括结账服务，送客、撤台和收尾服务。餐后服务是餐饮服务的最后环节，服务员必须做好这个环节的服务工作，从而提高顾客满意度和忠诚度。本项目将主要阐述结账服务，送客、撤台和收尾服务的相关知识。

知识目标

- 掌握结账服务的流程。
- 熟悉突发事件的处理。
- 掌握送客服务的流程。
- 熟悉撤台服务和收尾服务的要领。

素质目标

- 通过学习餐后服务的相关知识，培养“以顾客为中心”的服务理念，做到尊重、善待他人。
- 培养努力踏实、积极上进、一丝不苟的工作态度。

任务一　结账服务

任务导入

结账风波

一个深秋的晚上，三位顾客在某酒店的中餐厅用餐。他们已在此坐了两个多小时，仍没有去意。服务员小乔心里很着急，想催他们赶快结账，但一直没有说出口。最后，她终于忍不住对顾客说："先生，能不能赶快结账？如果想继续聊天可以去酒吧或咖啡厅。"

"什么？！你想赶我们走，我们现在还不想结账呢！"一位顾客听了她的话非常生气，表示不愿离开。另一位顾客看了看表，连忙劝同伴马上结账。那位生气的顾客没好气地让小乔把账单拿过来。看过账单后，他指出有一道菜没点过，却算进了账单，请小乔去更正。小乔回答说账单肯定没错，菜已经上过了，但几位顾客却坚持说没有点这道菜。

小乔又仔细回忆了一下，觉得可能是自己错了，连忙到收银处更正账单。当她把改过的账单交给顾客时，顾客对她说："餐费我可以付，但你的服务态度让我们不能接受。请你马上把你们餐厅经理叫过来。"小乔听了顾客的话感到非常委屈，她认为自己在顾客点菜和进餐的服务过程中并没有什么过错，只是想催顾客早点结账而已。

"先生，我在服务中有什么过错的话，我向你们道歉，请你们不要找我们经理了。"小乔用恳求的语气说道。"不行，我就是要找你们经理。"顾客并不妥协。

小乔见事情无法挽回，只好找来了餐厅经理。顾客告诉经理，他们对小乔催促他们结账的做法很生气。另外，小乔还把账算多了，这些都说明小乔的服务态度有问题。

"这些确实是我们工作上的失误，我向大家表示歉意。几位先生愿意什么时候结账都行，结完账也欢迎你们继续在这里休息。"经理边说边让小乔赶快给顾客倒茶。

在经理和小乔的一再道歉下，顾客终于没有再继续追究了，他们付了钱，一脸不悦地离去了。

思考：

（1）上述案例中，服务员的哪些做法导致了顾客对餐厅的不满？

（2）结账服务中需要注意哪些事项？

知识链接

一、结账服务的流程

（一）结账准备

（1）上菜完毕后，服务员要到收银处核对账单。

（2）当顾客要求结账时，应请顾客稍等，并立即去收银处告诉收银员所结账单的台号，取回账单并核查台号、人数、顾客所消费的食品和消费金额是否准确无误。此外，在顾客提出结账前，不要催顾客结账，以免失礼。

（3）将账单放入账单夹（见图 6-1）内，并确保账单夹打开时，账单正面朝向顾客。

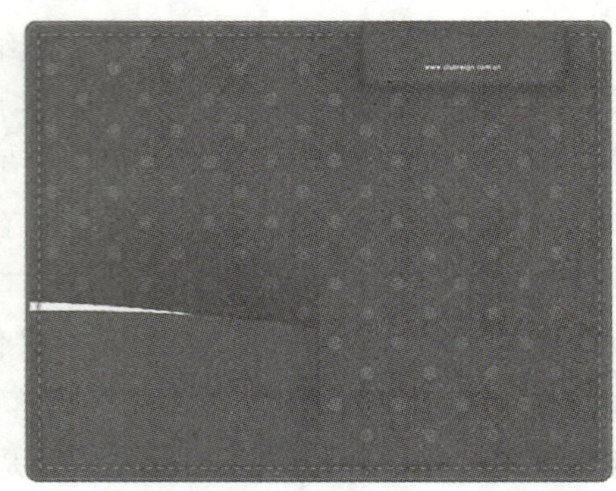

图 6-1　账单夹

（4）准备好结账用笔。

（二）递交账单

服务员应走到顾客中的主人右侧，打开账单夹，右手持账单夹上端，左手托账单夹下端，递送至主人面前，请主人检查，并说："您好，这是您的账单。"

账单应清洁、干净、账目清晰。若顾客有疑义，应耐心地向顾客解释；若账单有问题，应及时处理。注意保护账单的私密性，避免其他顾客看到账单，更不要当众说出顾客消费的金额，以免顾客尴尬。

提　示

顾客结账时，服务员应分清付款对象。若无法判断哪位顾客买单，应将账单放置于桌面上。如果是一男一女用餐，应将账单交给男士。

（三）顾客结账

按顾客要求的结账方式给顾客结账。常见的结账方式主要有以下几种。

1. 签单结账

酒店为了方便住店顾客，一般允许住店顾客在餐厅用签单结账（又称挂账）的方式结账，在顾客离店时统一结算餐费与房费。

签单结账的流程如下：

（1）服务员请顾客出示房卡。

（2）在为顾客送上账单的同时，为顾客递上笔，并礼貌地示意顾客写清房间号，用楷书签名。

（3）顾客签好账单后，服务员将账单重新夹在账单夹内，拿起账单夹，并真诚地感谢顾客。

（4）将账单送回收银员处，以查询顾客的名字与房间号是否相符。

2. 现金结账

（1）顾客支付现金时，服务员应在顾客面前清点钱数，并请顾客等候，迅速将账单和现金交给收银员。

（2）收银员结账完毕后，服务员核对收银员找回的零钱和账单第一联是否正确。

（3）服务员站在顾客右侧，打开账单夹，将账单第一联和所找零钱递给顾客，并真诚地感谢顾客。

（4）顾客确定所找钱数正确后，服务员迅速离开顾客餐桌。

3. 信用卡结账

（1）如顾客使用信用卡结账，服务员应将账单递给顾客核对。

（2）核对无误后，请顾客跟随服务员到收银处划卡结账（见图 6-2）。

图 6-2　信用卡结账

（3）收银员打印好收据，服务员检查无误后将信用卡收据、账单、信用卡交给顾客，请顾客分别在信用卡收据和账单上签名，并检查顾客签名是否与信用卡上的签名一致。

（4）将账单第一联、信用卡收据中的顾客存根联、信用卡递给顾客，并真诚地感谢顾客。

4. 支票结账

（1）如顾客使用支票结账，应请顾客出示身份证并注明联系电话，然后将账单、支票、身份证同时送给收银员。

（2）收银员结账完毕后，记录顾客的身份证号码和联系电话。

（3）服务员将账单第一联和支票存根核对后送还给顾客，并真诚地感谢顾客。

（4）如顾客使用密码支票，应请顾客直接在支票密码栏中填写密码。

5. 移动支付

随着互联网技术的发展，越来越多的餐厅引入了移动支付。常见的移动支付方式有支付宝支付、微信支付等。顾客结账时，可以直接扫描餐厅的收款二维码付款，也可由收银员扫描顾客手机支付界面的二维码完成支付。采用此类方式结账时，收银员要注意核查所付款项是否到账，以及收款数额是否正确。

提　示

顾客结账时，如提出开具发票的要求，服务员应请顾客提供发票抬头和税号，帮助顾客开具发票。

课堂讨论

比较这几种结账方式，分别说说它们的优缺点。

（四）结账完毕

结账完毕后，服务员要真诚地向顾客表示感谢。如顾客结账完毕并未立即离开餐厅，而继续停留，服务员应继续提供服务，为顾客添加茶水，及时更换烟灰缸，并询问其是否还有其他需求。

提　示

若顾客结账后不急于离开餐厅，服务员可礼貌地请顾客填写顾客意见卡（见图 6-3），并表示感谢。

环境	很满意	满意	一般	差
餐厅环境				
餐具卫生				
餐厅设施				

服务	很满意	满意	一般	差
服务态度				
礼貌用语				
服务技能				

菜品	很满意	满意	一般	差
菜品味道				
菜品种类				
出品速度				

顾客建议________________

亲爱的顾客：

您好！非常感谢您的宝贵意见，我们将认真接受。祝您在本店用餐愉快，并希望您再次光临！

顾客姓名：__________　联系电话：__________

图 6-3　顾客意见卡

二、突发事件的处理

（一）顾客反映账单不准确

（1）为预防此类情况发生，服务员应及时核对账单，每份账单至少核对两遍。

（2）如果顾客反映账单不准确，服务员应马上与顾客核查所上的菜肴、酒水和其他消费物品的账单。注意不要与顾客发生争执。

（3）如果是因服务员的工作失误造成的差错，服务员应马上向顾客诚恳地道歉，并及时修改账单。

（4）如果是因顾客自己不了解收费要求和标准而算错账，应小声向顾客解释，态度诚恳，语言温和，不使顾客感到尴尬或难堪。

同步案例

一瓶酒引起的争执

一位顾客在某酒店餐厅用完餐结账时，对一瓶酒收费 80 元提出异议，他说有位服务员告诉他这瓶酒的价格是 60 元。负责为之结账的服务员小吴第一时间寻找那位服务员，但他已下班离开了，打电话也无法与之取得联系。虽然小吴拿出价格表让顾客看，证明这瓶酒的价格确实是 80 元，但这位顾客仍不加理会，强调是那位服务员告诉他这瓶酒的价格是 60 元。

由于与那位服务员联系拖延了结账时间，加之与顾客产生争执，这位顾客非常不满，认为餐厅在推销酒水时有欺骗行为。最后，餐厅经理出面，同意按60元收取酒费，同时又再三向顾客道歉，虽如此，顾客仍是满面怒容，结完账后扬长而去。

（二）发现未结账的顾客离开餐厅

（1）为预防此类情况发生，服务员应密切关注所负责区域内顾客的动向。

（2）一旦发现未结账的顾客离开餐厅，服务员应马上追上前，礼貌、小声地说明情况，请顾客补付餐费。

（3）如果顾客与朋友在一起，应将顾客请到一边，再说明情况，以免使顾客感到难堪。

（4）整个过程要注意礼貌，避免顾客反感而不承认，给工作带来更大的麻烦。

任务实施

情景模拟

【实施目的】

掌握结账服务的流程。

【实施流程】

（1）学生自由分组，每组4～6人。

（2）小组成员分别扮演服务员和顾客，进行结账服务情景模拟，可适当设置突发事件（包括顾客反映账单不准确、发现未结账的顾客离开餐厅等）。

（3）组内成员互换角色进行情景模拟。

任务二　送客、撤台和收尾服务

任务导入

被遗忘的手提包

庄女士和几位朋友在某西餐厅用餐，入座后便随手将手提包挂在了椅子后面。用完餐后，一行人结完账急匆匆离去，庄女士也完全忘记了自己的手提包。十分钟后，她才发现手提包不见了，急忙回餐厅寻找。庄女士找到当值服务员，说："我的手提包忘在餐厅了，里面有我的证件，现在不见了。"

服务员在了解了手提包中物品的情况后，立刻拿来一个手提包，对庄女士说："我们清理餐桌时发现了您的手提包，但由于无法联系到您，所以暂时帮您保管了，现在物归原主，您可以检查一下是否有东西遗失。"庄女士拿过手提包，确认里面的东西没有遗失，连声感谢，并称赞餐厅的服务周到。

思考：

（1）上述案例中，该餐厅的服务有哪些不足和值得学习的地方？

（2）送客服务中，服务员应该注意哪些问题？

知识链接

一、送客服务

热情送客是礼貌服务的具体表现之一，送客时服务员的态度和表现，直接反映出酒店接待工作的等级、标准和规范程度。因此，在送客服务中，服务员应做到礼貌、耐心、周全，以使顾客满意。

（一）协助顾客离店

（1）顾客用餐结束时，服务员应询问顾客是否用餐愉快，例如："您是否满意我们的工作呢？""您有什么好的意见留给我们吗？"

（2）顾客起身时，应主动上前为其拉开座椅。

（3）顾客起身后，应提醒顾客携带随身物品，以免遗漏。主动为顾客拿衣服，注意不要为顾客拿包。

（二）送顾客离店

（1）走在顾客前方，将顾客送至餐厅门口，并为顾客开门。

（2）当顾客走出餐厅门口时，应向顾客行鞠躬礼，再次向顾客致谢、道别，并诚恳欢迎顾客再次光临。面带微笑地目送顾客离开后，服务员方可离开。

（三）检查餐厅

（1）服务员回到顾客用餐区域再次仔细检查是否有顾客遗留物品。

（2）如有顾客遗留物品，应及时联系顾客并送交给顾客。如果顾客已经离开，应向上级汇报，并将物品交与服务台或上级领导。

餐饮小知识

送客服务的注意事项

（1）不能因为临近下班时间而催促顾客。

（2）如有未吃完的菜肴可询问顾客是否打包。

（3）年老体弱或行动不便的顾客离店时，要给予特别照顾。

（4）调度好车辆，特别是在用车高峰期或下雨天时，应引导顾客按先后顺序排队，让顾客有序离开。

（5）顾客中如有儿童，应礼貌、委婉地提醒家长注意看管，特别是进出旋转门、自动门时务必注意安全。

（6）人员多、杂时，应提醒顾客注意财产安全。

二、撤台服务

撤台服务应在顾客离开后进行，具体应做好以下工作：

撤台服务

（1）顾客离开后，将餐椅沿桌拉好，保持桌椅整齐。

（2）将桌面上的花瓶、调味瓶和台号牌收到托盘上，暂放于服务台。

（3）如果桌子有台裙，则要先除去台裙，以防在撤台时弄污台裙。

（4）用托盘依序收餐巾、杯子、汤碗、筷子、餐盘及其他物品，注意分类摆放，尤其是餐巾要另放，不可靠近油腻物品。

（5）收餐具时，要轻拿轻放，不要相互碰撞发出声音，以免影响其他正在用餐的顾客；注意将大的餐具放在下面、小的餐具放在上面，以免放置不稳造成餐具破损；将餐具放入收餐筐时要适量，不可超量或挤压摆放。

（6）将桌上的剩菜集中堆放到一个器皿中，不可将有残留物的餐盘叠在一起。

（7）将脏餐具送往洗碗间清洗并消毒。

（8）桌面清理完后，立即更换台布，用干净的抹布将花瓶、调味瓶和台号牌擦干净，并按摆台规范摆上餐桌。

（9）取来干净的餐具重新摆台。整理周围的环境卫生，包括沙发、茶几、地面等都应保持干净、整洁。

三、收尾服务

收尾服务在餐厅每天营业结束后开展，是餐厅服务工作必不可少的一环，主要包括以下步骤。

（一）减少灯光

当营业结束，顾客全部离开后，服务员应先关掉大部分照明灯，只留适当的灯光供清场用。

（二）整理物品

（1）将脏的布件送至工作间清洗。

（2）将所有脏餐具送至洗碗间清洗并消毒。

（3）将桌椅摆放整齐、所有物品都按规定放置好，工作台上除必备物品外无其他任何私人物品。

（三）清洁

清理墙面、地面、地毯，如地毯有污渍，应通知保洁员清洗。

（四）落实安全措施

（1）切断所有电源，关闭水阀。

（2）锁好除员工出入口外的所有门窗。

（3）当值负责人做好最后的安全防患检查，填写管理日志，并锁好员工出入口的门后，方可离岗。

任务实施

情景模拟

【实施目的】

掌握送客服务的流程。

【实施流程】

（1）学生自由分组，每组 4～6 人。

（2）小组成员分别扮演服务员和顾客，进行送客服务情景模拟。

（3）组内成员互换角色进行情景模拟。

英语积累角

请问现在可以为您结账吗？　May I settle your bill now?

您打算如何付款呢？付现还是信用卡？　How would you like to pay for your bill? By cash or by credit card?

这是您的找零和收据。 Here is your change and receipt.

先生/女士，请在这里签名，并写上房间号。 Sir / Madam, please sign your name and your room number here.

请看管好您的贵重物品。 Please take care of your valuables.

很高兴您用餐愉快，再见。 I'm glad you enjoyed your meal. Good-bye.

感谢您的光临，希望再次为您服务。Thank you for coming. We hope to see you again.

项目考核

1. 选择题

（1）酒店为了方便住店顾客，一般允许住店顾客在餐厅用（　　）的方式结账，在顾客离店时统一结算餐费与房费。

A．签单结账　　B．现金结账

C．信用卡结账　　D．支票结账

（2）如顾客结账完毕并未立即离开餐厅，而继续停留，服务员应（　　）。

A．请顾客离开　　B．不理会顾客

C．继续提供服务　　D．请顾客去休息区

2. 判断题

（1）服务员应将账单放入账单夹内，并确保账单夹打开时，账单正面朝向顾客。（　　）

（2）递交账单时，服务员应直接说出顾客的消费金额。（　　）

（3）顾客起身后，服务员应提醒顾客携带随身物品，以免遗漏。主动为顾客拿衣服、拿包。（　　）

（4）撤台时，服务员应将桌上的剩菜集中堆放到一个器皿中，不可将有残留物的餐盘叠在一起。（　　）

3. 简答题

（1）顾客反映账单不准确时，服务员应如何处理？

（2）收尾服务包括哪些步骤？

餐饮管理篇

项目七

菜单管理

项目引言

菜单是餐饮企业经营管理的重要指南。例如，食材采购、点菜服务、菜品生产等工作都要紧紧围绕菜单进行。怎样设计和制作菜单并使之满足餐饮企业的经营需求，怎样选择菜单上的菜品并制定菜品价格，正是本项目所要探讨的主要内容。

知识目标

- 了解菜单的作用、种类和内容。
- 掌握菜单设计的依据和程序，了解菜单的制作。
- 理解菜单中菜品的选择，掌握菜品定价的原则、方法和策略。

素质目标

- 认识饮食与健康之间的关系，自觉学习健康知识，为“健康中国 2030”助力。
- 了解创新在菜单管理中的重要性，认识到服务行业同样需要改革创新，从而弘扬创新精神，发扬青春正能量。

任务一　了解菜单的基础知识

任务导入

菜单的妙用

一家新开张的餐厅连续两个月都没有盈利，餐厅老板很是发愁：装修和菜品质量都没有问题，到底是哪里出了问题呢？

后来，餐厅老板的一个朋友偶然来到这家餐厅就餐，为他指出了问题所在：菜单上的内容太过简单，仅有菜名和价格，没有任何图片和说明信息。这样不仅会导致顾客在点菜时无从下手，增加他们点菜的时间成本，降低翻台率，而且会影响顾客的用餐心情和对餐厅的印象。

餐厅老板听完恍然大悟，找来专业的菜单设计公司重新设计了菜单内容。果然，不到一个月，该餐厅的生意就好起来了。

思考：

（1）菜单在餐饮经营中有何作用？

（2）菜单中应包括哪些内容？

知识链接

一、菜单的作用

菜单是指餐饮企业向顾客展示其生产经营的各类餐饮产品的书面清单的总称。它主要有以下作用。

（一）菜单是进行餐饮宣传的工具

一份制作精美的菜单，不但可以反映餐饮企业的格调，还有利于营造良好的用餐气氛，让顾客乐于多点几道菜。若菜单内容精彩，还可以引导顾客尝试高利润菜品，从而增加餐饮企业的收入。

（二）菜单是经营者与顾客沟通的桥梁

顾客凭借菜单了解餐饮企业的经营风格和菜品特色，从而选购他们所需要的菜品，而餐饮企业工作人员则依据菜单向顾客推销菜品。顾客和经营者通过菜单进行沟通交流，从而使买卖得以成交。除此之外，餐饮企业经营者通过对菜单上菜品的点菜率进行统计，可知道哪些菜品较受欢迎，哪些菜品不受欢迎，从而为调整经营方向和经营策略提供依据。

（三）菜单决定了餐饮原料和餐饮设备的采购

不同的菜品，其风味、烹饪方法等各不相同，所需餐饮原料和餐饮设备也不同。因此，餐饮企业应以菜单为中心，适时、适量、适质地采购各类餐饮原料和餐饮设备。

（四）菜单决定了餐饮企业所需员工的数量和质量

菜单上的菜品越丰富多样，烹饪方法越复杂，餐饮企业就需要越多烹饪技艺精湛的厨师和其他相关工作人员；反之，餐饮企业对员工数量和素质的要求可适当降低。

二、菜单的种类

根据不同的分类标准，菜单可分为不同种类。例如，按进餐时间分类，可分为早餐菜单、午餐菜单、晚餐菜单等；按餐饮形式分类，可分为中餐菜单、西餐菜单、鸡尾酒会菜单等；按消费地点分类，可分为餐厅菜单、酒吧菜单、咖啡厅菜单等；按销售方式分类，可分为零点菜单、套餐菜单和宴会菜单等；按餐饮周期分类，可分为季节菜单、固定菜单、循环菜单等；按制作材料分类，可分为纸质菜单、实物菜单、电子菜单等。

下面介绍几种餐饮经营中常用的菜单。

（一）零点菜单

零点菜单又称点菜菜单，它是供顾客随机点菜消费的菜品一览表，是餐饮企业最基本的菜单。

为了满足不同顾客的需求，零点菜单中菜品种类繁多且适用范围较广。例如，中餐零点菜单中的菜品种类包括冷菜类、热菜类、汤类、素菜类、面点类、主食类、酒水类等，西餐零点菜单中的菜品种类包括开胃菜类、汤类、主菜类、蔬菜类、面食和谷类、沙拉类、甜点类、饮品类等。零点菜单中所列菜品一般明码标价，有的还有大份、小份之分，便于顾客选择。

（二）套餐菜单

套餐菜单（见图 7-1）又称定价式菜单，它所列的是有一定数量、包含不同类型且消费标准各异的整套菜品。该菜单中菜品种类较少，每一款套餐均成套定价，不单独列出每道菜品的价格，顾客不能随意更换套餐中的菜品，选择余地较小。

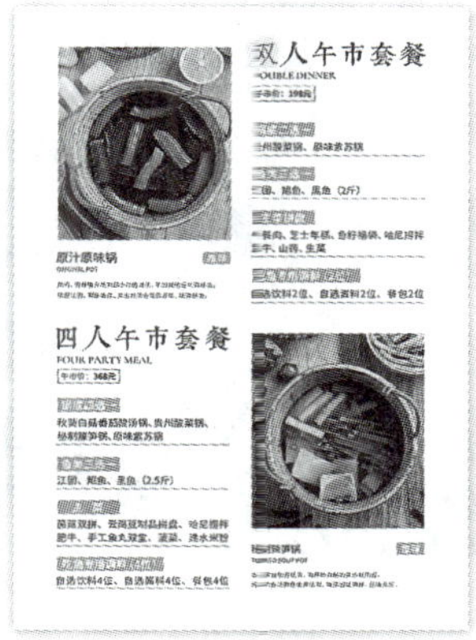

图 7-1　套餐菜单

中餐套餐菜单与西餐套餐菜单在定价形式上存在一定的差异。在中餐套餐菜单中，套餐的价格主要根据餐饮规格和菜品数量而定；而在西餐套餐菜单中，套餐的价格主要取决于主菜。

提　示

为了灵活促销，在保证组合品种比较丰富的情况下，一些酒店餐厅的大众化宴会也会采用套餐菜单。在这种情况下，套餐菜单的设计较为复杂，既要考虑特定团体的用餐特点，又要兼顾各个成员的具体情况；既要注意不同风味菜品的合理搭配，又要考虑菜品的季节性变化和更新。

（三）宴会菜单

宴会菜单是餐饮企业结合自身综合资源，根据设宴主题、进餐对象的餐饮需求和具体情况，将不同类型的众多菜品，以一定的原则和形式进行有效组合而形成的宴会菜品一览表。

宴会菜单的基本特点是标准明确，编排格式讲究，制作材料与形式多样，所列菜品种类丰富并讲究合理搭配与灵活多变。

（四）电子菜单

电子菜单（见图 7-2）是指与计算机系统配套的触摸屏幕式菜单。电子菜单是现代餐饮企业进行数字化管理的重要手段，它与传统菜单存在明显区别。

电子菜单可以以图像形式展示不同特色、不同类别的菜品，并详细介绍其原料构成、烹饪方法、营养与搭配、制作工艺和价格等信息。此外，通过电子菜单，顾客不仅可方便地进行菜品检索，而且可以通过自助计费功能清楚地了解所点菜品的合计价格。

图 7-2　电子菜单

三、菜单的内容

（一）菜名和价格

菜单上的菜名最好清晰、易懂，能体现出菜品的特色、品质或原产地。菜名应好听且真实，不能太离奇，否则容易使顾客产生较大的心理落差，从而引起顾客的不满，但一些经过世代流传的传统菜、经典菜的菜名除外，如闽菜中的“佛跳墙”，苏菜中的“红烧狮子头”等。如果用到一些独特菜名，则需要将所用主要原料、菜品分量和烹饪方法等附在后面。如果是外文菜单，应配以中文翻译，以方便顾客使用，翻译应准确、适当。

菜单上应明确列出每道菜品的价格，以使顾客对菜品的价值有正确的认识，同时也可方便顾客根据用餐预算来点菜。若加收服务费，必须在菜单上注明；若有价格调整，要及时更换菜单而不能在原菜单上涂改，否则会使顾客产生被欺骗的感觉。此外，菜单上不允许出现“时价”“现价”等表示菜品价格不明确的字样。

餐饮小知识

菜品的定名方法

菜单中菜品的定名方法多种多样，常用的有以下几种：

（1）以烹饪方法定名，如油爆鲜贝、水煮牛肉、清蒸鲈鱼、红烧乳鸽、清蒸东星斑等，这些菜品都是在主料名称之前加上烹饪方法而定名。

（2）以调味品的味料定名，如豉油王银鳕鱼、黑椒三文鱼头、西柠汁牛柳等，这些菜品都是在主料名称之前加上调味品名称而定名。

（3）以烹饪工具（或盛具）定名，如挂炉烧鹅、铁板黑椒牛柳、砂锅鱼头、锅仔菜等。这种定名方法意在突出烹饪工具（或盛具）的特殊性。

（4）以形状定名，如大展宏图翅、松鼠鳜鱼等，这些菜名反映了菜品的形状。

（5）以地名定名，如北京烤鸭、无锡排骨、德州扒鸡、湛江白切鸡等，此类菜名表明了菜品的原产地，体现了菜品的地方特色。

（6）以色泽定名，如翡翠虾球、三色蒸水蛋、七彩牛柳丝、锦绣腰果鸡丁等，此类菜名侧重反映菜品的色彩。

（7）以风味特色定名，如脆皮鸡、酥脆葱油饼、盐水凤爪、香滑鲈鱼球等。这种定名方法一般用于一些有特殊风味的菜品的定名。

（8）以企业招牌或人名定名，如南国苑餐包、麻婆豆腐、东坡肘子等。

（9）以味道定名，如麻辣鸡丝、糖醋排骨、酸辣汤等。

（二）菜品的简要说明

有些菜品的制作工序复杂，为了使顾客了解菜品的精华所在，菜单中应配以简要的文字说明。

一般情况下，菜单中菜品简要说明的内容如下：

（1）主要原料的介绍。可在菜单中注明某些菜品原料的所属部位，如肉类是里脊肉还是腿肉等；此外，还可注明原料质量，如橙汁为鲜榨、鱼为活鱼等。

（2）菜品的制作工艺和服务方法。在菜单中，可对某些具有独特烹饪方法或服务方法的菜品予以说明，以吸引顾客对菜品的兴趣，从而提高该菜品的点菜率。

（3）菜品的口味特征和适用对象。列出菜品的口味特征，可以让从未品尝过该菜品的顾客更好地了解菜品；列出菜品的适用对象，可以帮助顾客点到更合适的菜品。

（4）菜品烹饪所需的时间。顾客在用餐时往往希望所点菜品尽快上齐，然而，有些菜品的烹饪时间较长，对于此类菜品，应在菜单上注明其烹饪时间，以免产生误会。

（三）餐饮企业信息

大型餐饮企业的菜单上应有介绍餐饮企业历史背景、发展历程、发展现状、连锁机构等信息的内容，这是让顾客了解餐饮企业、展示企业实力的最佳途径。

除此之外，菜单中还可提供一些告示性信息，如餐饮企业的名称、特色风味、地址、电话、商标、营业时间等。有些餐饮企业的菜单上还附有简易地图，地图上标注了餐饮企业的地理位置，以引导顾客到店消费。

任务实施

讨论：菜单上该不该印制推销信息

【实施目的】

掌握菜单的作用和内容。

【实施流程】

（1）学生自由分组，每组4～6人，并推举出小组长。

（2）小组成员围绕“菜单上该不该印制推销信息”这一议题，分别查找网络或书籍资料，然后进行组内讨论，并形成统一结论。

（3）小组长汇总小组成员的主要观点，并以PPT的形式进行演示。

任务二　菜单设计与制作

任务导入

一个餐厅，两种菜单

某餐厅有两种风格迥异的菜单，分别是单页的简版菜单和像杂志一样的繁版菜单。两种菜单中的菜品是一样的，但简版仅提供菜名、价格、辣度等信息，繁版则有配图、注释等。两种菜单都与餐厅氛围相呼应，却各有特色。

餐厅总经理介绍说，该餐厅会在不同的时间使用不同的菜单。例如，下午五点左右刚开餐时，顾客比较少，用餐时间也比较充裕。这个时候会给顾客用繁版的菜单，这样一方面可以增加顾客用餐时间，使餐厅保持人气；另一方面也可以让顾客对餐厅有更全面、细致的了解，起到宣传作用。繁版菜单内不仅有菜品介绍，还有企业介绍和员工简介。试想，来餐厅就餐的顾客刚在菜单上看过一个员工的简介，一抬头发现为自己上菜的就是那个员工，是不是会觉得惊喜而亲切呢？

思考：

（1）该餐厅为什么要设计两份菜单？菜单设计的依据有哪些？

（2）餐厅应如何制作菜单？

知识链接

菜单设计是否合理，直接关乎顾客对菜品的选择。制作一份精美且实用的菜单，是餐饮企业制胜的先决条件。餐饮企业要想发挥菜单的营销作用，就要在菜单的设计和制作上多花心思。

一、菜单设计的依据

（一）顾客需求

菜单设计人员在设计菜单前，要充分了解目标人群的消费定位、生活习惯、饮食禁忌等。只有详细调查和深入分析目标人群的特点和需求，菜单设计人员才能有目的地在菜品种类、规格、价格、营养成分、烹饪方法等方面进行规划和调整，从而设计出让顾客满意的菜单。

（二）经济效益

菜单的设计

餐饮企业经营的最终目的是获取利润，所以菜单设计人员在设计菜单时，要根据菜品的销售情况和盈利能力确定菜单中菜品的种类和价格，以达到预期的毛利率。

（三）客观条件

餐饮企业在设计菜单时，应考虑下列客观条件：

（1）厨房设备条件和员工技术水平。厨房设备条件和员工技术水平在很大程度上影响和限制了菜单中的菜式。例如，若厨房现有烤箱只能用来制作面包，则菜单上就不能增设需使用烤箱制作的其他菜式；若现有厨师只会烹饪简单菜式，则菜单上不便增设制作工艺较复杂的菜式。另外，菜单上各类菜式之间的数量比例必须合理，以免出现厨房中某些设备使用过度而某些设备闲置，或某些厨师负担过重而另一些厨师闲着无事的现象。

（2）季节性因素和原料供应情况。随着季节的变化，顾客的需求会发生变化。菜单设计人员在设计菜单时应考虑菜品的时令性，且保证菜单上所列的时令菜价格合理。除此之外，还应熟悉原料的最佳采购时机，确保菜单上所列菜品的原料供应充足。

（3）餐饮企业经营特色。菜单设计人员在设计菜单时，要尽量使所设计的菜单体现餐饮企业经营特色，突出“特色菜品”和“拿手好菜”，并把它们放在菜单的醒目位置或单列出来，以使顾客留下深刻印象。

二、菜单设计的程序

（一）设计准备

要想设计出满足顾客需求的菜单，菜单设计人员要做好设计准备，通过各种资料了解适合餐饮企业经营的菜式。这些资料包括餐饮企业以前使用过和目前正在使用的菜单、各种烹饪技术书籍和历史销售资料等。

（二）整理资料

对收集到的资料进行整理，把可能提供给顾客的菜品、酒水等全部罗列出来，形成初步的菜单设计方案。

（三）分析筛选

仔细分析初步设计方案，从原料选择、制作工艺、风味特色、营养价值等方面分析每一道菜品，去除不合适的菜品，如一些因产地或季节限制而无法供应的菜品或员工无法完成的菜品等。

（四）编排程式

菜单程式是指菜单上各类菜品的排列次序。中餐的一般程式为冷菜—热菜—汤羹—面点—酒水，中餐菜单中必须根据这一次序安排各类菜品。西餐菜单中的菜品通常是按开胃菜类、汤类、主菜类、蔬菜类、甜点类、饮品类依次排列。

（五）确定格式

1. 书写格式

菜单的书写格式主要包括排列式、表格式和提纲式。

排列式是指将菜品的名称、价格、文字介绍、照片等，按照一定顺序进行排列的格式。在排列菜品名称时，一般应突出主菜、特色菜。

表格式是指将菜品的名称、原料、味型、色泽、烹饪方法等内容以表格形式清楚地列出来，以便厨师按既定标准制作菜品的格式。

提纲式菜单主要在宴会上使用，一般只写宴会的名称、时间、地点、菜品和酒水名称等，简洁明了。

2. 文字格式

菜单的文字格式主要包括字体、文字大小和篇幅。

菜单的字体一般选用容易辨认的楷体、仿宋或黑体等，既规范，又美观。一张菜单可以同时使用多种字体，以区分大小标题、正文、图注等。菜单文字大小、间距要适当，以便顾客阅读。此外，菜单的篇幅也不能过大，通常应当在菜单四周留出适当空白，以免内容过多而影响顾客阅读。

（六）编辑内容

1. 菜单文案

在菜单文案中，可以用“秘制”之类的词语，以吸引顾客的注意力。此外，文案的基调要符合餐饮企业的定位，如轻食餐厅文案用词要活泼一些，而商务类餐厅文案用词则应比较正式。

2. 菜单色彩

令人赏心悦目的色彩能使菜单富有吸引力，同时也能反映餐饮企业的风格和情调。菜单色彩除了应与用餐区域装修的颜色相协调外，还应与餐饮的主题相匹配。例如，威士忌酒吧可使用棕色菜单，亲子餐厅可使用蓝色菜单。

不同的颜色对顾客的食欲有不同的影响。例如，红色、黄色和橙色等暖色调可以增强顾客的食欲，因此，菜单设计人员应尽量选用这类颜色。

3. 菜单插图

为了强化菜单的营销功能，许多餐饮企业都会把特色菜品的实物图片印在菜单上，以提高菜单的美观度、方便顾客点菜。但是，在使用插图时一定要注意其清晰度，否则达不到预期效果。除此之外，还应注意所使用的插图要能体现餐饮企业的经营特色。

课堂讨论

观察图 7-3 中的两份菜单，说说你认为哪份菜单设计得更好，并说出理由。

（a）

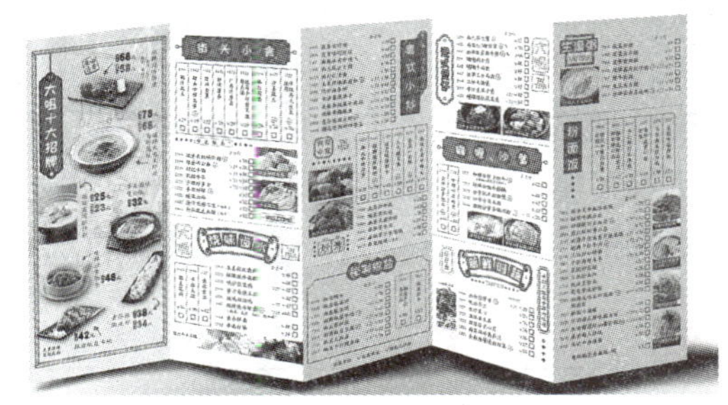

（b）

图 7-3　两份菜单

三、菜单制作

（一）确定菜单形式

菜单主要包括纸质菜单、实物菜单和电子菜单三种形式。其中，纸质菜单是最常见的菜单形式，根据其摆放方式划分，可分为平放式、树立式、悬挂式，设计人员可根据餐饮企业的实际情况选择最佳摆放方式。实物菜单（见图 7-4）通常为菜品的实物模型、原料或半成品，顾客可直观地了解菜品最终的成型状态和原料新鲜程度，以便对不同菜品进行对比和组合。电子菜单是一种新形式的销售菜单，顾客点击某一菜品，就能进入其详细信息页面，了解菜品的价格、口味、原料等，从而挑选最适合的菜品。

图 7-4　实物菜单

（二）印制菜单

1. 菜单材料

餐饮企业在为菜单选材时，既要考虑餐饮企业的类型与档次，又要顾及制作成本。餐饮企业可根据菜单的使用方式合理选择菜单的制作材料。例如，长期重复使用的菜单应使用经久耐磨且不易沾染油污的重磅防水涂料纸；而一次性使用的菜单，一般不考虑其耐磨性、耐污性，但并不意味着可以粗制滥造。许多高规格的宴会菜单，虽然只使用一次，但仍然要求选材精良，设计优美，以此体现宴会服务规格和餐饮企业档次。

2. 菜单规格

菜单规格应与餐饮企业的类型与面积、餐桌和座位空间的大小、餐饮内容等因素相协调，使顾客拿起来舒适，阅读时方便。一般来说，单页菜单的规格为 25 cm×35 cm，对折菜单的规格为 20 cm×35 cm，三折菜单的规格为 18 cm×30 cm。

餐饮小知识

菜单的修正

菜单制作完成后，餐饮企业经营者还必须随时留心顾客的反馈、顺应时下餐饮风尚，对菜单做进一步的修正。

进行菜单修正时，应考虑的内容如下：

（1）菜单的结构。主要考虑菜单的菜品比例是否合理、能否满足市场需求等。例如，一般菜单中冷菜和汤应占菜品总数的 15%左右，热菜和主菜的占比为 75%左右，点心的占比为 10%左右，酒水单独列算。

（2）菜单的品质。主要考虑菜单中菜品的种类组合和价格组合是否合理。例如，菜单中各类菜品的质量是否符合顾客的需求与偏好，菜单中菜品的组合能否发挥厨师技艺和充分利用厨房设备，菜单中各类菜品价格的高、中、低档比例分配是否恰当，能否通过调整价格组合提高竞争力和市场占有率等。

（3）菜单的收益。主要考虑菜品成本和毛利率，结合实际销售状况、同业价格等因素考虑顾客对菜品的喜爱程度和菜单获利能力。

（4）菜单的功能。主要考虑菜单的准确性、实用性和宣传性。

任务实施

设计中餐宴会菜单

某公司为了欢迎国外客户的到来，准备举办招待晚宴。请为此次晚宴设计一份中餐宴会菜单。具体要求如下：

（1）时间：秋季。

（2）地点：某大酒店。

（3）人数：中外宾客共 30 人。

（4）宴会标准：每位 150 元，酒水除外，销售毛利率（即毛利占销售收入的百分比）为 55%。

（5）菜品规定：冷菜（一个主盘配八个围碟）、五道热菜、一道汤、两道点心、一个水果拼盘。

（6）其他：酒店所在地区可自行确定，但菜单中的菜品应能体现地域特色。

【实施目的】

了解中餐宴会菜单的设计。

【实施流程】

（1）学生通过查阅菜单设计的相关资料，并结合本任务所讲内容，了解中餐宴会菜单设计的相关知识。

（2）根据要求，设计一份合乎情理且符合逻辑的中餐宴会菜单，然后通过电子邮箱将制作的菜单发给任课教师。

（3）教师在课堂上点评各位学生设计的菜单，并给出修改意见。

任务三　菜品选择和定价

任务导入

一家火锅店的菜品策略

某火锅店以经营川味火锅为主，生意一直很好。当被问起为何在餐饮市场竞争如此激烈的情况下生意还能这么好时，该火锅店老板说出了他的秘诀：

（1）用心体会顾客想“捞”什么。该火锅店不仅有多种菜品，还从各个角度考虑顾客的需求。例如，很多顾客在吃火锅的时候喜欢点不同品种的菜品，为了让顾客在尝试多种菜品的同时不造成浪费，该火锅店推出了半份菜品。

（2）用差价“捞”住顾客的心。该火锅店在定价上使用了一些小技巧。例如，同行卖的啤酒，定价一般都是整数，而该火锅店的定价会有些差异。同行定 6 元，该火锅店就定 5.8 元，同行定 5 元，该火锅店就定 4.8 元，以此类推。实际上，收益相差不多，但细微的差异很符合顾客的消费心理，让顾客觉得该火锅店的价格更便宜。

思考：

餐饮企业在设计菜单时，应如何选择菜品，如何制定菜品价格？

知识链接

一、菜品的选择

餐饮企业在设计菜单时，首先应考虑菜品的选择问题。在选择菜品时，既要考虑菜品的获利情况，又要考虑顾客的需求情况。同时，所选择的菜品还应体现出企业的实力，并保证菜单中的菜品平衡。

一般情况下，餐饮企业应选择的菜品有以下几种。

（一）毛利较高的菜品

所选菜品应使餐饮企业获取可观的毛利。毛利是指菜品价格与原料成本之差，即

毛利 = 菜品价格 − 原料成本

由此可见，在菜品价格确定的情况下，餐饮企业可采用降低原料成本的方法来提高毛利。但降低原料成本不代表菜品质量可以下降，将一些大众化的原料进行精细加工，同样可达到提高毛利的目的。例如，某餐厅将五六元一斤的花生米加入调料、蛋液、生粉拌匀，下锅炸成带有酥脆外壳的下酒小菜，一斤花生可制作六份菜，每份售价 22 元，可使餐厅获得较高的毛利。

（二）适应顾客需求的名菜品

名品菜是各个菜系经过时间的沉积和烹饪技术的凝练而产生的，在一定的区域范围内具有较高的知名度。例如，以经营川菜为主的餐厅，菜单上要有“麻婆豆腐”这道川菜名品菜；以经营粤菜为主的餐厅，菜单上要有“菠萝咕咾肉”（见图 7-5）这道粤菜名品菜；以经营苏菜为主的餐厅，菜单上要有“松鼠鳜鱼”（见图 7-6）这道苏菜名品菜。各菜系中的名品菜可以激发顾客的购买欲望，从而增加餐饮企业的收入。

图 7-5 菠萝咕咾肉

图 7-6 松鼠鳜鱼

（三）体现企业实力的招牌菜

招牌菜是指餐饮企业为了招徕和稳定顾客群体所独创的、能体现企业实力的特色菜品。招牌菜的设计是餐饮企业管理者和生产者创造力和想象力的体现。

餐饮企业在长期的经营实践中，一般都会总结摸索出一套既符合自身实际又有别于其他企业风格的烹饪工艺和菜式，在设计菜单时要尽量选择能突出这种特色的招牌菜。例如，四川某餐厅在水煮类菜品的制作方面较有实力，该餐厅的菜单中包含了较多的水煮类招牌菜，如水煮鱼、水煮肉片、水煮牛蛙等。

此外，每个厨师都有其独到的技术或擅长制作的菜品，如有的擅长制作鱼类菜，有的擅长制作素菜，有的擅长制作工艺菜，有的擅长制作功夫菜等。选择菜品时，要充分考虑这个因素，使厨师能发挥其专长，从而丰富菜单内容，提高菜品质量。例如，沈阳某餐厅的厨师擅长制作熏制菜品，熏猪蹄、熏鸡爪等就成为该餐厅的招牌菜。

（四）能促使菜单平衡的菜品

无论是零点菜单还是套餐菜单，菜单上各类菜品都应体现以下几个方面的平衡：

（1）菜品价格平衡。同类菜品的价格要有高、中、低档之分，以满足顾客的不同需求。

（2）原料搭配平衡，以满足不同口味顾客的饮食需求。例如，主菜类应有分别以肉、鱼、蛋、家禽、蔬菜为主要原料的多个品种，以满足不喜欢吃其中某一类或某几类菜品的顾客的饮食需求。

（3）烹饪方法、质地、口味平衡。各类菜品应由不同烹饪方法制作而成，质地要生、老、嫩、滑、脆搭配，口味要酸、甜、辣、咸搭配。

（4）菜品营养平衡。例如，菜单中不能只有蛋白质含量高的肉菜，还应搭配适量蔬菜。此外，还要保证满足节食者和素食者需求的菜品具有丰富的营养。

健康中国

合理膳食行动

2019年7月9日，健康中国行动推进委员会印发《健康中国行动(2019—2030年)》(以下简称《行动》)。《行动》指出，高盐、高糖、高脂等不健康饮食是引起肥胖、心脑血管疾病、糖尿病及其他代谢性疾病和肿瘤的危险因素。合理膳食及减少每日食用油、盐、糖摄入量，有助于降低肥胖、糖尿病、高血压、冠心病等疾病的患病风险。

合理膳食行动属于《行动》中的一部分内容，该行动提倡人均每日食盐摄入量不高于5 g，成人人均每日食用油摄入量不高于25～30 g，人均每日添加糖摄入量不高于25 g，蔬菜和水果每日摄入量不低于500 g，每日摄入食物种类不少于12种，每周不少于25种；成年人应维持健康体重，将体重指数（BMI）控制在18.5～24 kg/m^2；成人男性腰围应小于85 cm，女性应小于80 cm。

《行动》鼓励食堂和餐厅配备营养师，定期对工作人员开展营养、平衡膳食和食品安全相关的技能培训、考核；提前在显著位置公布食谱，标注分量和营养素含量并简要描述营养成分；鼓励为不同营养状况的人群推荐适合的食谱。

（五）能占领客源市场的菜品

为占领客源市场、提高营业额和利润，餐饮企业在选择菜品时，既要充分重视顾客的个性需求，又不能忽视顾客的共性需求，要以特色菜带动消费，同时选择一些需求量大、顾客点餐率较高的其他菜品。

二、菜品定价的原则

餐饮企业在设计菜单时，不仅要选择合适的菜品，还应制定合适的菜品价格。在制定菜品价格时，应遵循以下原则。

（一）价格反映菜品的实际价值

菜品的实际价值包括三个部分：一是原料、生产设备、服务设施和服务用品等耗费的价值；二是以工资、奖金等形式支付给劳动者的报酬；三是企业所获得的利润和向国家缴纳的税金。菜品的价格是其价值的货币表现形态，是顾客判断其价值的主要依据。因此，餐饮企业经营者要使菜品的价格与其价值水平相称，让顾客感到物有所值。

（二）价格与顾客的消费水平相适应

餐饮企业经营者在制定菜品价格时，除了以菜品成本为基础外，还应考虑市场对价格的

承受能力，即菜品价格要与目标市场顾客的消费水平相适应。例如，一些声誉好、名望高的餐厅的菜品价格可略高，位置好的餐厅可比位置差的餐厅的菜品价格略高等。但若定价过高，超出顾客的承受能力或让顾客觉得物非所值，则会引起顾客的不满，从而减少消费次数。

（三）价格反映餐饮企业的级别

菜品的价格应和餐饮企业的级别相协调。例如，大众化餐厅菜品的价格必须是大众可以接受的，否则会给餐厅带来负面影响；而风味餐厅的菜品都是经过精心制作的，其价格可以略高。

（四）价格兼具稳定性和灵活性

一般而言，菜品价格应保持稳定，不可经常变化，否则会给顾客带来不稳定感，甚至挫伤其消费的积极性。当然，如果菜品原料的价格上涨，菜品价格也应当上调，但上调幅度最好不超过 10%。餐饮企业也可以通过控制其他成本，尽量不上调或少上调菜品的价格。除此之外，还可根据供求关系的变化灵活调整菜品价格，如优惠价、季节价、浮动价等。

提　示

进行菜品定价时，除了要遵循上述原则以外，还要服从国家的物价政策，在合理的范围内设定毛利率，并贯彻按质论价、分等论价、时菜时价的原则。

三、菜品定价的方法

餐饮企业在制定菜品价格时，不仅要遵循一定的原则，秉持严谨、认真的态度，还要采用灵活多变的定价方法。

（一）成本导向定价法

成本导向定价法是指餐饮企业以菜品的成本为定价基础的定价方法，主要包括以下几种方法。

1. 成本加成定价法

成本加成定价法是指在菜品生产成本的基础上，加上一定比例的预期利润额作为菜品销售价格的定价方法。采用这种方法时，菜品价格的计算公式为：

$$菜品价格 = 单位成本 \times (1 + 预期利润率)$$

成本加成定价法的优点是计算简单、简便易行；缺点是忽略了市场竞争和供求状况的影响，缺乏灵活性，难以适应市场竞争形势的变化。

2. 盈亏平衡定价法

盈亏平衡定价法又称收支平衡定价法，是指餐饮企业根据菜品的生产成本和盈亏平衡

点销售量计算出菜品价格，使得企业盈亏平衡、收支相抵的定价方法。采用这种方法时，菜品价格的计算公式为：

$$菜品价格=\frac{固定成本}{盈亏平衡点销售量}+单位变动成本$$

根据盈亏平衡定价法确定的菜品价格，是餐饮企业的保本价格。低于此价格，餐饮企业会亏损；高于此价格，餐饮企业则有盈利，且实际售价高出此价格越多，餐饮企业盈利越多。因此，盈亏平衡定价法常用作对餐饮企业各种定价方案进行比较和选择的依据。

3. 目标利润定价法

目标利润定价法是指在保证目标利润的条件下制定菜品价格的定价方法。采用这种方法时，首先应明确所要实现的目标利润，然后预测销售量，最后确定菜品价格。采用这种方法时，菜品价格的计算公式为：

$$菜品价格=\frac{固定成本+目标利润}{预期销售量}+单位变动成本$$

目标利润定价法的优点是能保证餐饮企业获得既定的目标利润；缺点是只从餐饮企业的角度出发，忽略了竞争因素和市场需求情况。这种方法一般适用于市场占有率较高或菜品具有垄断性的餐饮企业。

课堂讨论

选择合适的定价方法，计算下列情况下的菜品价格：

（1）某菜品的生产成本为 60 元，预期利润率为 20%。

（2）某菜品的单位变动成本为 20 元，固定成本为 3 000 元，盈亏平衡点销售量为 50。

（3）某菜品的固定成本为 600 元，单位变动成本为 60 元，目标利润率为 30%，预期销售量为 100 盘。

（二）需求导向定价法

需求导向定价法是指餐饮企业依据顾客对菜品价值的理解和需求程度，来制定菜品价格的定价方法。该方法具体可分为以下两种。

1. 理解价值定价法

理解价值定价法是指餐饮企业根据顾客对菜品价值的理解来制定菜品价格的方法。这里的价值指的是顾客的感知价值，而不是菜品的实际价值。

理解价值定价法的关键是餐饮企业对顾客愿意承担的价格要有正确的估计和判断，这就要求餐饮企业必须充分考虑顾客的消费心理和需求价格弹性（即菜品需求量的相对变动与价格的相对变动之比）。对于需求价格弹性大的菜品，价格可以定得稍低；而对于需求

价格弹性小的菜品，价格可以定得稍高。例如，知名餐饮企业菜品的需求价格弹性小，其价格往往较高。

提　示

餐饮企业采用理解价值定价法制定菜品价格时，要研究菜品在不同顾客心目中的价格水平，这就需要进行市场调研。同时，餐饮企业也要积极地采取各种营销手段对顾客施加影响，使顾客对菜品价值的理解与餐饮企业保持一致，以便争取定价的主动权。

2. 需求差异定价法

需求差异定价法是指餐饮企业针对不同的顾客，或在不同的时间、地点，对同一菜品制定不同价格的定价方法。在这种方法中，价格差异并非取决于菜品成本的高低，而是取决于顾客需求的差异。

采用需求差异定价法应具备以下条件：① 对市场进行合理细分，且细分市场的需求差异较为明显；② 高价市场中不能有低价竞争者；③ 价格差异适度，不会引起顾客的反感。

（三）竞争导向定价法

竞争导向定价法是指餐饮企业以竞争企业的价格为依据，根据市场竞争状况的变化来确定和调整菜品价格的定价方法。这种方法具有在价格上排斥对手，提高市场占有率的优点。该方法具体可分为以下两种。

1. 率先定价法

率先定价法是指餐饮企业根据市场竞争状况，率先确定符合市场行情的价格，以吸引顾客的定价方法。采用这种方法的优点是，能使餐饮企业在竞争激烈的市场中获得较大的利益，居于主导地位。率先定价法适用于实力雄厚或菜品富有特色的餐饮企业。

2. 随行就市定价法

随行就市定价法是指餐饮企业的菜品价格与市场上同类菜品的价格水平保持一致的定价方法。采用这种方法的优点是：① 可以避免挑起价格战，降低市场风险；② 可以补偿平均成本，获得适度利润；③ 容易为顾客所接受。这是一种较为流行的保守定价法，尤其为中小型餐饮企业普遍采用。

四、菜品定价的策略

（一）心理定价策略

心理定价策略是指餐饮企业根据顾客的不同消费心理制定菜品价格的策略。该策略主要有以下几种。

1．尾数定价策略

尾数定价策略是指餐饮企业根据顾客求廉的心理，在制定菜品价格时有意定一个与整数有一定差额的价格，如 99 元、98 元等。这种定价策略会让顾客产生一种错觉，即带有零头的数比整数小很多。此外，该策略还会使顾客产生“价格经过了精确计算”的感觉，从而增加对餐饮企业的信任感。

2．声望定价策略

声望定价策略是指餐饮企业利用顾客崇尚名牌、以价论质的心理，对菜品确定较高价格的策略。实施这种定价策略的条件包括：餐饮企业有较高的声誉，其菜品必须是优质菜品，且能不断改进；菜品价格不能超过顾客心理上和经济上的承受力。

3．习惯定价策略

习惯定价策略是指按照顾客习惯的价位进行定价的策略。一些菜品是顾客经常购买的，在顾客心中已经形成一种习惯性价格标准，这类菜品的价格不宜随便变动。降低价格会使顾客怀疑菜品质量出现问题，而提高价格会使顾客产生不满情绪。

（二）促销定价策略

促销定价策略是指餐饮企业为了达到促销目的，对菜品暂定低价，或暂以不同的方式向顾客让利的策略。促销定价策略主要有以下几种。

1．招徕定价策略

招徕定价策略是指餐饮企业将几种顾客熟悉的菜品以非常低的价格出售，吸引顾客购买，以推动其他菜品销售的定价策略。这种定价策略可以扩大销售，增加餐饮企业的总利润，但会让顾客形成菜品档次低的印象。

提　示

采用招徕定价策略时，用作招徕的菜品的选择十分重要，该菜品必须是顾客比较熟悉且比较喜欢的，还必须制作简单，以免增加直接人工成本。餐饮企业还要控制好此菜品的价格幅度及其与其他菜品价格之间的互补。此菜品的价格最好不要低于其成本，同时餐饮企业应将其他菜品的价格稍微调高，以弥补此菜品让出的利润。

2．特别事件定价策略

特别事件定价策略是指餐饮企业在某个特定的时间（如某些重要节日）和场合，大幅降低菜品价格，以吸引大量顾客的策略。不过，这种定价策略必须在特殊时期采用，否则会失去效果，甚至影响餐饮企业正常的经营活动。

（三）新菜品定价策略

新菜品定价策略关系到新菜品能否顺利地进入市场、餐饮企业能否获得较高的经济效益。新菜品定价策略主要有以下两种。

1. 撇脂定价策略

撇脂定价策略是指餐饮企业在新菜品投入市场时将价格定得很高，以便在短期内获取尽可能多的利润，尽快收回投资的定价策略。这种定价策略利用顾客求新、求奇的心理，抓住市场上尚未出现激烈竞争的有利时机，以尽可能高的价格将新菜品投入市场。这是一种短期的定价策略，需要随着市场的变化进行适时调整。

提　示

“撇脂”是指从鲜牛奶中撇取脂肪，含有捞取精华的意思，这里用来比喻利用高价榨取市场利润。

2. 渗透定价策略

渗透定价策略是指餐饮企业以低价向市场投放新菜品，塑造新菜品物美价廉的形象，尽快打开并占领市场，以谋取长期利润的策略。

课堂讨论

撇脂定价策略和渗透定价策略各有哪些优点和缺点？3 人为一组进行讨论，3 分钟后，教师随机挑学生回答。

任务实施

制定某餐厅菜品价格

某餐厅设定顾客每餐综合人均消费额为 60 元，计划的菜品类别、每类菜品占销售额的百分比、顾客的点菜率和计划平均价格如表 7-1 所示。请拟定各类菜品的种类和数量，并制定菜品价格。

表 7-1　某餐厅的菜品定价计划

菜品类别		占销售额的百分比（%）	点菜率（%）	计划平均价格（元）
冷盆类		16	40	24
热炒	鱼虾类	16	20	48
	家禽类	15	25	36

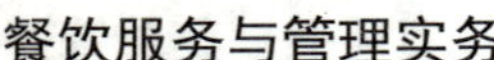

续表

菜品类别		占销售额的百分比（%）	点菜率（%）	计划平均价格（元）
热炒	肉类	15	25	36
	蔬菜类	10	30	20
汤类		10	70	8.6
主食类		10	100	6
饮料类		8	40	12

注：各类菜品的计划平均价格=综合人均消费额×此类菜品占销售额的百分比÷点菜率。

【实施目的】

掌握菜品定价的方法和策略。

【实施流程】

（1）拟定各类菜品的种类和数量，要求分类明确、数量合理。例如，拟定鱼虾类菜品有 12 种，且分为高档、中档、低档三个档次，各档的菜品数分别为 2、6 和 4。

（2）制定每种菜品的价格，要求价格合理。例如，设定鱼虾类菜品的价格范围为 36～60 元，其中高档菜的价格范围为 56～60 元，中档菜的价格范围为 44～56 元，低档菜的价格范围为 36～44 元。确定价格范围后，依次制定各档菜品的价格。

（3）将上述结果以书面形式提交给任课教师，教师给出相应点评。

英语积累角

菜单 menu

粤菜 Cantonese cuisine

麻婆豆腐 mapo tofu

松鼠鳜鱼 sweet and sour mandarin fish

辣子鸡丁 diced chicken with green peppers

夫妻肺片 pork lungs in chili sauce

水煮牛肉 poached sliced beef in hot chili oil

佛跳墙 Fotiaoqiang (Buddha jumped over the wall)

项目考核

1. 选择题

（1）（　　）又称点菜菜单，它是供顾客随机点菜消费的菜品一览表，是餐饮企业最基本的菜单。

A．零点菜单　　B．套餐菜单

C．宴会菜单　　D．电子菜单

（2）（　　）是指餐饮企业的菜品价格与市场上同类菜品的价格水平保持一致的定价方法。

A．成本加成定价法　　B．目标利润定价法

C．随行就市定价法　　D．需求差异定价法

（3）（　　）是指餐饮企业将几种顾客熟悉的菜品以非常低的价格出售，吸引顾客购买，以推动其他菜品销售的定价策略。

A．撇脂定价策略　　B．招徕定价策略

C．尾数定价策略　　D．声望定价策略

2. 判断题

（1）在中餐套餐菜单中，套餐的价格主要取决于主菜。（　　）

（2）菜单上的菜名最好清晰、易懂，能体现出菜品的特色、品质或原产地。（　　）

（3）菜单的篇幅不能过大，通常应当在菜单四周留出适当空白，以免内容过多而影响顾客阅读。（　　）

（4）长期重复使用的菜单一般不考虑其耐磨性、耐污性。（　　）

3. 简答题

（1）菜单的作用有哪些？

（2）菜单设计的依据有哪些？

（3）菜品定价的原则有哪些？

（4）简述撇脂定价策略。

4. 案例分析题

某地政府为了接待一批英国政府访华团，准备在该市一家星级酒店举办欢迎宴会。宴

会共有十桌，总厨师长根据领导要求，精心设计出一份自我感觉良好的宴会菜单。可这份菜单在实施过程中出现了很多问题，一是菜单中只写明所需原料的质量和数量，而没有写明各原料的规格，导致采购员采购回来的原料不符合菜品制作的要求。例如，菜单中写明需要十条鳜鱼，采购员采购回来的鳜鱼数量正好，但有的重达 1.5 kg，有的才 0.5 kg。最终每桌所呈上的清蒸鳜鱼的大小不一致，宾客反响很不好。二是总厨师长在设计菜单时只注重菜品数量和质量，没有加强成本核算，导致十桌宴会的毛利率只有 20%，远远达不到酒店所规定的毛利率 50%的要求。

问题：

餐饮企业在设计菜单时应如何避免出现上述案例中的问题?

项目八

厨房生产管理

项目引言

厨房是餐饮企业生产食品的主要区域，其生产效率和生产质量直接影响企业的品牌形象和经济效益。因此，餐饮企业应重视厨房生产管理。本项目主要介绍厨房设计和布局、厨房主要生产环节管理、厨房卫生和安全管理，使学生全面掌握厨房生产管理的知识和技能。

知识目标

- 熟悉厨房设计的主要内容。
- 熟悉厨房的内部布局。
- 熟悉厨房生产流程。
- 掌握厨房主要生产环节管理。
- 掌握厨房卫生和安全管理。
- 熟悉厨房常见事故的预防及处理。

素质目标

- 通过学习厨房原料粗加工管理，了解科学加工的重要性，培养节约意识和环保意识。
- 通过学习厨房卫生和安全管理，培养安全生产意识，认真贯彻落实“安全第一，预防为主”的安全生产方针；提高火灾防范意识。

任务一　厨房设计和布局

任务导入

DY 餐厅进行厨房改造

DY 餐厅是武汉市一家中型餐饮企业，可同时容纳 300 人就餐。开业几个月，餐厅一直处于亏损状态。对此，餐厅管理人员十分焦虑，因而组织人员进行了调研。经过调研发现，上菜速度慢是导致顾客投诉并影响餐厅声誉和营业额的主要原因。为解决此问题，餐厅管理人员决定对厨房进行改造。

1．调整厨房位置

之前，DY 餐厅为了方便顾客进入，将厨房设置在二楼，用餐区域设置在一楼。厨房做好的食品，通过食梯传递到一楼，再由工作人员送至用餐区域。对此，餐厅管理人员决定将厨房的位置调至一楼。这不仅可以提高上菜的速度，还可以节省人力、物力。

2．规范厨房面积

之前，DY 餐厅为节省成本，将厨房的空间设置得非常小。但随着厨房各种物品的增多，厨房越来越拥挤，经常发生碰撞事故，如工作人员之间发生碰撞，工作人员与物品发生碰撞等。对此，餐厅管理人员决定扩大厨房面积，合理规划厨房各操作区域，并设置通畅的工作人员通道。

3．布局厨房设备

之前，在用餐高峰期，厨房工作人员由于繁忙，经常错拿、乱拿炊事用具，导致厨房生产效率低下。对此，餐厅管理人员决定对厨房各项设备进行合理布局，例如，炉灶及其相关用具放置在什么地方，烤箱及其相关用具放置在什么地方，刀具、砧板放置在什么地方等，都从方便工作人员操作的角度出发进行了精心设计。

经过改造后的厨房，大大方便了厨房工作人员的操作，提高了生产效率。同时，顾客对餐厅的评价也越来越好，餐厅的营业额也逐渐上涨。

思考：

（1）厨房设计的主要内容有哪些?

（2）上述案例中，餐厅管理人员从哪些方面对厨房进行了设计?

知识链接

一、厨房设计的主要内容

厨房设计是指根据餐饮企业的经营目标和生产要求，确定厨房的位置、面积、内部环境等的活动。其主要内容包括以下几个方面。

（一）确定厨房位置

在进行厨房设计时，应首先考虑厨房的位置。厨房最好设置在既便于生产与管理，又便于联系工作的区域，具体要求如下：

（1）主厨房最好设置在一楼或靠近原料储藏区的区域，以便领料和运送货物；分厨房应靠近主厨房，以便集中使用设施设备和进行生产管理。

（2）厨房应靠近用餐区域，以缩短食品输送距离，减少传菜环节的人力配备和保证食品的最佳食用温度。

（3）选择通风、采光较好，便于污水排放和货物装卸的位置。

（4）选择靠近供水、排水、供电、供气等设备的位置，从而节约成本。

（二）估算厨房面积

餐厅厨房面积多大合适

餐饮企业厨房的面积不仅包括原料加工区、切配区、烧烤区、蒸煮区等生产区域的面积，还包括原料采购入口、验收场地、垃圾处理场所、办公室、更衣室等辅助区域的面积。如果厨房的面积过小，则会导致厨房拥挤、闷热，影响工作人员的情绪和生产效率；如果面积过大，则不仅会增加工作人员的行走路程，降低生产效率，而且会增加清扫、照明等方面的费用，增加成本。因此，在进行厨房设计时，估算厨房面积十分重要。

餐饮企业估算厨房面积的方法主要有以下两种。

1．以餐位数估算厨房面积

以餐位数估算厨房面积是指根据餐饮企业的餐位数量来估算厨房面积的方法。不同类型的餐饮企业提供的食品的类型、数量、规格等不同，所需的厨房面积也不同。表 8-1 列举了不同类型餐饮企业每餐位对应的最佳厨房面积。

表 8-1　不同类型餐饮企业每餐位对应的最佳厨房面积

类型	对应的最佳厨房面积（m^2/餐位）
餐厅	0.5～0.8
快餐店	0.5～0.7
饮品店	0.4～0.6

课堂讨论

老王准备开一家快餐店，他准备在店内设置 24 个餐位。请问，该快餐店的最佳厨房面积为多少？

2. 以建筑规模估算厨房面积

不同类型、规模的餐饮企业，所需的厨房面积也不一样。餐饮企业可根据建筑规模来确定厨房面积。表 8-2 列举了不同类型、规模的餐饮企业的厨房与其用餐区域面积之比。

表 8-2　不同类型、规模的餐饮企业的厨房与其用餐区域面积之比

类型	建筑规模	厨房与用餐区域之比
餐厅	小型（150 m^2≥面积或 75 座≥座位数）	≥1∶2.0
	中型（500 m^2≥面积>150 m^2 或 250 个≥座位数>75 座）	≥1∶2.2
	大型（3 000 m^2≥面积>500 m^2 或 1 000 个≥座位数>250 座）	≥1∶2.5
	特大型（面积>3 000 m^2 或座位数>1 000 座）	≥1∶3.0
快餐店、饮品店	小型（150 m^2≥面积或 75 座≥座位数）	≥1∶2.5
	中型及以上（面积>150 m^2 或座位数>75 座）	≥1∶3.0

餐饮小知识

影响厨房面积的因素

影响厨房面积的因素主要有以下几种:

（1）原料的加工程度。如果多使用未加工过的原料，那么厨房的面积就应大一些；如果多使用加工过的半成品原料，那么厨房的面积就应小一些。

（2）食品制作的难易程度。如果生产的食品大多需要经过复杂的生产流程，例如，以海参为原料的产品，其生产过程需要经过多道工序、使用多种设备，那么厨房的面积就应大一些；反之，如家常菜，那么厨房的面积就应小一些。

（3）厨房设施设备的先进程度。例如，冷藏工作台（见图 8-1）集冷柜与工作台于一体，可提高厨房面积的利用率。

图 8-1　冷藏工作台

（4）顾客的多少。如果顾客较多，用餐量大，那么厨房面积应大一些。

（5）厨房辅助设施设备的完善程度。如果厨房设置了工作人员的更衣室、食堂、休息室、办公室和卫生间等辅助区域，那么厨房的面积应大一些；反之，面积应小一些。

（三）设计厨房内部环境

在进行厨房设计时，应规划好内部环境，包括厨房的高度、墙壁、顶部、地面、灯光、通风系统和排水系统等。

1．厨房的高度

一般而言，餐饮企业厨房的净高不宜低于 2.5 m。如果厨房的净高不够，不仅会使厨房的工作人员产生压抑感，而且不利于通风和透气，导致厨房温度升高；如果过高，不仅会增加清洁难度，而且会提高造价。

2．厨房的墙壁

厨房的墙壁应采用无毒、无异味、不透水、易清洁的材料，表面应平整光洁，无裂缝、无凹陷。此外，厨房有明火的操作区域，应设置耐火极限不低于 2.00 h 的防火隔墙。

提　示

耐火极限是指在标准耐火试验条件下，建筑构件、配件或结构从受到火的作用时起，至失去承载能力、完整性或隔热性时止所用的时间，用小时表示。

3．厨房的顶部

厨房的顶部应采用防水、防潮、耐火的材料，表面应平整、无裂缝。暴露的管道、电线等应尽量掩盖，以免积灰尘，影响厨房的清洁卫生。

4．厨房的地面

厨房的地面应采用无毒、无异味、耐磨、耐重压、耐高温、耐腐蚀、不渗水、防滑和

易清洗的材料，表面应平整、无台阶。此外，应在厨房需要排水区域（如洗碗间）的地面设置凹槽，以便排水。

5. 厨房的灯光

厨房的灯光应注重实用，方便工作人员的工作。例如，切配处需要明亮的灯光，以便工作人员进行精细的切配工作，防止发生割伤事故。

6. 厨房的通风系统

厨房的油烟味较重，温度较高，需要依靠一定的通风系统来改善环境。厨房通风方式主要有两种：一是自然通风；二是机械通风。自然通风主要依靠门窗，通风效果不理想。因此，大部分餐饮企业的厨房主要依靠机械设备进行通风，例如，设置通风和排烟管道，安装抽风机、排气扇和油烟净化器（见图 8-2）等。

图 8-2　油烟净化器

提　示

自然通风的厨房，其通风开口的面积不应小于地面面积的 1/10。

7. 厨房的排水系统

厨房宜采用明沟排水，其深度和宽度不仅要能满足生产过程中的最大排水量的需要，而且要能防止水的逆流。同时，排水道应掩埋好，下水口要有隔渣网，以防垃圾堵塞下水道。

此外，用于排水的管道最好是金属制品，且主排水管道的直径不宜小于 10 cm，支排水管道的直径不宜小于 7.5 cm。

二、厨房的内部布局

厨房布局是指合理安排厨房内各区域、设备的位置的活动。科学的厨房布局，可以减少浪费、降低成本、方便管理、提高工作质量和生产效率等。

（一）厨房作业区的布局

餐饮企业应根据生产的需要对厨房进行合理布局，以保证生产流程通畅。厨房的作业区主要包括以下几个。

1. 原料验收区

验收食品原料是保证食品质量的前提。一般而言，大型餐饮企业会在靠近食品储藏区的地方设置专门的原料验收区，以保证原料在验收合格后能及时入库保存，防止食品变质或被污染；小型餐饮企业会在厨房的入口处设置原料验收区。

2. 食品储藏区

通常情况下，餐饮企业为了更好地保存食品原料，会根据食品原料的特性将食品储藏区细分为不同的储藏区，具体如下：

（1）干货原料库，主要存放需要防潮和不易变质的食品原料，如大米、面粉、香料、糖等。干货原料库内应保持通风、凉爽、干燥，并做好防虫蚁工作。

（2）冷冻库，主要存放易腐烂、易变质的食品原料，如肉类、海鲜类等。

（3）冷藏库，主要存放需要保鲜的水果、蔬菜、鸡蛋、牛奶等。

其中，冷冻库和冷藏库应配备温度计，以便工作人员记录和调节温度。此外，储藏区的位置最好靠近加工区，以便工作人员随时领用食品原料。

3. 加工区和烹饪区

加工区和烹饪区是厨房进行生产的主要区域，是厨房的工作中心。其中，加工区包括粗加工区和细加工区。通常情况下，食品原料经过加工后会被送入烹饪区，烹饪好的食品再送入备餐区。因此，为了保证生产流程通畅，加工区应靠近烹饪区。

4. 备餐区和洗碗区

备餐区一般位于厨房和用餐区域之间，是连接厨房与用餐区域的通道。备餐区通常设有餐具柜、消毒柜（见图 8-3），一些西式餐饮企业厨房的备餐区还设有冷柜和小型搅拌机等。洗碗区的布局应便于餐具传输。同时，因为清洗餐具的声音较大，容易影响顾客和厨房工作人员，所以洗碗区最好远离用餐区域和厨房操作区域。

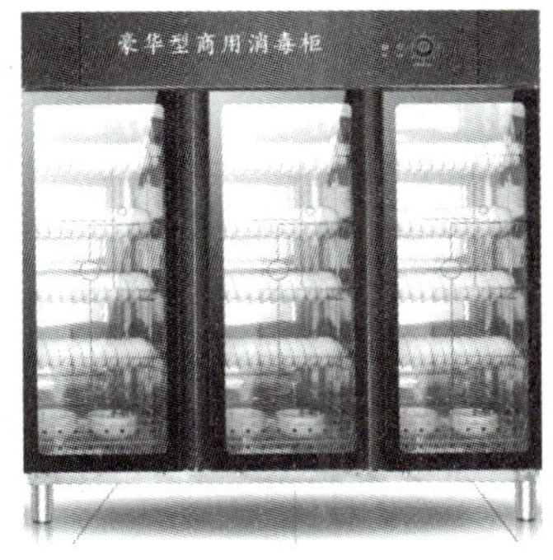

图 8-3　消毒柜

5. 工作通道

厨房内应设置合理的工作通道，以便工作人员通行。一般而言，单边操作无人通行时，通道的宽度以 0.7 m 为宜；单边操作有人通行（一人操作一人通行）时，通道的宽度以 1.2 m 为宜；双边操作无人通行时，通道的宽度以 1.2 m 为宜；双边操作有人通行时，通道的宽度以 1.5 m 为宜。

提　示

在进行厨房作业区布局时应考虑餐饮企业中长期的发展规划，为餐饮企业以后的发展留下一定空间，以便对厨房布局进行调整。

（二）厨房设备的布局形式

餐饮企业合理布局厨房设备，能够充分利用厨房空间，缩短工作人员在生产过程中的流动距离，有利于提高生产效率和保证食品质量。常见的厨房设备的布局形式有以下几种。

1. 直线型布局

直线型布局（见图 8-4）是指将所有的炉灶、炸锅、烤箱等设备置于同一个长条形的通风排气罩下，按食品的加工程序，从左至右，以直线依墙排列的布局形式。这种布局，不仅便于集中设置加热、排风、排油烟等设备，而且便于工作人员的操作，适用于高度分工合作、场地面积较大、用餐时间较集中的餐饮企业的厨房。

图 8-4　直线型布局

2. 相背型布局

相背型布局是指将所有烹饪设备背靠背地组合在厨房内，置于同一通风排气罩下，工作人员相对而站进行操作的布局形式。这种布局，烹饪设备较集中，共用同一通风排气罩，比较经济；但工作人员在操作时需要多次转身拿取工具和原料，如果要使用其他用具，还需要移动较远的距离，不便操作。

3．L 型布局

L 型布局是指将炉灶、炸锅、烤箱等设备沿相邻两面墙所形成的直角进行排列的布局形式。这种布局，常将大型设备沿一面墙排列，小型设备沿另一面墙排列，两边连接成“L”形，既便于集中加热和排油烟，又便于工作人员兼顾同一组设备，可节省人力。L 型布局常用于面点房、西饼屋等。

4．U 型布局

U 型布局是指将工作台、冷柜和加工设备等沿四面墙摆放，中间留一出口供工作人员进出的布局形式。这种布局，能够充分利用厨房空间，提高工作效率，多用于设备较多、人员较少、原料较集中的餐饮企业厨房，如面点房、冷菜房和火锅原料准备间等。

任务实施

探究不同餐饮企业厨房的设计情况

【实施目的】

了解餐饮企业厨房设计的内容。

【实施流程】

（1）学生自由分组，每组 4～6 人。

（2）每个小组通过图书馆、资料室和互联网等，搜集至少三家餐饮企业厨房设计的相关资料。

（3）小组成员对所搜集的资料进行汇总和整理，并制作成 PPT。

（4）每个小组派出一名代表上台发言，其他同学发表看法，主讲教师进行点评。

任务二　厨房主要生产环节管理

任务导入

菜品不一致

D 餐厅经常接到顾客关于餐厅实际提供的菜品与他们所点的菜品不一致，且分量不足的投诉。对此，D 餐厅进行了调查。经过调查，发现了以下问题：

（1）在用餐高峰期，工作人员在烹制菜品时，经常私自用其他类似的原料代替某些缺少的原料，例如，用白菜代替包菜烹制手撕包菜。

（2）食品原料在粗加工过程中浪费严重。这导致加工后分配到各烹饪区的食品原料的数量不足。

（3）在菜品配份过程中，工作人员经常根据个人的喜好决定菜品原料的分量，没有按要求进行配份。

思考：

D 酒店应如何解决上述问题？

知识链接

餐饮企业为顾客提供的菜品需要经过厨房中各环节加工制作才能完成。餐饮企业厨房生产中的各环节由不同的部门负责，且各环节之间相互配合、相互衔接，从而构成一个完整的生产流程。厨房生产环节包括领料、原料粗加工、菜品配份、菜品烹饪、装盘、出菜等，以下简要介绍几个主要的生产环节。

一、原料粗加工管理

原料粗加工是指对食品原料进行简单处理的工作。此阶段是食品生产的基础，其原料加工的质量和效率对下道工序的生产有直接影响。在此阶段，应做好以下几个方面的工作。

（一）质量管理

食品原料的种类众多，加工的方法和要求各不相同。为保证原料的加工质量，在对食品原料进行粗加工时，应遵循以下原则：

餐饮企业原料粗加工关键控制点

（1）蔬菜、瓜果等对加工要求和技术要求不高的原料，可由一般的工作人员进行加工。

（2）需要涨发的干货原料，其工艺较复杂，对技术要求较高，应由专业的工作人员进行加工。

（3）需要拆卸的肉类原料，应由经验丰富的工作人员采取正确的方法进行加工。

不同餐饮企业厨房的加工条件不同，选用的食品原料的档次和质量也不同，使得各餐饮企业厨房的粗加工质量标准和加工流程也不尽相同。因此，各餐饮企业应根据自身的具体情况制定食品原料粗加工质量标准。例如，表 8-3 是某餐厅的食品原料粗加工质量标准。

表 8-3　某餐厅的食品原料粗加工质量标准

原料	质量标准
畜肉	（1）除尽杂毛、碎骨等，并清洗干净； （2）选择使用的部位合理、准确，使每个部位都能物尽其用； （3）分类加工，整齐摆放，用于制作不同菜品的原料分开盛放
水产	（1）鱼类：除去鱼鳞、鳃、内脏等，并清洗干净； （2）虾类：除去须、壳、泥肠、头部污沙等，并清洗干净； （3）蟹类：除去爪尖等不能使用的部分，洗刷干净，捆绑整齐；需切块的则按菜品要求切块；需剔取蟹粉的则去壳剔肉，肉中不能带壳，蟹肉与蟹黄分开盛放
内脏	（1）无污物、无油脂、无筋膜等； （2）需要用清水浸泡的，应按规定进行浸泡
蔬菜	（1）按规格整理，无泥沙、虫卵，清洗干净并沥干； （2）合理放置，交烹饪厨房使用或送至冷藏库存放

（二）数量管理

原料的加工数量应根据生产需要来确定，以保证用量和减少浪费。一般而言，加工间会收到厨房各部门根据各实际需要填写的加工订单，并将订单汇总，向采购部门申购或去仓库领货，再统一加工后按订单发放。

（三）净料率管理

净料率是表示食品原料利用程度的指标，是指食品原料加工后可用部分的重量（即净重）占加工前总重量（即毛重）的比率。净料率越高，说明原料的利用率越高；净料率越低，说明原料的利用率越低，成本也越高。净料率的计算公式如下：

$$净料率=\frac{净重}{毛重}\times 100\%$$

课堂讨论

小邓是某餐厅厨房的工作人员。厨房管理人员要求小邓对 15 kg 的白菜进行粗加工。经小邓粗加工后的白菜重量是 12 kg，而厨房规定白菜的净料率应在 88%以上。

请问：小邓加工后的白菜的净料率是多少？是否符合厨房的规定？

餐饮企业可以通过以下措施来提高原料的净料率：

（1）制定各种食品原料的净料率标准，并张贴于加工厨房，供工作人员参考。例如，表 8-4 是某餐厅蔬菜类原料的净料率标准。

表 8-4　某餐厅蔬菜类原料的净料率标准

序号	原料名称	毛重（kg）	加工标准	净重（kg）	净料率（%）
1	洋葱	10	去老皮、根	8	80
2	胡萝卜	10	去皮、根	8	80
3	青笋	10	去叶、皮	4	40
4	黄瓜	10	去蒂	9	90
5	大白菜	10	去老叶、根	8	80
6	西红柿	10	去根	9	90
7	土豆	10	去皮	9	90
8	冬瓜	10	去皮、瓤	7	70
9	豇豆	10	去头尾	9	90
10	香菇	10	去根	9	90
11	芹菜	10	去叶、根	6.5	65
12	尖椒	10	去根、籽	7	70
13	茄子	10	去蒂	9	90
14	苦苣	10	去老叶、根	9	90
15	油菜	10	去老叶、根	7	70
16	小葱	10	去老皮、根须	8.5	85
17	菠菜	10	去老叶、根	9	90
18	大葱	10	去老皮、根须	7	70
19	香菜	10	去老叶、根	8	80
20	芸豆	10	去弦	9	90

（2）定期检查净料率标准的执行情况，发现问题及时解决。

（3）定期或随机查看垃圾桶和下脚料，检查是否有可利用部分被丢弃，发现问题及时采取处理措施。

（4）加强工作人员技能培训，减少因工作人员操作失误而造成的原料浪费。

（5）加强考核，将净料率标准的执行情况列入考核范围。

俭以养德

JM 餐厅采取的新措施

JM 餐厅为了避免浪费，采取了以下措施：

（1）推出了半份菜、小份菜及免费打包等服务。

（2）在餐厅显眼的位置（如墙壁、餐桌、电梯等处）张贴“厉行节约，反对浪费”的标语。

（3）要求厨房工作人员严格按照规定和标准进行原料粗加工，发现不执行标准和规定的员工，处 200 元罚款。

（4）将厨房原料粗加工剩下的且无法制作成其他菜品的下脚料，用于制作餐厅的员工餐。

（5）餐厅服务员如果发现顾客点餐过多，应及时提醒；如果顾客用完餐后，餐桌上剩余的食物较多，应建议其打包。

二、菜品配份管理

菜品配份阶段主要包括切割原料、配菜和准备调料等工序，决定着菜品的质量、分量和成本。在此阶段，应重点做好以下两项工作。

（一）辅料与调料管理

辅料是指烹饪中所使用的辅助原料。例如，板栗烧鸭的主料是鸭，辅料是板栗。工作人员在准备辅料时，应注意主料与辅料之间的比例。在某一菜品中，如果主料价格较高，可适当提高辅料的比例，降低主料的比例。例如，青椒肉丝（见图 8-5）的主料是猪肉，辅料是青椒，主料和辅料的比例一般为 1∶1，如果猪肉价格太贵，可将比例调至 1∶2。

图 8-5　青椒肉丝

课堂讨论

有人认为，如果主料较贵，则其比例越低越好，以节约成本，提高利润。对此，你怎么看？

调料（见图 8-6）包括油、盐、酱、醋、葱、蒜、姜、花椒等。在准备调料时，应做到以下两点：

图 8-6　调料

（1）按需要申领，并根据调料的特性进行存放。例如，辣椒酱、豆瓣酱、大豆酱等，应将盖旋紧密闭后冷藏；酱油、醋、油、花椒油、蚝油、料酒等，应存放在容器内，并远离灶火，保持通风和无日晒。

（2）葱、姜、蒜等调料应根据菜品配份需要进行切割，并根据各自的性质和用途，分别干放或水养，置于专用器具内和固定位置上，必要时可用保鲜膜封盖。

（二）配份质量管理

为保证菜品配份的质量，可采取以下措施：

（1）制作和使用标准食谱卡（见表 8-5），以明确配份标准，规范操作过程，从而保证同样菜品的原料配份相同，分量和质量相当。

表 8-5　标准食谱卡

编号：

菜名	烹饪方法	色泽	味型	盛器	参考售价	毛利率
菜品原料标准						
	名称	品质要求	原料搭配		用量（每份）	单位成本（每份）
主料						

续表

<table>
<tr><td></td><td>名称</td><td>品质要求</td><td colspan="2">原料搭配</td><td>用量
（每份）</td><td>单位成本
（每份）</td></tr>
<tr><td>辅料</td><td></td><td></td><td colspan="2"></td><td></td><td></td></tr>
<tr><td>调料</td><td></td><td></td><td colspan="2"></td><td></td><td></td></tr>
<tr><td colspan="7">原料加工标准</td></tr>
<tr><td>加工顺序</td><td>卤水和酱料调制比例</td><td>上浆、勾芡比例</td><td>腌渍标准</td><td>码味标准</td><td>刀工标准</td><td>粗加工及分档取料标准</td></tr>
<tr><td></td><td></td><td></td><td></td><td></td><td></td><td></td></tr>
<tr><td colspan="7">烹饪操作标准</td></tr>
<tr><td rowspan="2">菜品切配</td><td>加工过程</td><td colspan="5"></td></tr>
<tr><td>技术要点</td><td colspan="5"></td></tr>
<tr><td rowspan="2">烹饪操作</td><td>加工过程</td><td colspan="5"></td></tr>
<tr><td>技术要点</td><td colspan="5"></td></tr>
<tr><td colspan="7">成品质量标准</td></tr>
<tr><td colspan="2">菜品口感</td><td colspan="2">菜品造型</td><td>菜品色泽</td><td colspan="2">菜品特色</td></tr>
<tr><td colspan="2"></td><td colspan="2"></td><td></td><td colspan="2"></td></tr>
</table>

（2）在配份时，应考虑是否便于下道工序的操作。例如，主料是否按规定加工完成，辅料和调料等是否齐全，所有原料是否便于工作人员取用。

（3）理顺衔接关系，健全出菜制度。

三、菜品烹饪管理

烹饪是菜品生产的最后一道程序，是确定菜品色泽、口味、形态等的关键环节，关系着菜品的质量。在此阶段，应做好以下工作。

（一）打荷作业管理

扫一扫

什么是打荷

打荷作业包括将配份好的原料进行调味、上浆、上粉，以及制作菜品装饰品等工作。为确保打荷工作的顺利进行，餐饮企业应制定打荷作业规范，要求工作人员做好以下工作：

（1）准备用具。准备调料盒、抹布、筷子、专用纸盒等，并确保所有用具符合卫生标准。

（2）检查原料。按相关标准，对领取的各种原料进行质量检查。

（3）配制调料。配制调味酱、调味汁、调味油，制作各种清汤、高汤。

（4）准备装饰品。按照菜品要求准备装饰品。

（5）协助工作。协助炉灶工作人员调制各种浆糊，帮助炉灶工作人员进行上浆、挂糊等。

（6）确认菜单。确认菜品的名称、烹饪方法，检查原料的配份是否符合标准。

（7）递送原料。将配份无误的原料递送给炉灶工作人员。同时，掌握出菜顺序、间隔时间，随时准备出菜。

（8）准备餐具。将配套餐具放置在打荷台上，并确保餐具干净卫生。

（9）检查。检查菜品质量，确保菜品内容与菜品名称一致、菜品内无异物等。

（10）装饰（见图 8-7）。根据菜品的要求，进行点缀装饰。

图 8-7　装饰

（11）核对、出菜。核对菜品、桌号、菜单是否相符，无误后交由传菜人员出菜。

（12）工作结束后。及时保存剩余原料，保管好各种用具，做好卫生工作。

（二）烹饪作业管理

餐饮企业为保证菜品烹饪质量，应做好以下工作：

（1）根据菜品的具体要求制定烹饪作业规范，并加以监督实施。

（2）实行抽查考核制度，统计一定时间内每位工作人员的出菜速度和出菜数量。

（3）不定时抽查菜品质量。

（4）明确责任，每位工作人员都需要对自己的工作区域和工作内容负责。

（5）对经常出错的环节进行重点监控。

同步案例

某餐厅的烹饪作业规范

表 8-6 是某餐厅的烹饪作业规范。

表 8-6　某餐厅的烹饪作业规范

序号	流程	要求
1	检查设备	检查加热、排风、排油烟等设备是否正常，若出现故障，应及时报修
2	清洗打扫	清洗烹饪用具，打扫灶台卫生
3	准备调料	确认调料的数量和种类，不足的应及时补足
4	准备烹饪	打开燃气阀、电源、水龙头等
5	预先加工	对需要预先加工的原料进行加工，如水焯、油炸等
6	正式烹饪	听从打荷工作人员的安排，对菜品按程序和标准进行烹饪，保证灶面清洁
7	结束工作	加盖保管好各类调味罐，妥善存放各类烹饪用具，做好灶台卫生工作，关闭燃气阀、电源和水龙头等

任务实施

掌握厨房主要生产环节的标准或规范

【实施目的】

掌握厨房主要生产环节的管理。

【实施流程】

（1）学生自由分组，每组 4～6 人。

（2）每个小组选择一家餐厅，并通过上网查找资料或实地考察等途径，了解该餐厅的食品原料粗加工质量标准、配份质量标准、打荷作业规范、烹饪作业规范等。

（3）小组成员对所查找的资料进行汇总和整理，并制作成 PPT。

（4）每个小组派出一名代表上台发言，其他同学发表看法，主讲教师进行点评。

任务三　厨房卫生和安全管理

任务导入

多人食物中毒，酒店被查封

2020 年 8 月，张某在 X 酒店举办婚宴，邀请了 41 桌宾客参加。婚宴后，有多名宾客出现了食物中毒症状。此事件引起了有关部门的高度重视。

经有关部门调查发现，造成此次食品安全事故的原因是餐厅未将豆腐丝进行加热而直接供餐。

《中华人民共和国食品安全法》第三十四条规定，禁止生产经营致病性微生物，农药残留、兽药残留、生物毒素、重金属等污染物质以及其他危害人体健康的物质含量超过食品安全标准限量的食品、食品添加剂、食品相关产品。有关部门表示，X 餐厅的行为属于经营含致病性微生物食品的行为。该违法行为引发了食源性疾病，涉及人员 74 名，依据相关管理条例，决定给予 X 酒店如下处罚：

（1）没收违法所得收入。

（2）罚款人民币 10 万元。

（3）吊销《食品经营许可证》。

思考：

（1）厨房安全管理的内容有哪些？

（2）餐饮企业应如何避免发生上述事件？

知识链接

一、厨房卫生管理

厨房生产的食品如果不符合卫生标准，势必会影响顾客的健康，严重的还会导致顾客食物中毒，进而影响酒店的形象和效益。因此，餐饮企业应从以下几个方面加强厨房卫生管理。

（一）环境卫生管理

餐饮企业要保证厨房环境干净、整洁，应做好以下工作：

（1）定期对厨房的地面、墙壁、门窗、天花板、灯具和各种装饰品等进行清扫和消毒。如果地面、墙壁、门窗、天花板等有孔洞或缝隙，应及时处理，以防老鼠、蟑螂等进入。

（2）及时清理废弃物，以免滋生细菌和引来虫鼠。

（3）及时监测厨房的环境指标，包括厨房的通风情况、排烟情况、温度情况、湿度情况等，以确保厨房环境良好。

此外，有实力的餐饮企业还可以在厨房中投入智能机器人，以更好地保证厨房的环境卫生。例如，某餐厅厨房的智能机器人能自动对厨房进行灭菌和消毒操作，以确保顾客用餐安全。

（二）用具卫生管理

在清洗餐具、烹饪用具时，应做到一洗、二刷、三冲、四消毒。例如，砧板表面应干净、平整、无霉迹，使用后应放入池中冲洗干净，擦干后竖放于通风处。此外，所使用的洗涤剂、消毒剂等应符合国家卫生标准。

（三）工作人员卫生管理

餐饮企业要保证厨房工作人员的卫生，应要求工作人员做好以下工作：

（1）持证上岗。工作人员在入职前必须通过体检，并办理健康证。此外，还应参加企业组织的定期体检，患有传染病的工作人员不得进入厨房和直接接触食物。

（2）着装规范（见图 8-8）。工作人员应穿工作服、戴工作帽，头发不外露；工作时不戴戒指、不涂指甲油；制作直接入口的食品时，应佩戴手套和口罩。

图 8-8　着装规范的厨房工作人员

厨房工作人员的个人卫生

（3）注意个人卫生。工作人员应勤洗手、勤剪指甲、勤洗澡、勤理发、勤换工作服，不正对食物咳嗽或打喷嚏，不在工作中挖鼻孔、搔头皮、抠耳朵，不用手直接接触食物。

二、厨房安全管理

（一）厨房安全管理的内容

1. 食品卫生安全管理

酒店食品卫生安全管理展示

食品卫生安全是指厨房生产的食品必须干净、无害、无毒，不会给食用的顾客造成任何伤害。餐饮企业可从以下几个方面加强食品卫生安全管理。

（1）采购环节

加强食品原料控制，不采购不符合食品卫生安全标准的原料。同时，实施食品进货查验记录制度，如实记录食品的名称、规格、数量、生产日期、进货日期，以及供应商的名称、地址、联系方式等，并随时查验供应商的许可证和食品出厂检验合格证。

（2）储存环节

按食品安全要求储存食品，并保证储存环境干净、卫生；定期清洗、检查储存设备，如定期检查冰箱是否干净卫生和是否正常运行；定期检查库存食品，及时清理变质或过期的食品。

（3）制作环节

餐饮企业应对各项食品加工设备按标准进行清洗和消毒；定期对厨房进行大扫除，维持厨房环境和生产用具的干净、整洁；加强对工作人员的烹饪技术培训和职业道德培训；规范烹饪操作流程。

（4）销售环节

在销售环节，餐饮企业应要求服务人员做到以下几点：① 先洗手，再端食品；② 手指不能碰到盛器正面，不能对着食品说话或打喷嚏；③ 检查食品中是否有异物，若发现食品里有头发丝、虫尸等，应取消供餐，并采取补救措施。

同步案例

XLK 火锅店被曝食品卫生安全问题

XLK 火锅店是一家连锁火锅餐饮企业，因其地道的川味，受到众多顾客的青睐。2021 年 3 月，一则题为“XLK 火锅店工作人员用扫帚捣制冰机”的视频受到广大网友的关注。视频曝出 XLK 火锅店厨房有严重的卫生问题，具体如下：

（1）工作人员只需要一张身份证，签一个名字，就可以进入厨房工作，不用办理健康证。

（2）所有厨房工作人员从取食材到摆盘，都直接用手，且没有佩戴手套。

（3）平菇、金针菇等菇类蔬菜不清洗，直接摆盘；萝卜、冬瓜等带皮的蔬菜不清洗，直接削皮切块；将发芽的土豆削去发芽部位后，提供给顾客；为了让蔬菜看起来新鲜，在上菜前给蔬菜喷水。

（4）厨房没有配备冷菜间，切水果、蔬菜时，随意使用砧板。

（5）用扫帚捣制冰机；洗餐具是“走过场”，使用洗洁精清洗后的餐具，只进行简单冲洗就放入消毒机中，消毒30秒左右便直接取出。

视频曝光后，XLK火锅店立即发布致歉声明，表示：已要求涉事门店立刻停业整顿，全力配合政府监管部门的工作；将继续对全国门店展开长期性的严格自查，全力保障食品卫生安全。

2. 设施设备安全管理

要保证厨房设施设备安全，餐饮企业应做好以下工作：

（1）禁止使用质量不合格的建筑材料和具有安全隐患的装饰品。

（2）定期检修排气扇、油烟净化器、炉灶、冰箱、冷柜等，若发现安全隐患，应及时处理，以免发生事故。

（3）提高工作人员的安全意识，要求其按相关规定和使用说明操作各类设备，避免损坏设备。

3. 消防安全管理

厨房中的烤箱、微波炉、冰箱、冷柜、燃气灶等设备容易因操作不当或老化而引起火灾。因此，餐饮企业应重视厨房消防安全管理工作，做到以下几点：

（1）设置通畅的安全通道，并配备安全通道指示牌。

（2）备齐消防器材，按消防要求配备灭火器和自动喷淋灭火系统等。

（3）使用阻燃型建筑材料装修厨房。

（4）定期组织工作人员进行消防培训和消防演习（见图8-9），以提高工作人员的消防意识和火灾应对能力。

（5）加强对易燃物品的保管。

图8-9　消防演习

餐饮小知识

厨房火灾逃生小技巧

问题一：如何穿过着火区？

逃生前，应用水将衣服浇湿，用湿衣服包住头部等裸露部位。这样穿过着火区域时，身上的衣服不易着火，身体裸露部位不易被烧伤。万一衣服着火，可就地打滚压灭火苗，不宜带火奔跑，以免增大火势。

问题二：如果着火位置不在自己所在楼层，该往哪儿逃？

如果着火点位于所处楼层的上层，则应向楼下逃生，直至到达安全地点；如果着火点位于所处楼层的下层，且火和烟雾已封锁向下逃生的通道，则应尽快往楼上逃生；如果在逃往楼顶平台的过程中，发现自己被火、烟雾追赶上，且向上的通道被封锁，则应选择横向逃生路线，从其他通道逃生。

问题三：如果所有安全通道均被切断该怎么办？

此时，可退到相对较安全的卫生间内短暂避难。进入卫生间后，应关紧门窗，堵严缝隙，拧开所有水龙头放水。如果卫生间内有大水缸或者浴缸，应保证其处于满水状态，必要时可进入水缸或浴缸短暂避火。

同步案例

S 餐厅开展厨房消防应急演练

为了切实提高工作人员的消防安全意识，锻炼工作人员的火场逃生能力和自救能力，2021 年 3 月 22 日，青岛 S 餐厅开展了消防应急演练。

此次消防应急演练的情景是：餐厅厨房冷藏库某冰箱插电板起火，引燃周围物品，厨房内浓烟四起。发现“火情”后，厨房消防负责人迅速赶到着火处，疏散工作人员，并展开灭火行动。

此次演练得到了厨房工作人员的高度赞扬，他们表示，此次演练使他们切身感受到了火灾事故现场的氛围，提高了自己的火灾防范意识。同时，还学到了逃生、自救的知识和技巧，以后如果遇到火灾事故，就不会惊慌失措。此外，他们还表示，希望以后餐厅能多开展消防培训，让他们可以掌握更多的消防知识。

4. 人身与财产安全管理

餐饮企业应为工作人员提供安全的工作环境，保障工作人员的人身与财产安全，具体应做到以下几点：

（1）在公共区域安装摄像头。

（2）加强巡视，发现可疑人员应立即查明情况。

（3）为工作人员提供个人物品存放柜，并配备锁和钥匙。

（4）提醒工作人员不要携带贵重物品上班。

（5）若发现工作人员有偷窃行为，应立即开除并送交公安机关。

（6）加强对工作人员安全意识的培训力度。

（二）厨房安全管理的原则

1．安全第一原则

如果没有安全做保障，厨房的生产活动就无法顺利进行。因此，厨房内一切工作的开展都应以安全为前提。

2．预防为主原则

厨房安全管理工作的重点是运用大量预防手段，采取各种预防措施，积极做好各项预防工作，把事故隐患消灭在萌芽状态。要做好预防工作，餐饮企业应做到以下几点：

（1）确保工作人员具备安全意识，在工作中时刻保持警惕。例如，要求工作人员养成工作结束后随手断电、关气、关水的习惯。

（2）定期检查各项设施设备，及时发现并消除各种安全隐患，堵塞各种安全漏洞。例如，定期检查大型用电设备是否存在漏电的问题，检查燃气管道是否完整、无破损，检查消防器材能否正常运行等。

（3）采用智能安全监控系统。餐饮企业可以安装智能安全监控系统，借助智能设备采集、传输、存储、处理厨房中一些重要设备的工作数据，并以表格和图像等形式呈现出来。厨房工作人员查看相关数据，就能了解这些设备的运行情况，从而及时做好检修工作，排除安全隐患。

3．群防群治原则

通常情况下，厨房各岗位的工作人员较为了解自己所在区域设施设备的运行情况和安全隐患。因此，餐饮企业要想做好厨房安全管理工作，就应依靠广大厨房工作人员，鼓励每个工作人员都成为厨房的安全员。

三、厨房常见事故的预防及处理

（一）割伤事故的预防及处理

厨房工作人员在生产过程中，需要用到各种尖锐的物品，容易造成割伤事故，因此，餐饮企业应做好厨房割伤事故的预防及处理工作。

1．预防

餐饮企业可从以下几个方面预防割伤事故。

（1）正确使用和保存刀具

刀具是厨房工作人员经常接触的用具。为了预防割伤事故，餐饮企业应要求工作人员做到以下几点：

① 在使用刀具时，集中注意力，并采取正确的使用方法。

② 不使用刀具打闹。

③ 在使用刀具后，应将刀具套上刀套，不随意乱放。

④ 具备基本的刀具常识。例如，使用不锋利的刀具时更容易割伤手，因为此时厨师往往需要用更大的力气，稍微失误就会被割伤。

⑤ 清洗刀具时应套上抹布，不直接用手清洗，且不能将刀具与食品原料或其他用具放在一起清洗。

（2）正确使用玻璃、陶瓷、金属等器物

玻璃、陶瓷、金属等器物容易造成割伤事故。餐饮企业应要求工作人员在使用这些器物时，做到以下几点：

① 不随意乱摸玻璃器皿口，尤其是有破损的玻璃器皿口。

② 不直接用手清理破碎的玻璃器皿或陶瓷器皿。

③ 有卷边的金属器皿，应采用正确的方式端取。例如，不锈钢酒精炉（见图 8-10）、不锈钢干锅（见图 8-11）等的边缘非常薄，如果直接拿取，容易割伤手。

④ 发现工作区域有暴露的铁皮、铁钉、金属丝头等时，应及时清理。

图 8-10　不锈钢酒精炉

图 8-11　不锈钢干锅

（3）正确使用机械设备

随着科技的进步，餐饮企业厨房中的机械设备越来越多，而这些机械设备造成的割伤事故也屡见不鲜。因此，餐饮企业应要求工作人员在使用机械设备时，做到以下几点：

① 在使用机械设备前，仔细阅读说明书，按规定操作，不能直接用手触摸。例如，

在向绞肉机填塞肉块时，使用专用的塑料棒填塞，而不是直接用手。

② 在清洗机械设备时，先切断电源；清洗锐利的刀片时，小心谨慎。

③ 为所有机械设备配备防护装置或采取其他安全措施。

2. 处理

对于轻微的割伤，应先用医用酒精擦拭伤口，然后贴上创可贴或使用医用纱布包扎；对于严重的割伤，应简单清洗伤口，进行止血，并立即送往医院治疗。

（二）跌伤事故的预防与处理

通常情况下，厨房地面比较潮湿，水渍、油渍较多，放置的物品也较多，容易造成跌伤事故。因此，餐饮企业应做好跌伤事故的预防与处理工作。

1. 预防

餐饮企业可从以下几个方面预防跌伤事故：

（1）保持厨房地面清洁、干燥。及时处理泼洒在地面上的，尤其是炉灶周围地面上的水、油、汤等。

（2）工作人员应穿防滑鞋，且脚趾、脚跟不得外露，并系好鞋带。不穿高跟鞋、凉鞋、拖鞋等。

（3）保证人行通道和工作区域无障碍物，橱柜的抽屉、柜门等保持关闭状态。

（4）存取高处物品时，应使用专用梯，不用纸箱、椅子等代替。不将过重、过大的物品存放在高处。

（5）禁止在操作区域追逐、打闹。

2. 处理

发生跌伤事故后，应及时查看伤口情况，并用医用酒精进行消毒，防止伤口感染。跌伤严重的，应及时送往医院治疗。

（三）烫伤事故的预防与处理

厨房工作人员需要经常接触高温食物和高温烹饪设备，十分容易发生烫伤事故。因此，餐饮企业应做好烫伤事故的预防与处理工作。

1. 预防

餐饮企业和厨房工作人员可从以下几个方面预防烫伤事故：

（1）在加热设备的周围留出足够的空间，以免因空间拥挤而造成烫伤事故。

（2）工作人员在拿取温度较高的烤盘、铁锅或其他用具时，应使用厚抹布或戴专用手套（见图 8-12）。同时，应保持双手清洁、无油，以防在端取高温物品时打滑。撤下较烫的烤盘、铁锅等，应及时对其进行降温，且不随意放置。

图 8-12　戴专用手套的厨房工作人员

（3）拿取蒸笼内的食品时，应先关闭气阀，再打开笼盖，等蒸汽散去后，再用厚抹布或戴专用手套拿取。

（4）在进行煎、炸工作时，应防止水滴进入油锅。进行热油冷却时，应将油锅放置在指定区域。

（5）避免靠近正在使用的烤箱、蒸笼等设备。

（6）在炉灶上操作时，合理摆放锅铲、手勺、铁筷等，以免这些物品温度太高烫伤手。

（7）掌握烹饪的油温和操作程序，防止在油温过高时投入材料，使油溅出，造成烧伤、烫伤事故。

（8）在端高汤锅或热油锅时，应大声提醒周围工作人员避开。

（9）加热设备应冷却后再清洗。

（10）禁止在加热设备周围打闹。

2．处理

烫伤的处理措施如下：

（1）先用自来水冲洗伤口，以降低疼痛感和防止烫伤处扩大。

（2）如果烫伤处有衣物覆盖，不能急于脱去衣物，而应先用凉水对烫伤处进行降温，然后再脱衣物，以免撕破烫伤处的皮肤。

（3）对于轻微烫伤，可在烫伤处涂抹药膏，并使用医用纱布进行包扎。如果发现伤口感染，应及时就医。

（4）对于重度烫伤，应及时送往医院就医，不可自行处理。

烫伤的正确处理方法

任务实施

查找案例

【实施目的】

掌握厨房卫生和安全管理。

【实施流程】

（1）学生自由分组，每组 4～6 人。

（2）每个小组通过图书馆、资料室和互联网，查找三个关于厨房卫生或安全事故的案例，分析事故产生的原因，并提出避免此类事故的办法。

（3）小组成员对所查找的资料进行汇总和整理，并制作成 PPT。

（4）每个小组派出一名代表上台发言，其他同学发表看法，主讲教师进行点评。

英语积累角

设计　design

储藏区　storage area

备餐区　pantry

菜品质量　quality of the food

标准食谱　standard recipe

食品安全　food safety

消防安全　fire safety

人身与财产安全　personal and property safety

项目考核

1. 选择题

（1）以下选项中，（　　）不是餐饮企业在确定厨房位置时应考虑的问题。

A．便于生产　　B．靠近用餐区域

C．选择合适的材料　　D．与酒店的整体布局相协调

（2）一般而言，餐饮企业厨房的净高不宜低于（　　）。

A．2.0 m　　B．2.5 m

C．3.5 m　　D．3.0 m

（3）餐饮企业厨房主排水管道的直径不宜小于（　　）。

A．10 cm　　B．9 cm

C．8 cm　　D．7 cm

（4）10 kg 的胡萝卜，粗加工后的重量为 9 kg，其净料率约为（　　）。

A．95%　　B．90%

C．85%　　D．80%

（5）以下选项中，（　　）不属于餐饮企业厨房安全管理的内容。

A．食品卫生安全管理　　B．设施设备安全管理

C．消防安全管理　　D．顾客服务安全管理

2. 判断题

（1）以餐位数估算厨房面积是指根据餐饮企业的餐位数量来估算厨房面积的方法。（　　）

（2）厨房的地面应采用无毒、无异味、耐磨、耐重压、耐高温、耐腐蚀、不渗水、防滑和易清洗的材料，表面应平整，应设台阶。（　　）

（3）U 型布局是指将所有的炉灶、炸锅、烤箱等设备置于同一个长条形的通风排气罩下，按食品的加工程序，从左至右，以直线依墙排列的布局形式。（　　）

（4）在清洗餐具、烹饪用具时，应做到一洗、二刷、三冲、四消毒。（　　）

（5）厨房工作人员被烫伤时，可先用自来水冲洗伤口，以降低疼痛感和防止烫伤处扩大。（　　）

3. 简答题

（1）简述打荷作业管理的内容。

（2）简述厨房安全管理的要求。

4. 案例分析题

2020 年 12 月 21 日 13 时 27 分，河南信阳某 119 指挥中心接到报警称：某餐厅二楼发生火灾。接到警情后，119 指挥中心立即调派消防员赶赴现场救助。

13 时 34 分抵达现场后，消防员发现该餐厅二楼的窗户正在冒黑烟。经询问和侦查发现，起火点是餐厅二楼厨房的操作间，并且厨房操作间的抽油烟管道口还有明火。随后消防员立即采取措施，将火扑灭。

据了解，此次起火是由于该餐厅厨房的排油烟管道里积聚了大量油垢，工作人员炒菜时的明火引燃了油垢，导致了火灾。

问题：

餐饮企业应做好哪些方面的管理，才能避免出现上述问题？

项目九

餐饮服务管理

项目引言

餐饮服务贯穿顾客用餐的全过程，是餐饮企业日常工作的重要内容。高质量的服务，能够提高餐饮企业的形象，促进餐饮企业的发展。本项目主要阐述餐饮服务质量控制、餐饮服务问题处理和餐饮服务人员培训，使学生全面掌握餐饮服务管理的知识和技能。

知识目标

- 熟悉餐饮服务质量的内容。
- 了解进行餐饮服务质量控制的前提条件。
- 熟悉餐饮服务质量控制的内容。
- 掌握处理投诉的原则和流程。
- 熟悉常见突发事件的处理方法和为特殊人群提供服务时的注意事项。
- 熟悉餐饮服务人员培训的内容和方法。

素质目标

- 学会正确处理餐饮服务中出现的各项问题，树立以人为本的理念。
- 重温尊老爱幼的传统美德，培养以礼待人、谦和友善的仁爱精神。

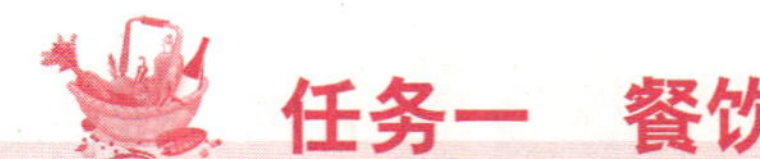

任务一　餐饮服务质量控制

任务导入

顾客为什么生气

一天，某酒店餐厅的服务员小雷推着餐车经过315包间时，被包间内的顾客李先生叫住说，包间内的空调突然停了且无法重新打开。小雷听后，立即给酒店工程部打电话，要求工程部立即安排人员对该包间的空调进行检修。

一分钟后，工程部的小刘来到该包间。他拿起遥控器对着空调按了开关键，发现空调可以打开且运行正常，便对李先生说："空调可以使用，没坏呀！"

李先生一听，生气了，说："刚刚空调就是无法使用，难道我没事找事？你这样的服务态度，我要投诉你！"

小刘一下愣住了，不知道自己哪里得罪了李先生。

思考：

（1）在上述案例中，顾客生气的原因是什么？

（2）餐饮企业应如何避免上述问题？

知识链接

一、餐饮服务质量的内容

餐饮服务质量是指餐饮企业为顾客提供的服务能够满足顾客需求的程度。餐饮服务包括有形服务和无形服务，其服务质量也可从有形服务的质量和无形服务的质量两个方面进行分析，具体如图9-1所示。

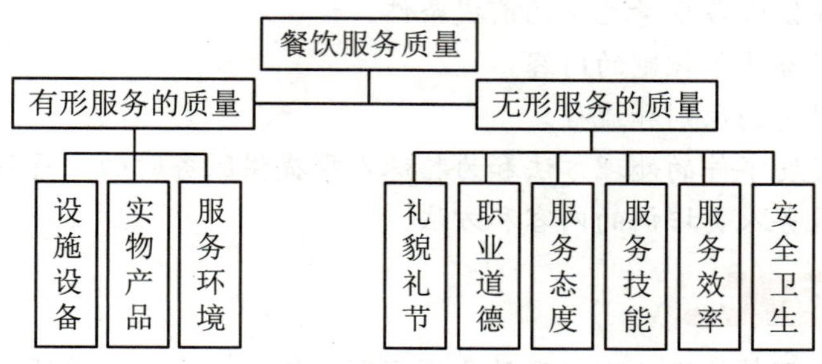

图9-1　餐饮服务质量的内容

（一）有形服务的质量

有形服务的质量主要取决于餐饮企业的设施设备、实物产品和服务环境等的质量。

1. 设施设备

餐饮企业的设施设备主要包括客用设施设备和供应用设施设备。

（1）客用设施设备是指餐饮企业直接供顾客使用的设施设备，如房屋、家具、餐具等。为保证服务质量，餐饮企业的客用设施设备应设置完善、档次合适、舒适美观、操作简单、安全环保、性能良好。

（2）供应用设施设备是指餐饮企业经营管理所需要的，且顾客看不到的生产性设施设备，如烹饪设备、供电设备、制冷设备和供暖设备等。供应用设施设备应安全运行、保证供应，否则会影响餐饮企业的服务质量。

2. 实物产品

实物产品是指餐饮企业生产的能够直接满足顾客物质消费需求的物品，如菜肴、点心、酒水等。实物产品的质量直接影响顾客的用餐体验，是衡量餐饮服务质量的重要因素。

3. 服务环境

服务环境（见图9-2）是影响顾客对餐饮企业第一印象的重要因素。良好的服务环境能够给顾客带来美感和满足感。餐饮企业良好的服务环境主要体现在以下几个方面：

（1）独具特色的建筑和装修风格。

（2）布局合理，便于顾客出入。

（3）端庄大方、彬彬有礼的工作人员。

（4）内涵丰富、个性鲜明的企业文化。

（5）洁净无尘、温度适宜的环境。

图9-2 服务环境

（二）无形服务的质量

无形服务的质量主要取决于餐饮企业服务人员的礼貌礼节、职业道德、服务态度、服务技能、服务效率，以及餐饮企业的安全卫生等。

1．礼貌礼节

餐饮服务人员的仪容仪表、语言谈吐和行为举止等都会直接影响顾客对餐饮服务的体验和满意度，从而影响顾客对餐饮企业服务质量的评价。因此，餐饮企业应要求服务人员在服务过程中保持良好的礼貌礼节。

2．职业道德

职业道德是指餐饮服务人员在职业活动中应遵守的道德规范和行为准则，包括爱岗敬业、诚实守信、办事公道、热情服务和奉献社会等。服务人员是否遵守职业道德，及其职业道德水平的高低，都会影响餐饮企业的服务质量。

3．服务态度

服务态度是指餐饮服务人员在对客服务中表现出来的心理倾向和采取的行动。服务人员在服务过程中应具有主动性、创造性、积极性、责任感，以热情的态度为顾客提供服务，从而提高餐饮企业的服务质量。

4．服务技能

服务技能是指餐饮服务人员在提供服务时所展示出来的技巧和能力。它不仅能提高工作效率，保证餐饮服务的规格标准，还可以给顾客带来愉悦的体验。因此，餐饮服务人员要想做好服务工作，就必须掌握娴熟的服务技能，并灵活、自如地加以运用。

5．服务效率

服务效率是影响餐饮服务质量的重要因素。为保证服务效率，餐饮企业应要求服务人员做到以下几点：① 准时到岗，并尽快进入工作状态；② 及时响应顾客要求，并立即为顾客提供相应服务；③ 减少不必要的环节；④ 在限定时间内完成服务工作；⑤ 适时为顾客提供服务，避免频繁打扰顾客；⑥ 若遇到特殊情况，应特事特办，延长服务时间，以保证服务质量。

6．安全卫生

餐饮企业的安全状况是顾客选择用餐地点时首先考虑的问题。因此，餐饮企业应设置安全通道和安全出口，配备消防设施设备，加强对容易造成安全事故的环节的管理（如制定炉灶安全操作规范），从而最大限度地保障顾客的人身安全。

此外，餐饮企业的清洁卫生状况会直接影响顾客的身心健康，如餐饮企业各区域的卫生状况、食品的卫生状况、服务用品的卫生状况、工作人员的卫生状况等。餐饮企业应加强清洁卫生管理，从而为顾客提供干净、整洁的用餐环境。

二、进行餐饮服务质量控制的前提条件

（一）制定服务标准和流程

餐饮企业如果没有服务标准和流程，就会导致服务人员按个人意愿为顾客提供服务，

从而影响餐饮企业的服务质量。因此，餐饮企业应制定服务标准和流程。餐饮企业在制定服务标准和流程时，应考虑以下几点。

1. 企业的性质和特点

餐饮企业根据自身的性质和特点（如是中餐厅还是西餐厅，是高档餐厅还是一般餐厅等），以及具体服务项目的目标、内容和要求等来制定合适的服务标准和流程。

2. 服务对象

餐饮企业还应根据服务对象的就餐目的和需求等具体情况来制定服务标准和流程。例如，某餐厅分别制定了零点服务流程和宴会服务流程，两者对服务人员在餐前服务、餐中服务和餐后服务等各服务环节的操作流程进行了不同的规定。

3. 衔接性

餐饮服务具有系统性，因此，对于相互联系、相互衔接的服务环节，其服务标准和流程也应相互联系、相互衔接。例如，在顾客进入餐厅时，迎宾服务和值台服务的标准和流程应相互衔接。

4. 实用性

餐饮企业不能完全照搬其他餐饮企业的服务标准和流程，而应在广泛吸取国内外先进管理经验的基础上，紧密结合本企业目标顾客的饮食习惯和本地风俗习惯，制定全新的、符合本企业实际情况的服务标准和流程。

（二）收集服务质量信息

餐饮企业只有了解顾客对企业服务的评价，才能全面掌握企业的服务质量状况、了解顾客对服务质量的要求等，从而有针对性地采取改进措施。餐饮企业收集服务质量信息的方式主要有直接面谈、电话访谈、问卷调查、暗访调查等，这些调查方式的优点与缺点如表 9-1 所示。

表 9-1　四种调查方式的优点与缺点

调查方式	优点	缺点
直接面谈	（1）可提出较为复杂或深刻的问题； （2）能让顾客更好地理解调查者的观点	（1）成本较高； （2）对调查者的素质要求较高； （3）难以提出或回答较敏感的问题
电话访谈	（1）成本较低； （2）快捷； （3）可选择是否进行深入调查	（1）难以提出较复杂的问题； （2）不便进行长时间的访谈； （3）仅限于语言沟通，难以维持顾客的兴趣与注意力

续表

调查方式	优点	缺点
问卷调查	（1）成本低； （2）能较好地避免调查者的偏见； （3）顾客可以匿名	（1）回复慢，回复率低； （2）对问卷设计的要求较高，如问题必须简短、针对性强等； （3）难以保证样本具有代表性
暗访调查	隐蔽性强，能获得更真实的调查资料	对调查者的素质要求较高

（三）做好服务人员培训

餐饮企业应加强服务人员培训，从而提高服务人员的服务技能、端正服务人员的服务态度，提高企业的服务质量。

三、餐饮服务质量控制的内容

餐饮服务质量控制主要由餐饮企业管理人员进行，其内容主要包括预先控制、现场控制和反馈控制。

（一）预先控制

预先控制是指餐饮企业管理人员在开餐前进行的所有管理活动。其目的是防止在开餐服务中出现各种偏差而影响服务质量。预先控制主要包括以下内容。

1. 服务人员控制

服务人员控制具体包括以下内容：

（1）根据餐饮企业的特点，合理、灵活地安排人员班次，做到人尽其用。例如，佳佳餐厅根据本餐厅用餐高峰、用餐低峰的时间段进行人员安排，在用餐高峰期聘请兼职服务人员，在用餐低峰期只安排全职服务人员。

（2）确保每个岗位都有服务人员，且各项服务流程衔接紧密。

（3）检查服务人员的仪容仪表，确保服务人员着装整洁。

（4）安排服务人员有序地进入指定岗位，做好服务准备。

2. 物品控制

餐饮企业管理人员应检查服务人员是否提前准备好用餐阶段所需要的物品，如托盘、酒杯、菜单、餐车、餐巾、牙签、开瓶器等；是否已更换不规范、有破损或受污染的物品，如破损的餐盘（见图 9-3）、没洗干净的桌布等。

图 9-3　破损的餐盘

3．卫生控制

卫生控制主要包括以下内容：

（1）要求工作人员将各种餐饮用具清洗干净，进行消毒，使其符合卫生质量标准，并按要求进行存放，避免二次污染。

（2）检查各种食品的生产过程是否符合卫生标准。

（3）做好环境卫生的检查工作，如墙壁、地面、灯饰、桌椅等，一旦发现不符合标准的，应立即返工。

（4）要求服务人员保持良好的个人卫生。

4．事故控制

在开餐前，应检查地面是否有油污或水渍，主要通道是否有障碍物或潜在危险物品。若发现问题，应及时整改；暂时不能整改的，应告知相关服务人员提醒顾客，以防发生意外事故。

此外，还应了解厨房菜品的供应情况，如果某道菜品缺货，应告知全体服务人员。这样，一旦顾客点到该菜品，服务人员就可及时向顾客说明情况，从而避免顾客产生不满情绪。

（二）现场控制

现场控制是指餐饮企业管理人员对各项服务进行现场监督，使各项服务规范化、标准化，同时迅速且妥善地处理各种事故的活动。现场控制主要包括以下内容。

1．服务流程控制

在顾客用餐期间，管理人员应始终在服务现场，确保各岗位的服务人员都在岗；如果某岗位的服务人员因特殊情况缺岗，应及时调派其他服务人员补岗。同时，管理人员应观察和判断各服务人员是否按服务标准和流程为顾客提供服务，一旦发现不规范行为，应及时指正。

2．上菜频率控制

管理人员应监督服务人员根据顾客用餐的速度、菜品的烹饪时间和最佳食用时间等控

制上菜频率，既不宜让顾客等太久，也不宜将所有菜品一次性全端上桌。

同步案例

突然出现的一列服务人员

某餐厅的宴会厅热闹非凡、座无虚席。主桌上方挂着一条写着“热烈庆祝T公司成立30周年”的横幅，在座的都是商界名流和该企业的高层管理人员。由于宴会人数多、规格高，宴会厅中的所有服务人员都不敢怠慢。

宴会开始，服务人员送菜、报菜名、分菜、递毛巾、倒饮料、撤菜盘，很有秩序。上完“芝士焗龙虾”后，T公司的老板走到话筒前致辞。同时，服务人员给每位宾客的杯子里斟满了酒或饮料，一名服务人员站在离话筒几步之处，用托盘托着两杯酒。一切都按事先的安排进行。

T公司的老板在进行热情而简短的致辞后，服务人员及时递上酒杯。正当宴会厅内所有宾客都站起来准备举杯祝酒时，突然，一列服务人员端着刚出炉的烤鸭进入宴会厅，并朝着各餐桌走去。在座宾客都被这列服务人员所吸引，欢快的氛围被破坏。T公司的老板在无奈之下，只能再一次提议全体举杯，但气氛已大打折扣。

3．意外事件控制

餐饮服务是直接对客服务，在服务过程中容易发生各种意外事件。管理人员应掌握控制意外事件的技巧，做好随时处理意外事件的准备。例如，发现有喝醉酒或即将喝醉酒的顾客，管理人员应告诫服务人员停止为该顾客添加酒精饮料。

（三）反馈控制

反馈控制是指通过顾客对服务质量的反馈，找出服务工作中的不足，并采取措施改进服务质量的活动。为做好反馈控制工作，餐饮企业应建立健全信息反馈系统，包括内部信息反馈系统和外部信息反馈系统。其中，内部信息反馈系统主要针对工作人员，外部信息反馈系统主要针对顾客。

任务实施

探究餐饮企业如何进行服务质量控制

【实施目的】

熟悉餐饮服务质量控制的内容。

【实施流程】

（1）学生自由分组，每组4～6人。

（2）每个小组选择一家餐饮企业，通过上网查找资料或实地调研等方法，了解该企业是如何进行预先控制、现场控制和反馈控制的。

（3）小组成员汇总和整理任务实施的成果，并制作成PPT。

（4）每个小组派出一名代表上台发言，其他同学发表看法，主讲教师进行点评。

任务二　餐饮服务问题处理

任务导入

时髦老人的投诉

一天，某酒店餐厅进来了一位衣着讲究、打扮时髦的老奶奶。服务人员小周热情地将其引入座位，递上菜单，并在老人看菜单的间隙为其倒了红茶。老人看到后，突然脸色一沉，说："我没让你给我倒红茶，你为什么要倒？我明明喜欢绿茶！"

小周微笑着对老人说："老奶奶，这是我们酒店的标准，会给每一位来用餐的顾客备上红茶，味道很不错，您可以试一试。"

老人一听，大怒："我有那么老吗？我说了我喜欢喝绿茶，你非给我倒红茶，你把你们经理叫来，我要投诉！"

听到动静的餐厅经理马上赶了过来。老人对经理说："你们酒店的服务太让我失望了！我需要你给我一个合理的解释。"经过询问，经理了解了事情的原委，于是笑着对老人说："非常抱歉阿姨，这红茶是特意为顾客准备的餐前茶，它有助于消食开胃，且具有美颜的功效，非常适合您，如果您不喜欢，我马上单独为您换绿茶。"

听到经理的话，老人的脸色好看了很多，又指着菜单对经理说："你们这里的水晶虾仁怎么这么贵？想坑人吗？"

经理不慌不忙地对老人说："这道菜是我们酒店的特色菜，原料都是经过再三挑选，然后精心烹饪的。我们规定选用的虾仁是一斤二十个，不多不少。个头、脆度、弹性都很到位，品质绝对上乘，我们这儿的大部分顾客都是冲着这道菜来的。"听后，老人一下高兴了，点了一盘水晶虾仁。

思考：

（1）处理投诉的流程有哪些？

（2）上述案例中，餐厅经理是如何处理投诉的？

知识链接

扫一扫

什么是投诉

一、处理投诉

顾客投诉是餐饮企业最不希望发生却又难以避免的事情，是餐饮企业需要高度重视的问题，一旦处理不好，就会影响企业的形象和效益。顾客投诉的原因有很多，如服务不到位、菜品有问题、餐具存在缺陷、用餐环境和氛围不好等，但无论是由何种原因引起的投诉，餐饮企业都应进行合理处理。

（一）处理投诉的原则

餐饮企业应正确对待顾客投诉，将投诉视为了解顾客需求、检查企业服务质量和改进工作的重要依据。在处理顾客投诉时，应遵循以下原则。

1. 有章可循

餐饮企业应制定关于投诉处理的规定，让负责处理投诉的人员在处理投诉时有章可循，如菜品中有异物的投诉、顾客认为菜品价格不合理或菜品不新鲜的投诉的处理规定等。

2. 顾客至上

对待投诉的顾客，相关人员应持欢迎态度，树立“顾客永远是对的”“顾客是上帝”的理念，不与顾客争吵，不为自己辩护，积极为顾客解决问题。

3. 兼顾顾客与企业利益

在处理投诉时，处理投诉的人员应兼顾顾客与企业双方的利益。一方面，要为顾客排忧解难，给顾客合理的解释和处理结果；另一方面，也要维护企业的利益，除了顾客的人身财产确因企业的过失受损外，慎用退款和减少收费的处理方法，而应通过与顾客面对面的沟通、提供额外服务及对顾客的关心、体谅、照顾来解决。

4. 责任分明

餐饮企业应明确处理投诉的部门、人员及其具体责任与权限，以及处理争议的部门和负责人等。在处理投诉时，处理投诉的部门和人员不得推卸责任。

（二）处理投诉的流程

餐饮企业应按流程处理顾客投诉，具体包括以下几个方面。

1. 快速回应

在接到顾客投诉时，应快速回应，热情地接待顾客，将顾客引导至合适位置，并奉上茶水或其他不含酒精的饮料，以积极的态度和礼貌温和的语言与其交流。

2．认真倾听

认真倾听并记录顾客的问题，准确领会顾客的意思，为处理投诉提供依据。在此期间，对待顾客要有耐心，态度要诚恳，不打断或反驳顾客，可用恰到好处的表情或肢体语言表达自己对顾客遭遇的同情。

3．真诚致歉

在倾听完顾客投诉的问题后，应真诚地向顾客表达歉意，如“此事非常抱歉，我们理解您现在的心情”。同时，应主动表达愿意帮助顾客解决问题的意愿，如“我们一定会想办法帮您解决”，从而缩短与顾客之间的情感距离，取得顾客的信任。

4．着手处理

在着手处理投诉时，应做好以下工作：

（1）对当场能处理的投诉，应立即处理；对需要一定时间处理的投诉，应尽早处理；对短时间内难以处理的投诉，如需要鉴定、检查、收集资料等的投诉，应向顾客说明原因，并确定处理时间。

（2）根据调查结果和处理依据，提出合理的处理意见，并选择合适的处理方式，如精神上的安慰、物质上的赔偿等，尽可能满足顾客的合理要求。

提　示

如果顾客对投诉处理结果不满，可采取以下措施解决：① 双方进一步协商和调解；② 申请由第三方进行调解；③ 建议顾客向消费者权益保护机构或其他相关部门申诉；④ 向仲裁机构提出仲裁申请；⑤ 通过法院判决。

5．关注结果

跟踪处理结果，采用电话回访、邮件调查等方式获取顾客的反馈意见和满意度，向顾客确认问题是否得到切实解决。

6．反思、存档

餐饮企业应主动反思，并针对造成此次投诉的原因对企业的服务工作加以整顿，以防再次发生此类投诉。同时，应将此次投诉的相关情况及处理结果整理成文字材料，按内容分类，存档备查。

课堂讨论

某酒店餐厅的服务员小净在为 288 包间的顾客上菜时，被在包间内到处乱窜的小孩绊倒，将汤汁溅到一位男顾客的衣服上。该顾客非常气愤，向酒店投诉，要求小净按其衣服价格全额赔偿。

请问：假如你是该酒店餐饮部经理，你会如何处理此次投诉？

同步案例

一盘有头发丝的菜

W 酒店的餐饮部接到顾客投诉，说油焖大虾里有头发丝，餐饮部张经理立即前往顾客所在包间进行处理。在去往包间的路上，张经理仔细询问了该包间服务人员关于此次投诉的具体情况，包括该包间的顾客人数、是哪位顾客发现的头发丝、该顾客给人的感觉如何、油焖大虾是否已经撤走等。

到了包间，张经理诚恳地向顾客道歉。顾客说："我们先吃饭，结账时再说，你们去想个解决办法吧！"

张经理从包间出来后，提醒包间服务人员随时注意顾客的情绪。然后，他到收银处询问此包间的消费情况和此盘油焖大虾的价格。了解情况后，张经理想出了两种解决方案：一是不计算油焖大虾的价格（近 200 元），并给顾客打 88 折，但该包间的顾客消费不高，采用这种方案，酒店的损失较大；二是先给顾客打 88 折，观察顾客的反应，再决定算不算油焖大虾的价格，该方案能减少酒店的损失，但容易引起顾客不满。

顾客结账时，张经理微笑着对顾客说："王先生是第一次来武汉吗？您觉得武汉这座城市怎么样？"

顾客答道："我这是第一次来武汉，但武汉给我的印象非常好。"

张经理说："那您一定要在武汉好好玩玩了，黄鹤楼、东湖、湖北省博物馆等景点都非常不错。"

"真的？有时间一定去看看。"顾客说。

这时，收银员将账单打好了，张经理接过账单看了看，对收银员说："给王先生打 88 折。"接着，又对顾客说："王先生，今天的事真的对不起，还望您多多谅解！"

"我们常在外面用餐，这样的事以前也遇到过，不是什么大问题，以后多加注意就行！"顾客回答说。

"非常感谢您对我们的理解，我们以后一定多加改进。不知您对我们的服务还满意吗？"张经理接着问。

"满意，你们的服务还不错。"

结账完毕后，张经理亲自将顾客送到酒店门口，并表示希望他们再来酒店用餐。

二、处理常见的突发事件

餐饮服务人员在服务过程中，经常会遇到各种突发事件。服务人员在遇到突发事件时，应保持平稳的心态，以顾客利益和企业利益为重，并采取合理、有效的处理措施。餐饮企

业常见的突发事件及其处理方法如下。

（一）醉酒

餐饮服务人员在遇到顾客醉酒的情况时，应做好以下工作：

（1）及时礼貌而委婉地提醒已经喝多酒的顾客及在座的其他顾客停止饮用酒精饮料。

（2）为醉酒的顾客提供糖水、茶水等解酒饮品或解酒药。

（3）对醉酒呕吐的顾客表示关心，并立即清理场地，不能表现出愤怒、不耐烦的情绪。

（4）如果顾客因醉酒而闹事，应请与其同行的顾客进行劝阻，使其安静下来；如果该顾客是单独来的，应请保安人员进行劝阻，并及时联系其家人或朋友，必要时可报警处理。

（5）如果顾客因喝醉酒摔碎餐具，应进行清理，并请顾客照价赔偿。

（6）发现顾客出现酒精中毒症状时，应立即拨打 120 求救，或及时将其送往医院。

餐饮小知识

酒精中毒及其急救措施

1. 什么是酒精中毒

酒精中毒是指饮酒者饮酒过量导致身体机能异常的状态。一般而言，酒精中毒可分为急性酒精中毒和慢性酒精中毒。其中，急性酒精中毒会在短时间内给饮酒者带来较大伤害，甚至可能导致其死亡；慢性酒精中毒会给饮酒者带来累积性伤害，如酒精依赖、精神障碍、酒精性肝硬化，甚至诱发口腔癌、舌癌、食管癌、肝癌等。

2. 酒精中毒的急救措施

餐饮服务人员发现有顾客酒精中毒后，可通过以下方式进行急救。

（1）酒精中毒较严重的顾客，会出现烦躁、昏睡、脱水、抽搐、休克或呼吸微弱等症状。此时，应立即拨打 120 求救或立即将该顾客送往医院救治。

（2）轻微酒精中毒的顾客，会出现兴奋、吐字不清、走路不稳、情绪不定等症状，并伴有面部潮红、心率加快、眩晕和呕吐等症状。此时，可采取以下措施：

① 制止该顾客继续饮酒，并劝说其多喝水或果汁。

② 用筷子刺激顾客咽喉，使其呕吐，以减轻酒精对顾客胃黏膜的刺激。

③ 劝说顾客休息，并注意保暖。

④ 如果发现顾客面色苍白、大汗不止、心律不齐、呼吸异常或昏迷不醒等，应及时送往医院救治。

（二）打架

如果顾客在用餐时发生争吵或打架闹事，服务人员应及时劝阻或联系保安人员进行劝

阻；如果事态严重，服务人员应立即报警处理，并注意保护现场。

提　示

劝阻顾客的方法要合理，用词要恰当，不评论谁是谁非，不干预纠纷。同时，要维护企业的正常秩序和其他顾客的利益。

（三）损坏餐具

顾客在用餐时，可能会不小心损坏餐具，对于这类事件，服务人员可按以下流程处理：

（1）向顾客表示关怀，询问其是否受伤，不指责顾客。

（2）迅速清理破损的餐具，并为顾客换上新餐具。

（3）将情况上报，根据相关规定决定是否需要顾客赔偿。若需要赔偿，应礼貌地向顾客说明相关规定，并通知收银员在顾客结账时计算收款。

（四）丢失财物

若顾客在用餐过程中丢失财物，服务人员可按以下方法进行处理：

（1）对顾客丢失财物表示同情与关心，并尽全力帮助顾客寻找。

（2）问清顾客用餐的具体位置、餐桌号，物品的件数和特征等情况，并通知相关部门协助寻找；如果一时找不到，可请顾客留下联系方式和联系地址等，以便找到财物后及时联系顾客。必要时可报警处理。

（3）有的顾客丢失财物后，可能会误会是服务人员造成的，有的顾客甚至会说出较偏激的话。此时，服务人员应保持冷静、不急不恼、认真寻找，以实际行动证明自己，积极为顾客排忧解难。

提　示

为了防止顾客丢失财物，当顾客进入餐厅时，服务人员就应热心、适度地提醒顾客保管好自己的财物。

（五）停电

餐饮企业营业期间，可能会因为各种原因而停电。此时，服务人员可按以下流程进行处理：

（1）保持镇静，设法稳住顾客的情绪，请顾客不必惊慌。

（2）开启应急灯或在顾客的餐桌上点起备用蜡烛，并礼貌劝说顾客不要离开自己的座位。

提　示

> 餐饮企业应定期检查应急灯的插头、开关、灯泡等是否能够正常运行。备用蜡烛应存放在固定位置，以便随时取用。

（3）立即与有关部门取得联系，了解停电原因。如果是餐饮企业供电设备出现了问题，应立即派人检查、修理，尽快恢复供电；如果是地区停电，或是其他一时不能解决的问题，应向顾客表示歉意和说明情况，并继续为顾客提供服务，且暂不接待新顾客。

（六）溅洒汤汁、酒水

在顾客用餐期间，因服务人员不小心或顾客自己不注意，导致汤汁、酒水等溅洒到顾客身上的事件时有发生。在处理这类事件时，服务人员应做好以下工作：

（1）诚恳地向顾客道歉，然后用干净的湿毛巾为顾客擦拭污渍；如果是女顾客，则应由女服务人员为其擦拭。

（2）如果顾客衣物被溅洒的面积比较大，无法擦拭干净，则应为其提供备用的干净衣物，并将其换下的衣物清洗后归还。

（3）如果顾客被烫伤，应及时采取措施处理。

（七）菜品中有异物

在服务过程中，餐饮企业可能因为某些工作做得不到位而导致菜品中有草根、石子、毛发等异物。在处理此类事件时，服务人员应做好以下工作：

（1）向顾客道歉，并立即撤下有问题的菜品。

（2）分辨菜品中是否真的有异物，如果确定有异物，应立即为顾客重做一份，或在征求顾客的意见后为其更换其他菜品，同时，再次诚恳地向顾客致歉。

（3）调查分析菜品中产生异物的原因，并对产生异物的环节进行整改，以防再次发生此类事件。

三、为特殊人群提供服务时的注意事项

（一）残障顾客

残障顾客最担心被他人用异样的眼光看待，因此，餐饮服务人员应尽量将其安排在不容易被打扰的位置，以平等的思想和观念与其交流，并用礼貌、热情的态度为其服务。

1. 盲人顾客

服务人员在为盲人顾客服务时，应尽量为其提供方便，具体做法如下：

（1）为顾客读菜单，对某些菜品进行解释，并避免使用形容颜色的词。

（2）服务前，应先礼貌地提醒一声，以免顾客受到惊吓。

（3）菜品上桌后，要告知顾客每道菜的具体位置。

2．肢体残疾顾客

服务人员在为肢体残疾顾客服务时，应做到以下几点：

（1）尽量将顾客安排在能够遮挡其残疾部位的座位上。

（2）帮助顾客收起拐杖、轮椅等辅助器具，帮助有需要的顾客脱掉外衣。

（3）当行走不便的顾客需要上洗手间时，应帮助其坐上轮椅，并将其推到洗手间外；需要进一步服务的，应请与该顾客同性别的服务人员为其服务。

如何接待残障顾客

3．聋哑顾客

为聋哑顾客服务时，服务人员应耐心且细心地观察其肢体语言、揣摩其想表达的意思，用简单的手势征求其意见。

（二）带小孩的顾客

在为带小孩的顾客服务时，服务人员应给予其更多的关注，做好以下工作：

（1）提供儿童专用座椅，使顾客能够轻松、愉快地用餐。同时，儿童座椅的位置应尽量避免靠近过道，以免发生危险。

（2）不将刀叉等餐具摆放在小孩面前，易碎的酒杯、茶壶等物品也应摆放在小孩够不到的地方。

（3）如果有儿童菜单，应请顾客先为小孩点菜，并先为小孩上菜。

（4）为小孩提供安全的餐具，不使用玻璃制品。同时，应为小孩提供容量较小的饮料杯，以便其使用。

（5）小孩在过道上玩耍、打闹，或影响其他顾客正常用餐时，应委婉地建议其父母注意看管。

（6）未征得顾客的同意，不随意抱、抚摸、逗弄小孩，或喂小孩食物。

（三）老年顾客

服务人员在为老年顾客服务时，应给予其特殊照顾。例如，老年顾客进入餐厅时，应主动将其扶入较安静且便于出入的座位；为老年顾客推荐的菜品，应以烂、软为主，以便咀嚼；在为老年顾客上菜时，应把握上菜的速度，不能让其久等。

精业笃行

下次我们还来这儿

某天，A 餐厅的迎宾员小郭看到一名女士搀扶着一位老人向餐厅走来。小郭意识到老人的行动不大方便，于是，微笑着来到两位顾客面前，对老人说：“老爷爷，您慢点，我来搀扶您吧！”到了餐厅，小郭将旋转门的速度放慢，让老人安全地走进了餐厅。

进入餐厅后，小郭将他们安排在一个出入方便且比较安静的位置上，然后微笑着离开了。待他们用完餐离开时，小郭又细心地将他们送至停车场，为老人拉开车门，还在老人上车后为其将双腿扶正并盖上毯子，然后轻轻关上车门。

小郭这一系列的服务使老人非常感动，连连称赞说：“你们的服务太好了，下次我们还来这儿！”

任务实施

分析案例

某餐厅进来一位头发金黄、皮肤白得异常、走路一颠一跛的顾客。迎宾员像见了传染病人一样，与这位顾客保持着很远的距离，将其引入餐厅，并安排在餐厅的角落位置。

待该顾客入座后，服务员站在离他很远的地方为他倒茶。之后为他点菜、上菜时，也一副不情愿的样子，态度十分冷淡。同时，还有几名服务员站在角落里小声议论，并对他指指点点。该顾客非常不满，正要发火时，发现餐厅里其他顾客也在偷偷回头看他。于是，他立即结账，准备离开。但是在结账时，收银员表示不收现金，要求他用微信、支付宝或网银支付。

该顾客认为自己被歧视了，非常气愤，表示要投诉相关服务人员，并要求餐厅给他一个说法。

【实施目的】

熟悉如何处理投诉。

【实施流程】

（1）学生自由分组，每组 4～6 人。

（2）以小组为单位分析上述案例，并列出处理该投诉的流程。

（3）每个小组派出一名代表在课堂上进行展示，其他同学发表看法，主讲教师进行点评。

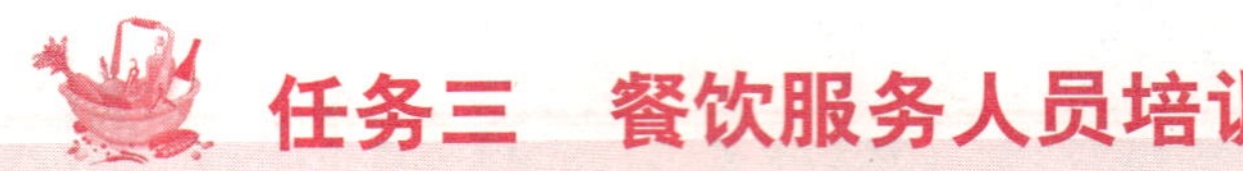

任务三　餐饮服务人员培训

任务导入

香格里拉酒店集团的员工培训

香格里拉酒店集团（见图9-4）十分重视员工的培训工作，要求下属酒店每年至少投入员工工资总额的2%用于员工培训。除此之外，集团还打造了一套全方位的培训体系，对集团所有员工都制定了具有针对性的培训方案。

图9-4　香格里拉酒店集团

1．新员工四阶段培训

在新员工培训方面，集团提出了四阶段培训法：第一阶段为服务意识和企业理念培训；第二阶段为服务理念和服务技能培训；第三阶段为如何处理顾客投诉、如何赢得顾客忠诚度培训；第四阶段为如何倾听顾客感受、如何向顾客道歉、如何当场处理突发事件培训。

2．伙伴式的“以老带新”

集团让新员工与其所在部门的一名老员工结成伙伴关系，以“以老带新”的方式帮助新员工快速融入新环境，快速成长。

3．管理人员培训

针对不同层次的管理人员，集团制订了不同的培训计划。例如，针对主管级别员工的培训以在岗集中培训方式为主，培训内容主要是基本的服务流程和服务技巧，被称为“部门培训”；针对部门经理级别员工的培训，以介绍集团文化为主，被称为“天使培训”；针对总监和副总监级别员工的培训，则侧重于领导力的培养，被称为“卓越督导培训”。

4. “导师制”培训

集团制订了一系列针对中高层管理人员（如集团行政培训生、集团行政管理培训生和集团高级行政管理培训生）的培训方案。其目的是将三级经理培养为二级经理，将二级经理培养为一级总监，将一级总监培养为未来的总经理或驻店经理。

中高层员工一旦被选为集团行政培训生、集团行政管理培训生或集团高级行政管理培训生，就要接受为期 16 个月的专项培训。在培训期间，员工会在不同的酒店接受特定的训练，而各酒店的总经理将作为导师给予其指导并对培训效果进行评估。培训结束后，总部会对参加培训的员工做出评价，判断其是否能够顺利“毕业”，然后再将其安排到合适的酒店担任新职务。

思考：

（1）餐饮服务人员培训的内容有哪些？

（2）上述案例中使用了哪些培训方法？

知识链接

服务人员培训是指餐饮企业根据自身的现状和发展需要，有目的、有计划地提高服务人员的知识、技能等的活动。对服务人员进行培训，既是提高服务人员素质和能力的有效方法，又是提高餐饮企业管理水平和服务质量的重要途径。

一、服务人员培训的内容

（一）知识培训

餐饮服务人员只有在掌握丰富知识的基础之上，才能为顾客提供优质服务。餐饮企业的知识培训主要包括以下内容。

1. 企业及其所处环境的基本情况

企业及其所处环境的基本情况是服务人员应该掌握的基本知识，具体内容如下：

（1）企业各营业场所的分布情况。

（2）企业的组织结构、各部门的职能情况。

（3）企业的发展历程、发展目标和企业文化。

（4）企业所处的地理位置，周围的交通设施、旅游景区和景点、娱乐场所、购物场所等。

2. 文化知识

文化知识包括历史知识、地理知识、语言知识等。例如，在为外国顾客提供服务时，如果用其母语与其交流，能够迅速拉近与顾客的距离，大大提高顾客的满意度。

3．岗位职责

服务人员应了解自己所在的岗位，明确本岗位的职责和重要性；了解服务的对象、标准、流程；了解岗位的基本要求，包括礼貌礼节和仪容仪表等方面的要求。

4．国家法律法规和企业规章制度

服务人员应了解相关的国家法律法规，如《中华人民共和国民法典》《中华人民共和国劳动法》《中华人民共和国消费者权益保护法》等。同时，服务人员还应掌握企业的规章制度，不做出违反企业规章制度的行为。

（二）技能培训

技能培训主要包括以下内容：

（1）表达能力。服务人员应能准确地向顾客表达自己的意思和看法。例如，向顾客介绍某道菜肴时，应做到用词准确、逻辑清晰，能让顾客听得懂。

（2）交际能力。具备良好交际能力的服务人员，能在短时间内拉近与顾客的距离，在顾客心中形成良好的第一印象，从而提升企业在顾客心中的形象。

（3）观察能力。服务人员应善于观察，从细微处发现顾客的真实需求，做到想人之所想。例如，通过观察顾客的外貌、情绪和精神状态等，揣摩顾客的真实需求。

（4）应变能力。服务人员需要与众多顾客打交道，及时处理各种突发事件，这需要较好的应变能力做支撑。

（5）营销能力。服务人员的本职工作之一是向顾客推荐本企业的新菜、特色菜等，促成顾客消费，因此，服务人员还应具备一定的营销能力。

（6）新设备应用能力。许多餐饮企业的服务人员还需要具备一定的新设备应用能力。例如，收银员应会使用智能收银机进行支付宝、微信、银联等收款操作，餐厅服务员应会使用电子菜单、送餐机器人，厨房工作人员应会使用智能抽油烟机、智能消毒柜等。

（三）从业观念培训

树立正确从业观念的服务人员，会积极主动地为顾客服务，会不断提高自己的服务能力，且具备较强的责任心。因此，餐饮企业应加强对服务人员的从业观念培训。从业观念培训主要包括以下内容：

（1）大局观。具备大局观的服务人员，会时刻以企业的利益优先，不做有损企业形象和声誉的事情。

（2）主人翁意识。具备主人翁意识的服务人员，会把企业的整体目标当作自己努力的方向，在自己的岗位上兢兢业业、尽心尽责。

（3）商品观。服务人员应认识到，自己为顾客所提供的服务实际上是一种无形的商品，是影响企业效益和企业发展的重要因素。

（4）质量观。服务人员应意识到，在为顾客服务的过程中，如果自己的态度不好、礼节不周、仪容仪表不整洁等，会降低企业的服务质量。

（四）从业心理素质培训

服务人员应具备的从业心理素质主要包括以下内容：

（1）态度。服务人员应保持良好的态度，积极热情、一视同仁地为顾客服务。例如，不因顾客的年龄、国籍、性别、身体状况等而有区别地对待顾客。

（2）意志。服务人员应具备克服困难、为达目标不懈努力的决心。

（3）情感。服务人员应热爱企业和自己的职业，具备强烈的职业荣誉感。

餐饮小知识

餐饮服务人员培训的类型

1．入职培训

入职培训即岗前培训，是指在新员工正式上岗前进行的培训。它主要由人力资源部组织进行，目的是帮助新员工迅速熟悉企业。

2．在岗培训

在岗培训是指在员工在岗期间进行的培训，是餐饮企业的一项长期性、循环性的任务。其目的是不断提高员工的工作效率和技能水平。

3．转岗培训

转岗培训是指为使需要转移到另一岗位的员工尽快适应和熟悉新岗位而进行的培训。其对象一般具有一定的工作经历和实践经验，但由于新岗位与原岗位的要求和工作内容差别较大，员工需要经过系统、全面的培训才能适应。

4．晋升培训

晋升培训是指为使拟晋升员工符合更高一级岗位要求而进行的培训。其意义在于，当某个领导岗位出现空缺时，能够尽快培养出能胜任该岗位的候选人。

5．脱产培训

脱产培训是指让部分员工暂时离开工作岗位，接受计划性、系统性的培训。例如，将员工送至某专业院校进修。

二、服务人员培训的方法

什么是讲授法

（一）讲授法

讲授法是指通过口头语言向员工传授知识的方法。其优点是可同时

对多人进行培训，经济高效，时间集中，培训过程中不易被干扰，对培训设施和环境的要求不高，有利于员工进行系统学习；缺点是培训者与员工缺乏沟通和联系，无法顾及个体差异。

（二）操作示范法

操作示范法是指通过现场演示将相关的技术、流程、概念等传授给员工的方法。此方法能够进行现场指导，便于随时纠正错误，适用于讲授操作性较强的工作内容，如餐巾折花、摆台、上菜、斟酒等。

（三）案例分析法

案例分析法是指选择一个或几个案例让员工进行分析、研究和讨论，并提出见解的方法。所选案例应具有典型性、实用性、趣味性和启发性，能激发员工的兴趣和引导员工思考。此方法能使理论与实际紧密结合，培养员工分析问题、判断问题和解决问题的能力，适用于课堂教学和会议讨论式教学。

什么是案例分析法

（四）角色扮演法

角色扮演法是指让员工扮演各种角色，模拟实际情景，从而改进服务态度和行为的方法。其优点是趣味性较强，能够激发员工的兴趣；缺点是情景设置较刻意，缺乏现实性，且容易突出个体，忽略集体，不利于培养员工的团队精神。

（五）视听教学法

视听教学法是指利用电脑、电视机、录像机、投影仪等教学辅助工具进行课堂教学的方法。其优点是能够提高员工的学习兴趣，增强学习效果，锻炼员工的表达能力和处理问题的能力；缺点是成本较高，需要配备相应的设备。

（六）"以老带新"法

"以老带新"法是指让老员工与新员工结成伙伴关系，并在日常工作中将自己的经验和技能传授给新员工的方法。此方法不会影响餐饮企业的日常工作，能有效消除新员工对企业的陌生感，并快速学习服务知识和技能。

（七）互联网培训法

互联网培训法是指餐饮企业将培训内容发布在企业网站上，让员工自行学习的方法。网站的资料非常丰富，而且学习时间不受限制，能够让更多员工接受培训，同时还能节省培训成本。

课堂讨论

小杨是Q餐厅新入职的服务员。入职第一天上午，她在餐厅的会议室中参加了入职培训，在培训过程中，培训教师用幻灯片讲述了很多关于餐厅的知识；中午，她被安排到同一部门的老汪身边，跟着老汪熟悉工作环境和工作内容；下午，她又参加了餐厅员工的在岗培训，培训教师现场展示了如何使用托盘、如何上菜和分菜等。

请问：Q餐厅采用了哪些培训方法？

任务实施

进行实地调查

【实施目的】

熟悉服务人员培训的方法。

【实施流程】

（1）学生自由分组，每组4～6人。

（2）各小组至少选择三家餐厅进行实地调查。了解该餐厅在对服务人员进行培训时采用了哪些培训方法。

（3）小组成员汇总和整理任务实施的成果，并制作成PPT。

（4）每个小组派出一名代表上台发言，其他同学发表看法，主讲教师进行点评。

英语积累角

服务效率　efficiency of service

服务流程　service procedure

现场控制　field control

反馈控制　feedback control

投诉　complaint

突发事件　emergency

特殊人群　special crowd

员工培训　employee training

入职培训　induction training

服务技能　service skills

项目考核

1．选择题

（1）以下选项中，（　　）属于预先控制。

A．服务流程控制　　B．上菜频率控制

C．物品控制　　D．反馈控制

（2）餐饮企业处理顾客投诉的流程是（　　）。

① 快速回应　　② 认真倾听　　③ 反思、存档

④ 着手处理　　⑤ 关注结果　　⑥ 真诚致歉

A．①②③④⑤⑥　　B．①②⑥④⑤③

C．①②④⑤⑥③　　D．①②④⑥⑤③

（3）马丽是某酒店餐饮部的管理人员，她通过现场展示折餐巾花的流程和技巧、摆台的流程和技巧、斟酒的流程和技巧等，对员工进行培训。这种培训方法属于（　　）。

A．视听教学法　　B．操作示范法

C．案例分析法　　D．角色扮演法

2. 判断题

（1）餐饮服务人员在职业活动中应遵守道德规范和行为准则，包括爱岗敬业、诚实守信、办事公道、热情服务和奉献社会等。（　　）

（2）反馈控制是指通过顾客对服务质量的反馈，找出服务工作中的不足，并采取措施提高服务质量的活动。（　　）

（3）餐饮服务人员应及时礼貌而委婉地提醒已经喝多酒的顾客及在座的其他顾客停止饮用酒精饮料。（　　）

（4）当餐厅停电时，服务人员应开启应急灯或在顾客的餐桌上点起备用蜡烛，并说服顾客离开餐厅。（　　）

（5）餐饮服务人员应用平等、礼貌、热情的态度为残障顾客服务，并尽量将他们安排在餐厅门口，以方便他们出入。（　　）

3. 简答题

（1）餐饮企业在制定服务标准和流程时，应考虑哪些内容？

（2）简述餐饮企业处理投诉的原则。

（3）简述餐饮服务人员培训的内容。

4. 案例分析题

张某到杭州出差。某天下午，他邀请了三位好友在G酒店的餐厅聚餐。四人喝了四瓶白酒后，都有醉意，但意犹未尽，于是又要求服务员为他们上一箱啤酒。服务员爽快地答应了。当天晚上，四人都醉了，张某更是醉得不省人事，于是四人直接在酒店客房休息。第二天，好友醒来后发现张某已停止了呼吸。

事后，张某家属将G酒店和张某的三位好友告上了法庭。法律专业人士表示，如果张某确实因为饮酒过度死亡，那么G酒店和张某的三位好友都需要承担相应责任。

问题：

餐饮企业应如何避免发生上述事件？

项目十

餐饮营销管理

项目引言

在餐饮市场竞争日益激烈的今天，进行科学、有效的营销管理是餐饮企业顺利开展营销活动并取得良好营销效果的重要保证。本项目首先介绍如何分析餐饮营销市场，然后介绍餐饮营销方式与营销活动，使学生全面掌握餐饮营销管理的知识和技能。

知识目标

- 熟悉如何分析营销环境和进行市场细分。
- 熟悉如何选择目标市场和进行市场定位。
- 熟悉餐饮营销方式与营销活动。

素质目标

- 学会以联系和发展的眼光看待餐饮营销市场，密切关注相关政策和行业发展动态，紧跟行业发展潮流。
- 培养创新精神，学会把中国优秀传统文化融入营销活动中，让中国文化散发魅力。

任务一　分析餐饮营销市场

任务导入

困惑的老沈

天天餐厅开业三个月了，但生意一直不好。老板老沈认为这是餐厅菜品太少的缘故。于是，他又聘请了几名大厨，增加了菜品种类。然而，天天餐厅的营业额却没有如老沈期望的那样得到提高。

某天，老沈邀请来本地旅游的朋友吃饭。在饭桌上，老沈向朋友抱怨了此事，表达了自己的困惑。

朋友在另一座城市经营一家餐厅已有十余年，在听完老沈的抱怨后，他问老沈："你知道什么是市场定位吗？"

老沈摇头，表示自己并不知道。

朋友说："所谓市场定位，就是你的餐厅及产品在顾客心中的位置。市场定位的关键就是突出特色。如果顾客来店里消费，感受不到餐厅的特色，那么他们再次光顾的可能性就非常小；如果餐厅非常有特色，给顾客留下了深刻的印象，那么他们再次光顾的可能性就非常大。"

听到朋友的解释，老沈激动地问："那我该如何进行市场定位呢？"

朋友说："总的来说，市场定位可以从三个方面进行。

"一是产品定位。你们餐厅中的菜品虽多，但其他餐厅也有这些菜品，你们餐厅并不存在优势。因此，你应培养自己的'拳头'产品，突出特色，做到'人无我有，人有我优'，只有这样才能吸引顾客并留住顾客。

"二是品牌定位。很多餐厅总想通过价格战来打败竞争对手，然而，现在顾客追求的是品牌。因此，你应注重打造自己的品牌，提高餐厅的文化品位，塑造独特的餐厅形象，从而获得顾客的青睐。

"三是客群定位。你可以根据年龄段、收入水平、地域分布等，对客群进行划分，并从中挑选出最喜欢、最适合你们餐厅的群体。因为不同群体的消费习惯、消费诉求和消费方式等往往不一样，你只有知道你的产品最适合哪些人，才能为你的产品找到销路。"

听了朋友的话，老沈恍然大悟，说："原来经营餐厅还需要做这么多功课，难怪我的餐厅经营不好！"

思考：

（1）什么是市场定位？

（2）从上述案例可以看出市场定位包括哪些内容？

知识链接

分析餐饮营销市场是餐饮企业顺利开展营销活动的前提，其步骤如图 10-1 所示。

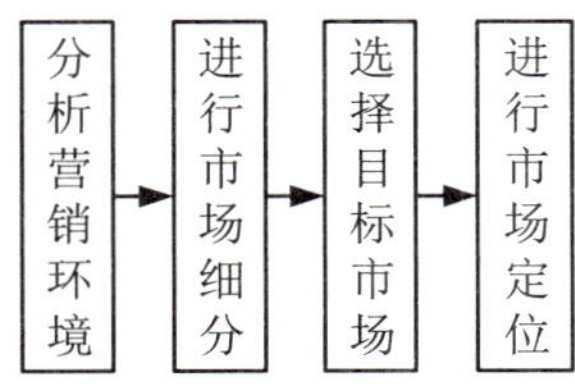

图 10-1　分析餐饮营销市场的步骤

一、分析营销环境

营销环境是指影响餐饮企业开展市场营销活动的所有因素的集合。它既会给餐饮企业带来市场机会，也会对餐饮企业构成威胁。通过分析营销环境，餐饮企业可以了解环境的变化状况及其对企业营销策略的影响，从而采取策略使企业更好地适应和利用环境。营销环境主要包括宏观环境和微观环境。

（一）宏观环境

宏观环境是指餐饮企业无法控制的环境因素，主要包括以下内容：

（1）人口环境，即餐饮企业所在区域的人口状况，主要包括分布状况、性别比例、年龄结构、流动状况、文化水平、家庭结构和民族结构等。

（2）经济环境，主要包括餐饮企业所在国家或地区的经济发展水平和当地居民的收入状况。

（3）政治环境，主要包括国家法律法规和政策条文。餐饮企业管理人员应了解并严格遵守相关的法律法规；同时，还应学习、研究相关的政策和规定，从中发现对餐饮企业经营有利的条文和信息，并加以利用。

旗帜引领

广州市商务局：将制定餐饮产业扶持政策

2021 年 3 月 31 日，广州市人大常委会主办的《羊城论坛》聚焦“粤菜师傅”工程羊城行动展开讨论。广州市商务局特种商业处副处长李某表示，市商务局将制定餐饮产业的扶持政策，优化行业的顶层政策设计。同时，大力引导粤菜餐饮企业向现代化经营转变，使其不断提高经营管理水平，从而打造一批具有核心竞争力的粤菜领军企业品牌。

“我们会推动粤菜老字号守正创新。”李某说。她还表示，将推动粤菜老字号进行线上发展，开展老店焕新的活动，从而推动餐饮老字号活化，让更多人了解广州餐饮老字号。

此外，广州市还积极举办广州国际美食节，不断擦亮“食在广州”的城市名片，宣传粤菜餐饮文化，让大众了解和喜欢粤菜。同时，打造“餐饮+”的概念，包括餐饮+旅游、餐饮+购物、餐饮+健康养生等，推动餐饮业和其他行业的融合，打造行业的发展增长点，推动广州市餐饮业的发展。

（4）自然环境。它直接决定餐饮企业经营所需的原料和能源费用。近年来，随着自然环境的不断恶化，餐饮企业应坚持可持续发展理念，积极践行绿色营销。

提　示

绿色营销是指餐饮企业以环境保护为经营指导思想，将自身利益、顾客需求和环境保护三者统一起来，以此为中心，进行产品的构思、设计、制造和销售。它要求餐饮企业在营销活动中，注意协调企业利益和环境保护之间的关系，以实现可持续发展。

（5）科技环境。信息技术的迅速发展给餐饮企业的发展带来了挑战和机遇，餐饮企业应高度关注新科技，主动寻求科技发展为企业带来的机遇。例如，物联网、云计算、大数据、人工智能等新科技，都可以成为餐饮企业寻求发展的突破口。

（6）文化环境。它是一个群体的价值观念、道德观念等的集中体现，是影响人们消费习惯和消费行为的重要因素。因此，在餐饮营销中，文化环境也是餐饮企业需要重点了解并利用的内容。

（二）微观环境

相对于宏观环境，微观环境的可控性较强，餐饮企业如果能够控制好微观环境，则能

够增强营销效果。微观环境主要包括以下内容：

（1）内部环境，主要包括餐饮企业的经营理念、经营项目、发展目标、人力资源、服务模式、规章制度和总体形象等。

（2）供应商，即为餐饮企业提供各种物资的企业或个人。餐饮企业如果没有较为稳定的供应商为其提供物资，就无法正常运转，市场竞争力也会大打折扣。

（3）顾客，餐饮企业应始终以满足顾客的需求为营销活动的起点和终点。

（4）竞争对手，即在一定区域内，与本企业具有相同客源市场和相似产品的餐饮企业。

（5）相关公众，包括所有与本企业有关系的个人和组织，如社区居民、新闻单位、商场、政府部门等。餐饮企业应重视这些公众，并与之建立良好的关系，从而保证企业营销活动的顺利进行。

二、进行市场细分

市场细分是指餐饮企业根据顾客在需求、购买行为和购买习惯等方面的差异，把一个整体市场划分为若干消费群体的过程。每一个消费群体就是一个细分市场，每一个细分市场都是由具有类似需求倾向的消费者构成的。

（一）市场细分的原则

餐饮企业在进行市场细分时，必须遵循一定的原则，主要包括以下几个方面。

1. 可衡量性原则

可衡量性原则包括两个方面的内容：一是细分市场的特征要素能够被量化，如性别比例、各年龄层次人数、家庭收入等；二是细分市场应范围明确、规模可被衡量，例如，某餐厅顾客的主要分布区域能够被界定。

2. 可接触性原则

可接触性原则是指利用餐饮企业现有的资源条件与市场营销能力，可以进入并占领所选定的细分市场。该原则主要有两个含义：一是细分后的市场值得餐饮企业去占领，也就是能为餐饮企业带来价值；二是细分后的市场是餐饮企业能够进入的，即餐饮企业具有进入某个细分市场的资源条件和竞争实力。

3. 稳定性原则

稳定性原则是指细分市场应在一定时期内保持相对稳定，以便餐饮企业制定长期、稳定的市场营销策略，有效地开拓并占领目标市场。

（二）市场细分的标准和变量

要进行有效的市场细分，餐饮企业应找出科学、合理的细分标准和细分变量。一般而言，餐饮企业进行市场细分的标准有地理因素、人口因素、心理因素和行为因素，每个细

分标准下又有不同的细分变量，如表 10-1 所示。

表 10-1　餐饮企业市场细分的标准和变量

细分标准	细分变量
地理因素	地理位置、城市规模、地形、地貌、气候、交通状况、人口密度等
人口因素	年龄、性别、职业、收入、民族、宗教、受教育程度、家庭人口等
心理因素	性格、购买动机、态度等
行为因素	购买的时间、数量、频率、习惯，对价格、渠道、广告的敏感程度等

三、选择目标市场

目标市场是指餐饮企业决定要进入的细分市场。选择目标市场就是餐饮企业在市场细分的基础上，根据自身的具体情况，对各细分市场进行评估，确定以某一细分市场作为营销活动的重点，并用合适的产品和服务来满足该细分市场需求的活动。

选择目标市场时，餐饮企业应考虑以下几点。

（一）目标市场的规模

餐饮企业选择的目标市场应有一定的规模且值得开发和经营，能够为企业带来可观的利润。例如，在一个城市的中央商务区开一家亲子餐厅是不可取的，因为商务区餐厅的就餐人群多为上班族，亲子餐厅的目标市场规模太小，其营业收入必然不高。

（二）目标市场的购买力

如果选择的目标市场对餐饮企业的产品存在潜在需求，但不具备购买力，不能给企业带来利润，那么该细分市场也不能成为目标市场。

同步案例

M 餐厅的失败

H 大学是 H 市唯一一所大学，占地面积非常广，学生人数较多，带动了周边餐饮业的发展。M 餐厅是 H 市内的一家高档餐厅，菜品价格较高。

M 餐厅的管理人员认为，H 大学能够带动一方经济的发展，该校学生的消费水平肯定不低，于是在 H 大学旁边开设了一家规格较高的分店。

然而，开业没多久，该分店就不得不停止经营。其原因是菜品价格太高，而学生的购买力不足。

（三）目标市场是否被垄断

餐饮企业在选择目标市场时，应分析并掌握竞争对手的经营状况和经营战略。如果竞争对手已经完全垄断了某一细分市场，那么该细分市场就不适合作为企业的目标市场。例如，某餐厅在一个产业园旁边，但该产业园的工作人员被要求只能在园中的食堂用餐，那么该产业园的工作人员就不能成为该餐厅的目标市场。

四、进行市场定位

市场定位是指确定餐饮企业及其产品在目标市场上的位置的活动。市场定位以目标市场的需求为中心点和出发点，目的是赢得目标市场的认可，并给其留下特殊的印象。

（一）市场定位的原则

餐饮企业在进行市场定位时，应遵循以下几个原则。

1. 顾客导向原则

餐饮企业应深入分析目标市场的共同特点，并以此作为市场定位的基本导向，从而实现产品与顾客需求的有效对接。例如，凤凰古城（见图 10-2）中有一家餐厅，其目标市场是游客，该餐厅以血粑鸭、酸汤鱼、酸肉、社饭、酸笋、米豆腐、血灌肠、板栗炖鸡等特色菜为主要经营产品，满足了游客对当地美食的需求，并以此在游客心中树立了苗族特色美食餐厅的形象。

图 10-2　凤凰古城

2. 差异化原则

餐饮企业在进行市场定位时，应寻找并展现自身与其他餐饮企业的差异，如产品差异、服务质量差异、服务过程差异、环境差异和价格差异等，以使顾客产生特殊的印象。例如，许多餐厅都有儿童套餐、双人套餐和多人套餐，某餐厅在此基础上，推出了老人套餐，受到了附近众多老年顾客的欢迎。

3. 灵活性原则

市场环境是不断变化的，餐饮企业在进行市场定位时，应时刻关注和把握市场的最新动态，根据市场的具体情况及时调整营销策略，从而使企业不断适应变化的市场。

课堂讨论

某连锁餐厅在某大学校园中开设了分店。餐厅根据该校学生的具体情况，细分出高档、中档和低档三个档次的目标市场。高档和中档的产品和服务比较好；而低档的产品类型较多，包括单人套餐、情侣套餐和团体套餐。套餐推出后，非常受欢迎。

请问：该餐厅的市场细分遵循了什么原则？

（二）市场定位的内容

餐饮企业进行市场定位的最终目标是在市场上找准本企业的最佳位置。为实现这一目标，餐饮企业在进行市场定位时，应做好以下工作。

1. 产品定位

产品定位是指餐饮企业集中产品的竞争优势，将本企业与竞争对手区别开来的活动。具体来说，餐饮企业可根据产品的档次、特色等进行定位。例如，西贝莜面村（见图 10-3）将其产品定位为西北菜，全聚德将其产品定位为北京烤鸭。

图 10-3 西贝莜面村

2. 价格定位

价格定位是指餐饮企业确定产品价格区间的活动。餐饮企业可根据产品的市场定位、自身实力等因素，来进行价格定位，如高价高质、货真价实、低价高质、物美价廉等。例如，萨莉亚意式餐厅（见图 10-4）物美价廉，受到众多顾客的青睐。

图 10-4　萨莉亚意式餐厅

3. 消费群体定位

消费群体定位是指餐饮企业在分析顾客的年龄、职业、经济收入等因素的基础上，准确地选择主要目标客源和辅助目标客源的活动。

4. 服务标准定位

服务标准定位是指餐饮企业选择各项服务标准的活动。服务标准主要包括服务态度标准、服务行为标准、服务理念标准和服务氛围标准等。例如，海底捞以高标准服务著称，其服务人员会在顾客进店时为顾客提供各种免费水果、零食，在顾客点餐时为顾客提供皮筋、手机袋、围裙、热毛巾，在顾客结账时为顾客提供口香糖；此外，所有服务人员都能做到对顾客有问必答、有求必应，有些门店甚至提供免费的美甲、擦皮鞋、才艺表演等服务。

（三）市场定位的策略

1. 迎头定位策略

迎头定位策略是指餐饮企业与竞争对手的定位相似或相近，与竞争对手争夺同一细分市场的策略。一般来说，当企业能够提供比竞争对手更令顾客满意的产品或在其他某些方面优于竞争对手时，可采用此策略。

2. 重新定位策略

重新定位策略是指餐饮企业发现最初的定位不科学、不合理或营销效果不明显，因而对原有定位进行调整的策略。餐饮企业重新定位的目的是使企业获得新的、更大的市场，寻求新的增长点。具体来说，餐饮企业可通过更换品牌、调整产品和服务内容等方法来进行重新定位。

3. 避强定位策略

避强定位策略是指餐饮企业意识到很难通过与竞争对手相抗衡来获得绝对优势，从而选择避开细分市场上强大的竞争对手，突出自己的特色来取得优势的策略。餐饮企业可根

据自身的条件，创造明显区别于竞争对手的新产品或新服务，以取得竞争优势。

同步案例

巴奴毛肚火锅的市场定位

一、品牌介绍

巴奴毛肚火锅（以下简称“巴奴”，见图 10-5）成立于 2001 年，以“让毛肚火锅代表中国文化走向全球”为使命、“品牌为大，创业者为本”为核心价值观，门店覆盖北京、上海、西安、苏州、郑州、无锡等 30 多个城市。从产品的标准化到操作的精细化，从操作的精细化到管理的规范化，巴奴在不断创新与优化中走出了一条适合其发展的道路。

图 10-5　巴奴毛肚火锅

二、市场环境分析

（一）探究宏观消费市场

近年来，火锅行业发展迅速，以东来顺等为代表的老品牌火锅餐饮企业迎来了辉煌时刻，以小肥羊、重庆德庄、海底捞等为代表的新兴火锅餐饮企业异军突起，竞争激烈。这些知名火锅餐饮企业的成功，加上火锅行业具有毛利润高、易复制、标准化程度高等特点，使得许多企业纷纷进入火锅行业寻求市场机会。

（二）洞察主流消费人群

相关数据显示，“80 后”“90 后”已经成为当前的主流消费群体。因此，巴奴以“80 后”“90 后”的年轻群体为目标市场。

（三）寻找竞品差异

同质化现象是国内火锅餐饮企业存在的最大问题，因此，发现差异，建立特色品牌，是巴奴首先需要解决的问题。由于其竞争对手——同样是新兴火锅餐饮企业的海

底捞崇尚服务，因此，为了突出自身的特色，巴奴选择了崇尚产品，让产品回归火锅的精髓，以此来突出产品的特色。

三、品类决策分析

为了做好品类决策，巴奴对火锅进行追根溯源，发现四川火锅起源于重庆，最初叫“毛肚火锅”，当地人认为毛肚火锅是最具代表性且最正宗的火锅。同时，据《本草纲目》记载，毛肚具有一定的保健功效。因此，巴奴最终聚焦于毛肚，确定其战略定位为“毛肚火锅店”。

四、品牌定位策略

巴奴在品牌定位方面，分四步走。

第一步，选位。此步骤包括两项工作：一是通过调研确定目标群体；二是通过分析竞争对手，使自身与其他火锅餐饮企业（如海底捞）形成鲜明对比。

第二步，定位。巴奴通过分析主要目标群体，发现他们与“60后”“70后”相比，更加关注产品本身，追求产品质量。因此，巴奴选择挑战现有的行业规则，打破以提供服务来取悦顾客的业务模式，以产品赢得顾客的信赖。

第三步，到位。此步骤主要通过两种方式来实现：一是“语言钉”，巴奴推出“服务不是巴奴的特色，毛肚和菌汤才是”的定位口号，只要顾客就座，其服务人员在为顾客倒茶、上汤时，就会使用统一、规范的语言宣传店内的毛肚和菌汤；二是“视觉锤”，巴奴在每家门店都设有用于展示各项操作流程的明厨，并在大厅的墙壁上贴满标语，突出毛肚的食用价值和独特性，指导顾客正确食用毛肚。

第四步，宣传。巴奴通过线下和线上的广告宣传、参与社会公益活动、举办分销会议等多种形式大力宣传产品的核心理念，不断加深顾客对其产品的印象。

任务实施

探究餐饮企业的目标市场选择和市场定位

【实施目的】

熟悉如何选择目标市场和如何进行市场定位。

【实施流程】

（1）学生自由分组，每组4～6人。

（2）每个小组选择一家餐饮企业，通过上网查找资料，了解该企业的目标市场和市场定位，对其进行评价，并提出改进建议。

（3）小组成员汇总任务实施的成果，并制作成PPT。

（4）每个小组派出一名代表上台发言，其他同学发表看法，主讲教师进行点评。

任务二　熟悉餐饮营销方式和营销活动

任务导入

森燊记烤鱼吧微信公众号的一篇文章

2021年4月1日，森燊记烤鱼吧在其微信公众号中发布了一篇文章（见图10-6），具体内容如下：

新疆棉花跟烤鱼有什么关系呢？嗯……说实话，我也不知道。我只是想让你点进来，让我多卖一份烤鱼而已。今天是愚人节，你应该不会介意吧？你介意也没关系，不就是你来吃烤鱼，我偷偷给你塞一张优惠券嘛！

那么新疆棉花跟烤鱼有什么关系呢？发挥你的想象，展示你的才华，给我们公众号留言吧。我们会从留言区中挑选出6位顾客，分别赠送50元烤鱼券哦！

图10-6　森燊记烤鱼吧的微信公众号

思考：

（1）餐饮营销的方式有哪些？

（2）上述案例中运用了哪些餐饮营销方式？

知识链接

一、餐饮营销方式

（一）广告营销

广告营销是指餐饮企业将营销内容制作成各种广告，并通过各种形式进行宣传，从而提高企业知名度和产品销售量的方式。随着科技的进步，餐饮企业进行广告营销的方式也越来越多元化，主要可分为以下两大类。

1. 传统广告营销

传统广告营销是指餐饮企业通过报纸、电视、杂志、宣传单、广告牌等媒介宣传企业和产品的营销方式。

（1）报纸广告

餐饮企业可以购买当地报纸的广告版面，刊登企业营销活动的主题、规则、时间等，以吸引顾客。

（2）电视广告

餐饮企业可针对目标顾客的特点，在特定电视频道的特定时间段投放广告。例如，针对儿童的营销广告，可于18:00—20:00在少儿频道投放，因为在此时间段观看该频道的儿童较多。

（3）杂志广告

杂志广告具有针对性强、保留时间长、传阅者众多和画面印刷效果好等特点。例如，餐饮企业可在《中国烹饪》（见图10-7）、《中国好餐饮》、《美食与美酒》等杂志上投放广告。

扫一扫

宣传单介绍

（4）宣传单

餐饮企业可以将营销内容制作成宣传单（见图10-8），然后安排人员身着特定的服饰，到人流量大的地方（如街道口、商城门口、学校门口等）派发给过往行人。

图10-7　《中国烹饪》杂志

图10-8　宣传单

（5）广告牌

餐饮企业可以将营销内容制作成广告牌，并投放在企业门口（见图10-9）、地铁站、公交站、电梯、商场等地，以吸引过往行人。

图 10-9　企业门口的广告牌

2. 网络广告营销

网络广告营销是指餐饮企业将营销内容制作成网络广告，并选择适当的网络平台进行投放的营销方式。与传统广告营销相比，网络广告营销具有传播范围广、互动性强、形式多样、内容丰富等特点。在依托大数据技术的基础上，餐饮企业可以更精确地将网络广告通过合适的载体投放给目标群体。

网络广告营销主要包括以下几种方式。

（1）搜索引擎营销

搜索引擎营销是指餐饮企业利用用户对搜索引擎的依赖和使用习惯，在用户检索信息时将营销内容传递给用户的形式。例如，在百度搜索引擎中搜索关键词“鸡尾酒会”，会出现某些相关餐饮企业的营销信息，如图 10-10 所示。

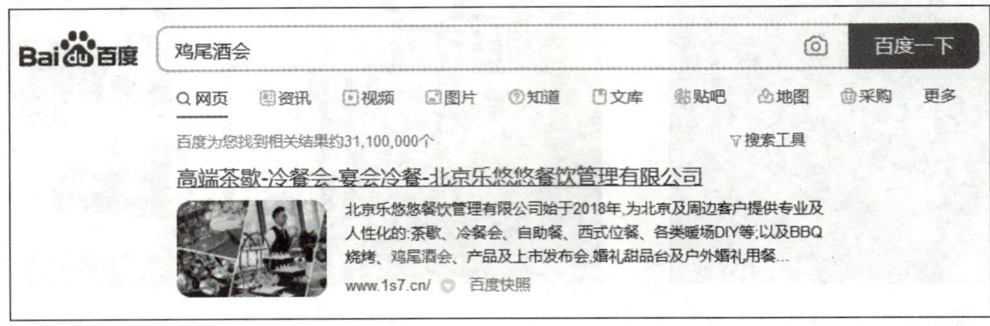

图 10-10　在百度搜索引擎中搜索“鸡尾酒会”的结果

（2）微博营销

微博营销是指餐饮企业通过微博展示营销内容的形式。餐饮企业通过官方微博，能够与用户交流互动，使用户深入了解企业或产品，从而达到营销的目的。例如，图 10-11 是香格里拉酒店集团官方微博发布的一条广告。

（3）微信营销

微信营销是指餐饮企业通过微信展示营销内容的形式。微信营销可以通过微信好友、朋友圈、微信公众号、微信小程序、微信视频号等渠道进行。例如，图 10-12 和图 10-13 分别是餐饮企业通过微信公众号和微信视频号发布的中秋节营销广告。

图 10-11　微博营销

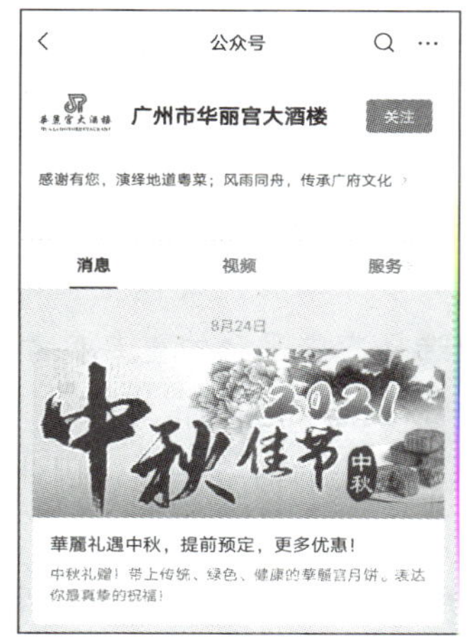

图 10-12　微信公众号营销

图 10-13　微信视频号营销

（4）短视频营销

短视频软件是近年来较为火爆的社交软件，如抖音短视频、火山小视频等。餐饮企业可以在短视频平台上注册账号，然后通过有声音、有故事情节的视频向用户展示营销内容。同时，餐饮企业还可以通过评论的形式与用户进行互动，进而了解用户的真实需求。

餐饮小知识

网络广告营销的步骤

网络广告营销的步骤包括明确广告目标、确定广告预算、构思广告内容、选择广告平台、评估广告效果等。

1．明确广告目标

广告目标是指企业通过投放网络广告想要达到的目的。例如，通过投放网络广告，餐饮企业想要获得多少顾客、销售多少产品等。

2．确定广告预算

为了保证网络广告营销活动的有序进行，餐饮企业需要确定广告预算。确定广告预算的主要途径有参考以往经验、咨询专业人士、进行数据调研等。

3．构思广告内容

为了吸引更多用户的关注，餐饮企业在构思广告内容时，应注意以下几个方面：

（1）内容简洁。简洁明了的广告内容更能够吸引用户。

（2）主题明确。广告主题是营销活动的重点。主题明确，才能有针对性地向用户传达相关信息，最终达到营销的目的。

（3）视觉效果良好。强烈的色彩对比、有趣的图片或动画等，都能给用户带来不一样的视觉体验，从而吸引用户。

4. 选择广告平台

餐饮企业在选择网络广告平台时，应该考虑以下几个因素：

（1）竞争对手。竞争对手在进行网络广告营销时都是有目的、有计划的，会时时监控营销效果，如果效果不好，会采取相应的调整措施。因此，同行业竞争对手所选择的广告平台可作为餐饮企业选择广告平台的重要参考因素。

（2）目标用户。目标用户即网络广告营销的受众。一般而言，互联网用户会根据自己的喜好、习惯和需求等选择使用的网络平台。因此，餐饮企业应根据目标用户的特点有针对性地选择广告平台。

（3）平台流量。通过了解平台流量，企业可预测营销广告的点击率。一般而言，流量较大的网络平台，其用户较多，营销广告的点击率也较高。

5. 评估广告效果

广告效果评估是指利用一定的方法、技术对投放在网络平台上的广告所产生的作用、影响等进行综合衡量，主要包括对社会效果、经济效果和传播效果等的评估。

（二）人员推销

人员推销是指餐饮企业安排推销人员与顾客直接沟通，从而促使顾客购买企业产品的活动。这种营销方式的优势在于可以强化交易过程中的感情色彩，有利于培养餐饮企业与顾客之间的稳定关系，劣势在于需要较高的人工成本。

人员推销的步骤如图 10-14 所示。

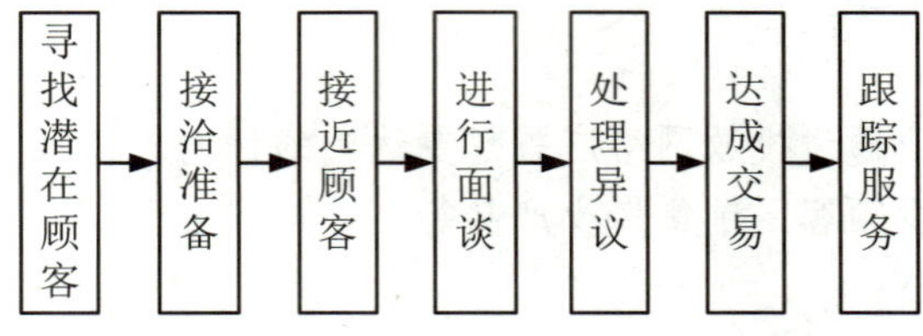

图 10-14　人员推销的步骤

1. 寻找潜在顾客

推销人员要实施推销活动，首先应寻找潜在顾客。寻找潜在顾客的途径很多，如进行市场调研、查阅现有资料等。例如，酒店餐厅的推销人员可以向酒店前台收集曾咨询过酒

店餐饮服务情况的顾客的资料。

提　示

在找到潜在顾客后，推销人员应确认其具备开发价值后再与之接触，以免浪费时间和资源。

2. 接洽准备

接洽准备主要包括掌握有关信息、确定洽谈目标、拟定洽谈方案等。推销人员的准备工作做得充分，在与顾客洽谈时就能处于主动地位；反之，则容易使自己陷于被动状态，难以取得良好的洽谈效果。

3. 接近顾客

在初步接触顾客时，推销人员应选择顾客感兴趣的话题，以引起顾客的注意和激发顾客的兴趣，确保顾客具有继续交谈的热情。

4. 进行面谈

面谈是指推销人员运用各种技巧和方法说服顾客购买产品的过程。这是整个推销活动的关键环节，目的是向顾客传递产品的信息，刺激顾客的购买欲望，从而促使顾客采取购买行动。

5. 处理异议

有些顾客会对推销的产品、推销活动甚至推销人员等产生异议。此时，推销人员应认真分析异议的类型及产生的根源，然后有针对性地加以处理。处理顾客异议的常用方法有以下几种：

（1）直接否定法，是指推销人员直截了当地否定和纠正顾客异议的方法。在使用此方法时，推销人员应语气温和、态度诚恳、面带微笑，要尊重顾客，不能让顾客感到被责备或不被尊重。

（2）间接否定法，是指推销人员先肯定顾客的异议，然后说服顾客，使其消除异议的方法。此方法适用于自以为对产品了解较多，且有独到见解的顾客。

（3）转化处理法，是指利用顾客的异议说服顾客购买产品的方法。在使用此方法时，推销人员应心平气和，不直接反驳顾客，而是旁敲侧击，以启发、疏导和暗示的方式说服顾客购买产品。

（4）问题引导法，是指推销人员通过不断地向顾客提问，引导顾客否定自己的观点，并同意推销人员观点的方法。在使用此方法时，推销人员所提的问题应针对顾客的异议，由浅入深、循序渐进。

（5）优点补偿法，是指推销人员在承认顾客异议具有合理性的基础上，说明产品的其他优点，以优点抵消或补偿缺点的方法。在使用此方法时，推销人员应坚持实事求是，所提的产品优点应能够让顾客切实感受到利大于弊。

（6）预防处理法，是指推销人员在与顾客交谈的过程中，预测顾客会提出某种异议，并在顾客尚未提出时，自己先把问题提出来，并进行适当解释说明的方法。在使用此方法时，推销人员应在接近顾客前将顾客可能提出的异议一一列出来，并准备好应对方法。

课堂讨论

小明是某餐厅的推销人员。他在向顾客推销产品前，都会将顾客可能提出来的问题一一罗列在笔记本上，并写出相应的解决方法。某天，在他向顾客推销餐厅的双人套餐时，顾客说：“你们餐厅的双人套餐虽然味道不错，但是分量不足，不够两个人吃。”小明根据自己事先准备好的解决方法，笑着对顾客说：“您是不是记错了？我们餐厅的双人套餐是可供顾客自己选择的，而且分量很足。例如，您既可以选择两份意大利面、两杯果汁、两份沙拉，也可以选择一份意大利面、一份牛排、两杯咖啡、两份蛋糕，两个人吃饱肯定没问题。”顾客听后恍然大悟，说：“还真是我记错了！”

请问：小明运用了哪些处理异议的方法？

6．达成交易

达成交易是指顾客接受推销人员的建议，做出购买决策和购买行为的过程。在买卖双方洽谈的过程中，如果顾客产生较强的购买欲望，会通过相关信息（如语言暗示、肢体动作暗示等）表露出购买意向。此时，推销人员应捕捉这些信息，抓住时机，促成交易。

7．跟踪服务

跟踪服务是指在顾客购买产品后，推销人员为顾客提供各种售后服务，以消除顾客后顾之忧的过程。跟踪服务既是人员推销的最后一个环节，也是新一轮工作的起点，它能加深顾客对企业和产品的信赖，提高顾客的忠诚度。

二、餐饮营销活动

（一）常见的营销活动时机

常见的营销活动时机主要包括节日和纪念日、体育节事期间、品牌节事期间等。

1．节日和纪念日

我国的主要节日有元旦节、春节、元宵节、清明节、劳动节、端午节、中秋节、国庆节等。餐饮企业可以通过在这些节日期间参与或举办相关活动来进行营销，如在中秋节期间向前来就餐的顾客赠送月饼。

纪念日主要包括生日会、周年庆等。餐饮企业可以通过主办或承办纪念日活动来吸引顾客。例如，为有需要的顾客举办生日宴会，并向该顾客赠送小礼物。

2．体育节事期间

体育节事包括各种体育比赛和体育表演，如奥运会、国际足联世界杯、马拉松长跑比赛、登山节等。餐饮企业在这些体育节事期间，可以以拉横幅广告或对赛事进行赞助的形式，提高企业的知名度。

此外，餐饮企业还可以在室内设置大屏幕，播放体育赛事，并为顾客喜爱的运动员加油或邀请知名运动员前来与顾客一起观看体育赛事直播，以提高企业的知名度和促进企业的产品销售。

3．品牌节事期间

为了促进地方经济的发展，很多地方政府、协会组织等会创办品牌节事活动，如美食节、文化节等。餐饮企业可以通过参与这些品牌节事活动来促进产品销售。例如，位于平遥古城中的餐厅，可以在平遥古城文化节期间推出特色产品，以吸引顾客。

（二）常见的营销活动形式

常见的营销活动形式主要包括折扣活动、抽奖活动、赠品活动和积分活动等。

1．折扣活动

折扣活动是指餐饮企业在产品价格方面给予顾客优惠的活动。例如，顾客在餐厅中一次性消费满 2 000 元，可享 9 折优惠。

2．抽奖活动

抽奖活动是餐饮企业常用的促销活动之一。餐饮企业开展抽奖活动，既能吸引顾客，促进产品销售，又能活跃企业的氛围，提升企业形象。顾客可通过填写调查问卷、办理会员卡、参与游戏活动等方式来获得抽奖机会。例如，图 10-15 是某餐厅推出的抽奖活动。

图 10-15　某餐厅推出的抽奖活动

提　示

抽奖的过程和结果要透明化，以确保抽奖结果的公平、公正、真实，从而提高企业的信誉度和顾客的积极性。

3. 赠品活动

赠品活动是指餐饮企业向消费达到一定额度的顾客赠送礼品的活动。开展这种促销活动时，餐饮企业应选择既能引起顾客的兴趣，又能起到宣传作用的赠品。例如，向在餐厅消费满 200 元的顾客赠送一盒印有餐厅标志、地址和联系方式的纸巾。又如，向参与餐厅某次宴会的顾客赠送一把印有餐厅标志的太阳伞。

课堂讨论

你参与过哪些餐饮企业的赠品活动？这些企业的赠品有哪些？你认为什么样的赠品比较有吸引力？

4. 积分活动

积分活动是指将同一顾客在餐饮企业每次消费的金额转换成一定的积分，顾客可凭此积分来换取产品的活动。餐饮企业通过积分活动，不仅能提高顾客的忠诚度，还能起到促进产品销售和提升企业形象的作用。

同步案例

茗茗餐厅的促销活动

茗茗在某古城中开了一家小餐厅。餐厅在开业初期因为开展各种优惠活动，生意非常好。但在优惠活动结束后，茗茗餐厅的生意越来越惨淡。茗茗想了各种办法，但结果都不尽如人意。

某次，茗茗与朋友交流的过程中，朋友给他提供了一个解决办法：由于餐厅的顾客主要是游客，他们在餐厅用完餐后通常会在古城中继续游玩，如在纪念品商店购买古城纪念品、在 S 江中乘坐竹筏等，也有部分顾客会在晚餐后去古城中的酒吧玩。因此，餐厅可以与其他商家合作进行促销。这样，餐厅与合作商家都能获得大量顾客。

茗茗听后，觉得这种方式非常不错，于是开始实施。茗茗在餐厅门口的招牌上写道：进店消费满 200 元可获得价值 20 元的古城纪念品优惠券或 S 酒吧优惠券，满 400 元可获得价值 50 元的 S 江竹筏游优惠券。同时，茗茗还通过派发宣传单的方式让更多游客了解这项活动。

茗茗餐厅的活动受到了很多游客的欢迎，他们纷纷选择来茗茗餐厅用餐。

任务实施

情景模拟

【实施目的】

熟悉人员推销的流程。

【实施流程】

（1）学生两两分组。

（2）每个小组设计一个推销餐饮产品的情景，小组成员分别扮演推销人员和顾客进行情景模拟。

（3）两人互换角色，再次进行情景模拟。

英语积累角

营销环境　marketing environment

市场营销　marketing

市场细分　market segmentation

购买力　purchasing power

产品定位　product positioning

报纸广告　newspaper advertising

宣传单　leaflets

网络广告　online advertising

人员推销　personal selling

项目考核

1. 选择题

（1）以下选项中，(　　)不属于宏观环境。

A．人口环境　　B．经济环境

C．自然环境　　D．内部环境

（2）以下选项中，(　　)不是选择目标市场时餐饮企业应考虑的内容。

A．目标市场的社会地位　　B．目标市场的规模

C．目标市场的购买力　　D．目标市场是否被垄断

（3）以下选项中，(　　)不属于市场定位的策略。

A．迎头定位策略　　B．重新定位策略

C．产品定位策略　　D．避强定位策略

（4）传统广告营销是指餐饮企业通过（　　）等媒介宣传餐饮企业和企业产品的营销方式。

① 报纸　　② 微博　　③ 电视
④ 微信　　⑤ 杂志　　⑥ 宣传单
⑦ 短视频　　⑧ 搜索引擎　　⑨ 广告牌

A. ①②③④⑤　　B. ①③⑤⑥⑨
C. ①②④⑦⑧　　D. ②④⑦⑧⑨

（5）小贾是某餐厅的老板，他为在餐厅一次性消费满 300 元的顾客赠送一件毛绒玩具。这属于（　　）。

A. 折扣活动　　B. 抽奖活动
C. 赠品活动　　D. 积分活动

2. 判断题

（1）产品定位即餐饮企业在分析顾客的年龄、职业、经济收入等因素的基础上，准确地选择主要目标客源和辅助目标客源。（　　）

（2）微博营销是指餐饮企业通过微博展示营销内容的形式。（　　）

（3）体育节事包括各种体育比赛和体育表演，如奥运会、国际足联世界杯、马拉松长跑比赛、登山节等。（　　）

3. 简答题

（1）简述市场定位的原则。

（2）简述人员推销的流程。

4. 案例分析题

兰兰餐厅的老板兰姐为了打造餐厅的品牌，提高顾客的忠诚度和促进产品销售，决定开展微信营销。

根据营销目标，兰姐决定分四个步骤开展微信营销：一是注册微信公众号；二是增加公众号的关注度；三是在公众号中发布营销活动；四是与用户互动。

问题：

（1）在注册微信公众号后，兰姐可采取哪些方法来增加公众号的关注度？

（2）请帮兰姐策划一个能吸引关注者兴趣的营销活动。

项目十一

餐饮成本管理

项目引言

餐饮成本管理是指餐饮企业在生产经营过程中所进行的成本核算、成本分析、成本决策和成本控制等一系列科学管理活动的总称。餐饮企业通过成本管理，能够降低经营成本，提高经济效益，提高市场竞争力。本项目将主要介绍餐饮成本核算和餐饮成本控制，使学生掌握餐饮成本管理的基础知识和技能。

知识目标

- 熟悉餐饮成本的构成和类型。
- 熟悉餐饮成本核算的作用和方法。
- 掌握餐饮成本控制的原则和步骤。
- 熟悉食品原料成本控制和人工成本控制。

素质目标

- 以优秀采购员的标准严格要求自己，培养诚实守信、吃苦耐劳的品质，时刻做到以集体利益为重。
- 以优秀验收员的标准严格要求自己，培养一丝不苟的工作态度，树立较强的责任心。
- 通过了解餐饮管理与人工智能的结合，感受我国科技发展的最新成果，领略科技大国的风采，同时增强成本节约意识，为餐饮行业的降本增效而不懈努力。

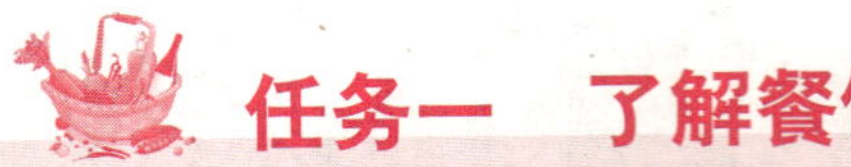

任务一　了解餐饮成本核算

任务导入

小王的建议

一天，A 餐厅的厨房主管陈姐准备核算厨房成本，要求新来的助理小王协助。小王看到陈姐是根据厨房的各种单据进行成本核算的，心想，采用这种方法虽然能核算出厨房生产的总成本，但不便于控制厨房成本。于是，他建议陈姐按以下步骤进行成本核算：

第一步，根据各种单据将厨房成本分为热菜房成本、冷菜房成本、面点房成本。

第二步，将三类厨房成本中的食品原料成本逐步细分。例如，将热菜房成本分为蔬菜类成本、肉类成本；再将蔬菜类成本分为根茎类成本、瓜果类成本、叶菜类成本、豆类成本等，将肉类成本分为禽类成本和鱼类成本等。

第三步，分别计算出各类成本、各环节成本和总成本。

陈姐觉得小王提供的方法很不错，于是让小王进行此次成本核算。当陈姐看到小王的核算结果时，她非常惊喜，因为从核算结果中，她能够一目了然地看到各个厨房的生产成本，这对她进行厨房成本控制具有很大的帮助。

思考：

（1）核算餐饮成本的方法有哪些？

（2）上述案例中，小王采用了哪种成本核算方法？

知识链接

一、餐饮成本

（一）餐饮成本的构成

餐饮成本是指餐饮企业生产和销售产品所产生的各项支出。它主要由以下要素构成：

（1）食品原料成本，是指餐饮企业从外部购进主料、辅料、调料等的支出。它在餐饮成本中占比最高。

（2）人工成本，主要包括员工的基本工资、奖金、福利费、津贴、住房公积金、人

员保险费、按规定提取的福利基金等，是维持餐饮企业正常运行的重要保证。

（3）折旧成本，是指补偿固定资产所损耗的价值的支出。一般而言，固定资产会随着使用时间、损耗程度等的增加而贬值，这部分价值会被转移到餐饮产品生产成本中去。

（4）能源成本，主要包括燃料、水、电等方面的支出。

（5）用品成本，主要包括餐具、台布、餐巾纸等方面的支出。

（6）销售成本，主要包括广告、促销、加盟管理等方面的支出。

（7）其他成本，主要包括保洁、维修、房租、培训等方面的支出。

（二）餐饮成本的类型

1. 按可控程度划分

按可控程度划分，餐饮成本可分为可控成本和不可控成本。可控成本是指餐饮企业通过主观努力可以控制的成本，如差旅费、广告费等；不可控成本是指餐饮企业通过主观努力难以控制的成本，如设备维修费。

2. 按性质划分

什么是固定成本

按性质划分，餐饮成本可分为固定成本和变动成本。

固定成本是指在一定时间内，不随餐饮企业业务量的变化而变化的成本，如员工基本工资、维修费、保险费、租金等。

提　示

固定成本并不是绝对固定的，当餐饮企业的业务量超出现有生产能力，需要扩大生产规模时，固定成本就会随之增加。例如，随着业务量的增加，餐厅需要租用其他场地开展业务，那么其租金也会增加。

什么是变动成本

变动成本是指在一定时间内，随着餐饮企业业务量的变化而变化的成本，如食品原料费、燃料费、水电费、餐巾纸费等。

3. 按成本与产品的形成关系划分

按成本与产品的形成关系划分，餐饮成本可分为直接成本和间接成本。直接成本是指无须分摊、可直接计入产品成本中的成本，如食品原料成本；间接成本是指要通过分摊才能计入产品成本中的成本，如折旧成本、人工成本、管理成本等。

4. 按计量单位划分

按计量单位划分，餐饮成本可分为单位成本和总成本。单位成本是指生产单位产品而平均耗费的成本，如每份菜品的成本、每杯饮料的成本；总成本是单位成本的总和。例如，制作 10 份沙拉，每份沙拉的成本为 8 元，则 10 份沙拉的总成本为 80 元。

5. 按应用情况划分

标准成本介绍

按应用情况划分，餐饮成本可分为标准成本和实际成本。

标准成本是指餐饮企业在正常经营情况下应消耗的成本。为了控制成本，餐饮企业通常会确定单位标准成本，如每份菜品的标准成本。

实际成本是指餐饮企业在经营过程中实际消耗的成本。餐饮企业可将实际成本与标准成本进行比较，以评估成本控制是否到位。

二、餐饮成本核算的作用

什么是成本核算

餐饮成本核算是指餐饮企业对经营过程中的各项支出进行分配和归集，以计算单位成本和总成本的活动。它主要具有以下作用。

（一）有利于制定产品价格

一般而言，餐饮企业的产品如果定价过高，会降低顾客的购买率；如果定价过低，会降低企业的收益，不利于企业的发展。因此，餐饮企业应按照一定的参考标准进行产品定价。而通过成本核算，餐饮企业可计算出产品的单位成本，从而使产品定价更为科学、合理。例如，餐厅生产一份爆炒龙虾的成本是 40 元，那么其定价就不宜低于 40 元。

（二）有利于控制成本

核算餐饮成本有利于餐饮企业发现实际成本与标准成本之间的差异，找出产生差异的原因，从而采取相关措施进行纠正和整改，以达到控制成本的目的。

（三）有利于进行科学决策

成本核算是餐饮企业经营管理的重要内容之一。只有通过成本核算，餐饮企业才能及时了解成本计划的实施情况、目标成本的实现情况等，从而为进行决策提供科学、可靠的依据。

三、餐饮成本核算的方法

餐饮成本核算的方法包括分步法、品种法、订单法等，下面主要介绍分步法和品种法。

（一）分步法

分步法是指以产品生产步骤为成本核算对象的方法。这种方法适用于核算大批量、多步骤生产的产品的成本，主要包括逐步结转分步法和平行结转分步法。

1. 逐步结转分步法

什么是逐步结转分步法

逐步结转分步法是指将每一生产步骤所产生的半成品作为成本核算对象，依次将上一步骤的半成品成本转入下一步骤的成本核算过程中，从而核算产品成本的方法，如图 11-1 所示。此方法适用于核算需要分步加工的产品的成本。

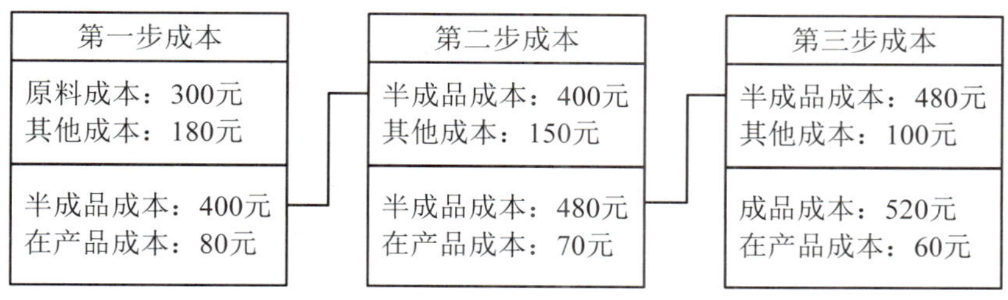

图 11-1 逐步结转分步法

提 示

在产品是指原料投入生产后，尚未完工的产品，如厨房内尚未制作完成的菜品。

2. 平行结转分步法

此方法适用于核算各原料成本是平行产生的产品的成本。在生产过程中，这类产品的原料加工一般一步到位，形成净料或直接使用的食品原料。这时，只要将各种同时产生的成本汇总，即可得到产品总成本（见图 11-2）。例如，将制作一份冷荤所需要的酱牛肉、酱猪肝等各类原料的成本相加，就能得到该菜品的总原料成本。

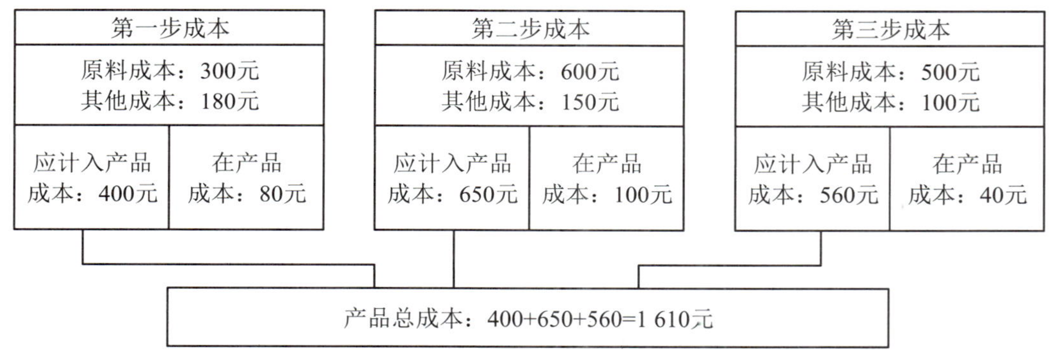

图 11-2 平行结转分步法

（二）品种法

品种法是指根据产品的类别来核算产品成本的方法。例如，餐厅可根据原料种类对厨

房原料成本进行分类，并将每种类型的原料成本分类记账，最后计算出厨房各类原料的成本，如图 11-3 所示。

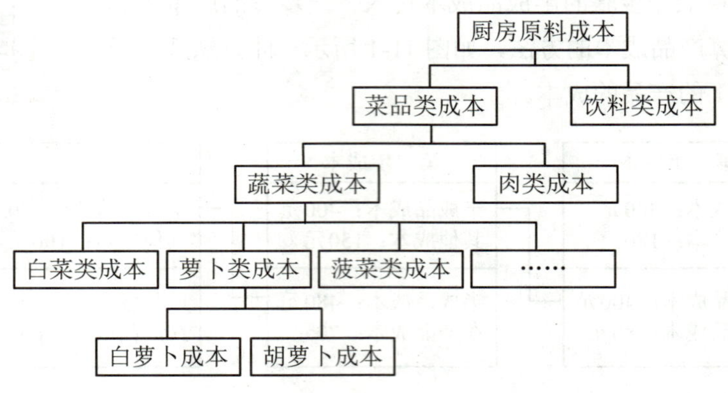

图 11-3　品种法

课堂讨论

A 餐厅要制作一批蛋糕，需要用到面粉、鸡蛋、糖、奶油等原料。为了更好地进行成本控制，A 餐厅管理人员需要先核算餐饮成本。

请问：A 餐厅管理人员采用哪种成本核算方法比较合适？为什么？

任务实施

探究餐饮企业成本核算的方法

【实施目的】

熟悉餐饮成本核算的方法。

【实施流程】

（1）学生自由分组，每组 4～6 人。

（2）每个小组通过上网查找资料或实地考察等方式，了解某一餐饮企业是如何进行成本核算的。

（3）小组成员对任务实施的成果进行汇总和整理。

（4）每个小组派出一名代表上台发言，其他同学发表看法，主讲教师进行点评。

任务二　熟悉餐饮成本控制

任务导入

J 餐厅的问题

J 餐厅自开业以来，凭借其独特的装修风格、舒适的用餐环境、美味多样的菜品受到众多顾客的青睐，生意十分红火。但餐厅一直处于亏损状态。

为了弄清楚亏损的原因，餐厅组织人员进行了调查，发现了以下几个问题：

（1）厨房生产过程中的浪费严重。例如，食品原料没有做到物尽其用，工作人员经常随意丢弃下脚料。

（2）厨房经常出现多领或重复领取食品原料的现象。

（3）很多食品原料因存放不当而变质。

（4）餐厅的服务人员较多，分工不明确，部分服务人员经常偷懒或相互推卸责任。

（5）餐厅在水、电和燃气等方面的支出较大。

思考：

（1）餐饮成本控制的内容有哪些？

（2）J 餐厅应如何控制成本，从而扭转亏损局面？

知识链接

餐饮成本控制是指餐饮企业按照相关规定和标准对影响产品成本的各项因素进行严格监督和调节，及时发现问题并加以解决，将产品成本控制在一定范围内的过程。

一、餐饮成本控制的原则

（一）效益性原则

餐饮企业进行成本控制时，应以最大限度地提高企业的经济效益和促进企业的健康发展为目的，并根据企业日常经营活动的具体情况，灵活地调整和改进控制方法和控制措施。

（二）全面性原则

全面性原则是指餐饮企业在进行成本控制时，应做到全过程、全方位和全员控制。全

过程控制即餐饮企业应做好采购、生产、销售等过程的全面控制；全方位控制即餐饮企业不仅要对各项开支的大小进行控制，而且要对开支的用途加以控制，保证各项开支的合理性；全员控制即餐饮企业不仅要有专门的成本控制部门和人员，还应要求工作人员都参与成本控制工作，并发挥各自的作用，从而使餐饮企业的成本控制活动更加有效地开展。

（三）重点性原则

餐饮企业在对餐饮成本进行全面控制的同时，还应对某一个或几个方面进行重点控制。这是因为，餐饮企业在进行成本管理时，经常会出现成本差异，企业只有对出现异常差异的环节（即实际成本远远高于或低于标准成本的环节）实施重点控制，才能提高成本控制的效率。

（四）对等性原则

餐饮企业在进行成本控制时，相关部门和个人的责、权、利应对等，即餐饮企业应在相关部门或个人履行成本控制的职责时，赋予其在规定范围内使用某项费用的权力，并规定其可获得的报酬。餐饮企业只有切实贯彻责、权、利对等的原则，才能保证成本控制活动的顺利进行。

二、餐饮成本控制的步骤

（一）确定标准成本

餐饮企业应先确定各环节的标准成本。例如，通过制定标准食谱卡，确定每道菜品的原料用量，使厨师能够按一定的标准进行配份和烹饪工作，从而控制菜品的原料成本。

（二）进行监督和检查

餐饮企业应根据标准成本，对成本形成过程进行监督和检查，具体如下：

（1）定期检查标准成本的实施情况。

（2）不定期抽查和评估某些产品的实际成本。

（3）管理人员在现场查看相关工作人员是否按照规定和标准进行产品生产。

（三）确定成本差异

餐饮企业应将实际成本与标准成本进行比较，计算出成本差额（包括实际成本高于标准成本和实际成本低于标准成本两种情况），并分析产生差异的原因，从而做好消除差异的准备。

（四）消除成本差异

餐饮企业可从以下几个方面消除成本差异：

（1）制定奖惩制度，对造成成本差异的责任部门或责任人实施奖励或惩罚。

（2）对原标准成本进行调整，使之符合企业的生产要求。

（3）加强对产品生产和销售的每一环节的监督，确保各项标准被贯彻落实。

三、食品原料成本控制

食品原料成本是餐饮企业的主要成本，餐饮企业主要可从以下几个方面来进行食品原料成本控制。

（一）采购控制

采购控制是指餐饮企业为取得最佳经营效果，在保证企业有充足的、符合要求的食品原料的前提下，控制食品原料采购的数量、规格和价格等。餐饮企业可以从以下方面进行食品原料采购控制。

1. 配备优秀的采购员

一名优秀的采购员应具备高尚的职业道德，例如，诚实守信、吃苦耐劳的品质，能做到以集体利益为重，不以职位之便牟取私利等；还应具备较强的业务素质，熟悉相关食品原料的品质、特点、产地、性能、应用和一般的加工方法、保存方法等，能够辨别食品原料的等级、质量。

2. 编制食品原料质量规格书

食品原料质量规格书是餐饮企业根据菜单和厨房生产的要求，对需要采购的食品原料的质量制定的具体标准，能够为采购员和验收员提供采购和验收食品原料的依据。其内容一般包括原料的名称、品种、产地、等级、重量、数量、色泽、新鲜度、加工类型、包装和生产时间等。

3. 控制食品原料采购的数量

餐饮企业应根据相关产品的销售情况、食品原料能够存放的时间、食品原料的库存情况等来确定原料的采购数量。例如，肉类食品原料的存放时间不宜太长，餐饮企业应在保证库存原料充足且新鲜的情况下，根据销售情况进行采购。

4. 控制食品原料的采购程序

餐饮企业应规定采购申请、采购计划审批、采购、验收等工作由哪些部门或哪些人员负责，以确保食品原料的成本控制落到实处。

（二）验收控制

食品原料验收是指餐饮企业验收员根据食品原料质量规格书对采购的食品原料进行确认的过程。餐饮企业可从以下两个方面进行食品原料验收控制。

1. 配备优秀的验收员

食品原料验收涉及的范围较广，如原料的新鲜度、品质、纯度、成熟度、产地、商标和卫生质量等。因此，餐饮企业应选择接受过专业培训或经验丰富且责任心较强的人员来担任验收员。

一名优秀的食品原料验收员应具备以下条件：① 身体健康，注重个人卫生；② 能够熟练使用各种验收设备；③ 具有鉴别食品原料品质的能力；④ 熟悉企业的验收制度，懂得各种票据的处理方法和程序，并能进行正确处理；⑤ 具有较强的责任心，能够确保所验收的食品原料与订购单、供货发票等相符，食品原料的规格与采购要求相符，食品原料的采购价格与企业所规定的限价相符；⑥ 具备良好的职业道德，忠于职守。

2. 配备先进的验收设备

餐饮企业应配备先进的食品原料验收设备，例如，精确的计量器具（如电子秤），便于搬运食品原料的工具（如推车、专用箱、专用筐），开启包装的用具（如小刀、剪刀、开瓶器）等。

（三）储存控制

餐饮企业应科学、合理地储存各种食品原料，以防食品原料丢失或变质。例如，食品原料入库后应按照相关要求进行登记，以免丢失。又如，肉类、蔬菜类食品原料应分开储存；乳制品等应进行冷藏，以防因温度过高而变质；干木耳、大豆、面粉等应存放在干燥通风、温度适宜、无虫害、无阳光直射和干净的环境中。

为确保食品原料储存的合理化，餐饮企业还可以通过应用智能温湿度监控系统、库存管理软件等先进技术对食品原料仓库进行动态监控。例如，对仓库的温度、湿度、光照度等进行监控，从而防止食品原料变质。又如，对食品原料的库存进行监控，并根据库存情况安排进货，从而降低库存，节约成本。

（四）发放控制

餐饮企业的食品原料发放一般由库房管理员负责。餐饮企业可从以下两个环节进行食品原料发放控制。

1. 审核单据

库房管理员在发放食品原料时，应核对食品原料的领料单（见表 11-1），检查领料单是否为领料部门开出的，领料单上的签章是否齐全，领料单上的编号、品名、规格、单位、数量等是否有错填、漏填或涂改现象。如果发现差错，应要求相关部门进行更正。

表 11-1　领料单

品名	规格	单位	数量		单价	金额	备注
			申领数	实发数			
合计	万　　仟　　佰　　拾　　元　　角　　分					¥	

管理员：　　　　　　　　　　申领部门负责人：　　　　　　　　　　领用人：

2. 凭单发货

库房管理员根据领料单上的具体数据发放食品原料。应保证发出的食品原料的数量准确、包装完好。

（五）生产加工控制

在餐饮企业的生产加工环节，食品原料浪费是一种较为常见的现象。餐饮企业要加强食品原料成本控制，就必须减少原料在生产加工环节的浪费。

粗加工是生产加工环节成本控制的核心。餐饮企业可通过建立相应的规章制度，规定原料的净料率，规范加工环节的操作程序，从而保障原料能被充分加工利用。同时，在配菜过程中，要杜绝失误、重复、遗漏、错配、多配现象。同时，厨房工作人员应具备良好的职业道德，在烹饪过程中不随意丢弃原料，并按规定比例投放调味品。

此外，随着科技的发展，一些餐饮企业开始使用智能机器人进行厨房的生产加工工作。智能机器人可严格按照既定的程序进行生产，从而最大限度地杜绝浪费现象。

科技之光

"味来逸站"机器人餐厅

2021 年 8 月的一天，在山东青岛市即墨经济开发区科创中心，一家名为"味来逸站"的机器人餐厅座无虚席，餐厅内一侧，数台外观酷似冰箱的炒菜机器人呈"一"字形排开（见图 11-4）。顾客点完餐后，餐厅服务员将相应菜品所需的原料配好，"交给"炒菜机器人，然后扫描食材餐盒上的二维码，关上门，点击"系统启动"，炒菜机器人就开始"烹饪"。不到 10 分钟，味道鲜美、颜色诱人的鱼香肉丝、腰果翡翠虾仁、麻辣小龙虾等菜品就烹制完成，摆上餐桌。

图 11-4　“味来逸站”的炒菜机器人

“味来逸站”是青岛美餐即享机器人有限公司（以下简称“美餐即享公司”）推出的试点和展示店。美餐即享公司的总经理葛先生表示，机器人餐厅在节约食材方面大有作为。数据显示，蔬菜从农田到餐桌，大约有三成在物流过程中损耗，另有约两成在制作过程中损耗，而机器人餐厅可直接将蔬菜由田间地头运送到工厂中加工成净菜，再按照订单进行配比，从而大大减少食材损耗。同时，所有食材下脚料都被集中处理成动物饲料，大大减少了食物加工环节的浪费，也减轻了后端垃圾分类处理的压力。

四、人工成本控制

餐饮企业应在保证餐饮服务质量的基础上，对工作人员进行计划、组织、指挥、监督和调度，从而使工作人员得到最大程度的利用，以降低人工成本。餐饮企业具体可从以下方面进行人工成本控制：

（1）对产品种类、工作人员的技术水平、食品原料的成品与半成品化、客流量与生产规模等各个要素进行综合考虑，制订出科学、合理的人力资源计划。

（2）根据工作人员的工作能力进行任务分配，使工作人员能够最大限度地发挥各自的才能。

（3）不断优化岗位组合，简化工作程序，使用智能化设施设备，降低对人工的依赖性，提高生产效率。

（4）加强对工作人员的培训，不断改善工作条件和工作环境，增强工作人员的归属感，以减少人员流动。

（5）制定相关标准，要求和监督工作人员按标准进行生产和服务。

任务实施

探究餐饮企业的成本控制

【实施目的】

掌握餐饮成本控制的原则和步骤。

【实施流程】

（1）学生自由分组，每组4～6人。

（2）每个小组选择一家餐饮企业，通过上网或实地调查等方式探究该餐饮企业是如何进行成本控制的。

（3）小组成员汇总任务实施的成果，并制作成PPT。

（4）每个小组派出一名代表在课堂上进行展示，其他同学发表看法，主讲教师进行点评。

英语积累角

可控成本　controllable costs	固定成本　fixed costs
标准成本　standard costs	实际成本　actual costs
成本控制　cost control	成本差异　cost variance

项目考核

1. 选择题

（1）燃料、水、电等方面的支出属于（　　）。

A．食品原料成本　　B．人工成本

C．折旧成本　　D．能源成本

（2）（　　）是指餐饮企业在正常经营情况下应消耗的成本。

A．可控成本　　B．固定成本

C．单位成本　　D．标准成本

（3）（　　）凭借产品的类别来核算产品成本的方法。

A．逐步结转分步法　　B．平行结转分步法

C．订单法　　D．品种法

（4）以下选项中，（　　）不属于食品原料成本控制。

A. 水电控制　　　　B. 采购控制

C. 验收控制　　　　D. 储存控制

2. 判断题

（1）间接成本是指生产某种产品或提供某项服务的费用能被直接计入某一产品生产费用中的成本，如食品原料成本。（　　）

（2）餐饮企业应不断优化岗位组合，简化工作程序，使用智能化设施设备，降低对人工的依赖，提高服务效率。（　　）

3. 简答题

（1）简述餐饮成本控制的原则。

（2）简述餐饮成本控制的步骤。

参考文献

[1] 饶雪梅，鞠红霞. 餐饮服务与管理［M］. 北京：高等教育出版社，2018.

[2] 郑菊花. 餐饮服务与管理［M］. 北京：清华大学出版社，2019.

[3] 赵莹雪. 餐饮服务与管理项目化教程［M］. 2版. 北京：清华大学出版社，2018.

[4] 何丽萍. 餐饮服务与管理［M］. 北京：北京理工大学出版社，2017.

[5] 邓英，李俊，刘贵朝. 餐饮服务与管理［M］. 武汉：华中科技大学出版社，2019.

[6] 陈戎，杨义菊. 餐饮服务与管理［M］. 武汉：华中科技大学出版社，2016.

[7] 刘华伦，宋纯夫. 火锅店运营与管理［M］. 重庆：重庆大学出版社，2020.

[8] 栗书河，孙炳武. 餐饮运营管理［M］. 北京：中国轻工业出版社，2017.

[9] 刘文，刘鹏.《餐饮服务食品安全操作规范（修订版）》释义［M］. 北京：中国质检出版社，2019.

[10] 王苗苗，李艳，肖莲珍. 饭店管理概论［M］. 北京：中国言实出版社，2020.

[11] 陈凤君. 餐饮开店经营实战厨房综合管理［M］. 北京：中国铁道出版社，2017.

[12] 严金明，石宝生，刘建鹏. 厨政管理实务［M］. 武汉：华中科技大学出版社，2020.

[13] 郭宏亮. 餐饮成本核算实务［M］. 重庆：重庆大学出版社，2018.

[14] 张金印. 餐饮成本控制理论与实务［M］. 北京：中国轻工业出版社，2017.